प्रयाग : अतीत, वर्तमान और भविष्य

•

उत्तर प्रदेश की सांस्कृतिक धरोहर

सैंट जौसफ का कैथोलिक चर्च।

संस्करण : 2026

vaniprakashan.com

जनजाति एवं लोक संस्कृति संस्थान, उत्तर प्रदेश सरकार तथा गोविन्द बल्लभ पंत सामाजिक विज्ञान संस्थान, इलाहाबाद का संयुक्त प्रकाशन

वाणी प्रकाशन

4695, 21-ए, दरियागंज, नयी दिल्ली-110 002

फ़ोन : +91 11 23273167, 23275710

शाखाएँ

अशोक राजपथ, पटना-800 004, बिहार

कॉफ़ी हाउस कैम्पस, महात्मा गांधी मार्ग, प्रयागराज-211 001, उत्तर प्रदेश

महात्मा गांधी अन्तरराष्ट्रीय हिन्दी विश्वविद्यालय, वर्धा-442 001, महाराष्ट्र

sales@vaniprakashan.in

vaniprakashan@gmail.com

Prayag : Ateet, Vartmaan Aur Bhavishya

Edited by Y. P. Singh, Badri Narayan

ISBN : 978-81-8143-018-2

मूल्य : ₹ 1000

आर.टेक ऑफ़सेट प्रिंटर्स, दिल्ली-110 032 में मुद्रित

वाणी प्रकाशन का लोगो मक़बूल फ़िदा हुसैन की कूची से

मीरापुर स्थित प्राचीन सिद्धपीठ माँ ललिता देवी का मंदिर

अलोपी देवी मंदिर।

प्रस्तावना

यह पुस्तक उत्तर प्रदेश की सांस्कृतिक धरोहर की पुनर्खोज की विनम्र कोशिश है। उत्तर प्रदेश सांस्कृतिक रूप से अत्यन्त सम्भ्रान्त परिक्षेत्र है, जहाँ की लोक संस्कृतियाँ एवं जनजातीय संस्कृतियाँ बहुल रूप एवं छवियों को समाहित किये हैं। किन्तु विडम्बना यह है कि लोगों की नजरों में उत्तर प्रदेश की छवि एक राजनीतिक इकाई के रूप में बनी हुई है। इस प्रकाशन शृंखला के माध्यम से हमारी कोशिश उत्तर प्रदेश के नगरों की सांस्कृतिक सम्पदा को सामने लाना है। इससे नगरों एवं उनसे जुड़े विकास एवं संस्कृति का अध्ययन तो होगा ही साथ ही इनके माध्यम से हम उत्तर प्रदेश की सांस्कृतिक सम्पदा के कोष को भी विकसित कर पायेंगे। नगरों एवं उनसे जुड़ी सांस्कृतिक सम्पदा को सामने लाने के इस प्रयास का विस्तार लोक एवं जनजातीय संस्कृतियों एवं उनमें प्रवाहित हो रही मौखिक परम्पराओं एवं अनेकानेक रूपंकर कलाओं की खोज की दिशा में तो बढ़ेगा ही, ऐसा हमारा विश्वास है।

इस परियोजना को सम्पन्न करने में मानव विकास संग्रहालय, गोविन्द बल्लभ पन्त सामाजिक विज्ञान संस्थान, इलाहाबाद के अनेक सहकर्मियों श्री रमेश यादव, श्री अनवर अली, श्री एस. एस. नेगी का हमें सहयोग तो मिला ही है; गोविन्द बल्लभ पन्त सामाजिक विज्ञान संस्थान, झूँसी, इलाहाबाद के निदेशक प्रोफेसर श्री रामा चरण त्रिपाठी जी एवं कुलसचिव श्री संजीव कुमार ने भी हमें सदैव कार्य को आगे बढ़ाने के लिए उत्साहित किया है। सुश्री उपासना शर्मा ने इस पुस्तक के सम्पादन में हमें अमूल्य सहयोग प्रदान किया है। इसमें प्रकाशित फोटोग्राफ इलाहाबाद के प्रसिद्ध युवा छायाकार श्री राजेश सिंह के हैं। इस पुस्तक के लिए छायाचित्र उपलब्ध कराने के लिए हम उनके आभारी हैं।

बद्री नारायण
वाई. पी. सिंह

प्राक्कथन

सहस्राब्दि के प्रथम महाकुंभ के अवसर पर तीन करोड़ तीर्थ यात्री तीर्थ-राज प्रयाग पर एकत्रित हुए जो अपने आप में प्रयाग के महत्व का द्योतक है। आस्ट्रेलिया की जनसंख्या के तीन गुना श्रद्धालु भक्त एक स्थान पर बिना किसी विशेष उपक्रम के अपने अन्तःकरण की प्रेरणा से एकत्रित हुए। यह कोई चमत्कारिक घटना से कम नहीं। भारतीय संस्कृति में कुंभ पर्व का विशेष महत्व है। यह पर्व अनेकता में एकता का प्रतीक है। वैसे तो कुंभ चार स्थानों (प्रयाग, नासिक, उज्जैन, हरिद्वार) पर प्रत्येक बारह वर्ष में होता है परन्तु उनमें से प्रयाग पर होने वाले कुंभ का महत्व अलग ही है।

प्रयाग को तीर्थों का राजा कहा गया है इसीलिए सभी कुंभ पर्वों में प्रयाग का कुंभ सर्वश्रेष्ठ माना गया है। 'प्रयाग' सृष्टि का उदय स्थल एवं पृथ्वी का मध्य भाग है। प्रजापति ब्रह्मा ने यहीं दशश्वमेघ घाट पर अश्वमेघ यज्ञ कर सृष्टि का सृजन किया था। इसीलिए प्रयाग का विशेष महत्व है। तीर्थराज प्रयाग स्थित वट वृक्ष कभी नष्ट नहीं होता। प्रलय के समय जल में भी यह यथावत् रहता है। वट वृक्ष, प्रयाग और त्रिवेणी मृत एवं अमृत दोनों तत्वों के समीकरण से उद्भूत बुद्धि एवं विश्वास की ऐसी धारा है जिसमें अवगाहन कर प्राणी धर्म, अर्थ, काम, मोक्ष चतुर्दिक पुरुषार्थ को प्राप्त करता है।

ऐसे महत्वपूर्ण तीर्थ स्थल के अतीत, वर्तमान एवं भविष्य से जन मानस को परिचित कराने के उददेश्य से प्रस्तुत पुस्तक के प्रणयन की प्रेरणा मिली। प्रयाग से संबंधित समस्त पक्षों पर सामग्री प्रकाशित करने के लिए संबंधित पक्ष के अधिकारी विद्वानों से लेख लिखवा कर उन्हें इस पुस्तक में समाहित किया गया है। निश्चय ही इस पुस्तक से पाठकों को प्रयाग के विभिन्न पक्षों की जानकारी प्राप्त हो सकेगी ऐसा मेरा विश्वास है।

उत्तर प्रदेश की सांस्कृतिक धरोहर अत्यन्त समृद्ध है परन्तु उसके बारे में व्यवस्थित जानकारी का नितान्त अभाव है। राम, कृष्ण, गौतम बुद्ध एवं जैन तीर्थंकरों की यह धरती उत्तर प्रदेश पूरी दुनिया में अपना एक विशिष्ट स्थान रखती है। इस प्रदेश के बहुत सारे स्थल पौराणिक महत्व के हैं जिनका ऐतिहासिक, सांस्कृतिक एवं राजनैतिक महत्व आज भी बना हुआ है। काशी, प्रयाग, आगरा-फतेहपुर सीकरी, फैजाबाद, अयोध्या, मथुरा, वृन्दावन, लखनऊ, झाँसी, कानपुर, कालपी, कुशीनगर, गोरखपुर आदि नामों की लंबी शृंखला है। यह विचार किया गया कि इन प्रत्येक स्थानों के सुधी जनों से संपर्क कर उन स्थानों के पुरातात्विक महत्व, नामकरण, ऐतिहासिक एवं स्वतंत्रता आन्दोलन में योगदान तथा सांस्कृतिक पक्षों पर एक पुस्तक तैयार की जाए जो धीरे-धीरे समूह रूप में उत्तर प्रदेश का प्रतिनिधित्व करेगी। इन पुस्तकों से जहाँ एक ओर कला मर्मज्ञों, कला समीक्षकों को जानकारी प्राप्त हो सकेगी वहीं ये पुस्तकें भावी पीढ़ी के लिए भी अत्यन्त उपयोगी होंगी।

इस पुस्तक की परिकल्पना को साकार करने में सचिव, संस्कृति श्री शैलेश कृष्ण जी ने अत्यन्त सहृदयता से सहमति प्रदान की। तत्कालीन निदेशक, श्री आर. पी. शुक्ल जी ने विषय एवं विद्वानों के चयन में व्यापक सहयोग प्रदान किया। इस पुस्तक की संरचना एवं उसका प्रकाशन इन वरिष्ठ अधिकारियों के सहयोग के बिना सम्भव नहीं था।

इस पुस्तक की परिकल्पना और उसकी प्रस्तुति पूर्ण नहीं है। हम आपसे अपेक्षा करेंगे कि आप अपने अमूल्य सुझावों से अवश्य अवगत कराने की कृपा करेंगे।

(डॉ. योगेन्द्र प्रताप सिंह)

निदेशक,

जनजाति एवं लोक कला संस्कृति संस्थान उत्तर प्रदेश,

जवाहर भवन, लखनऊ

विषय सूची

रसूलाबाद घाट स्थित शहीद चंद्रशेखर आजाद का स्मारक।

ग्रंथ के लेखकों का परिचय

डॉ. जगदीश गुप्त, *वरिष्ठ साहित्यकार, कवि एवं कलाविद् थे।*

डॉ. योगेन्द्र प्रताप सिंह, *इलाहाबाद विश्वविद्यालय के हिन्दी विभाग के विभागाध्यक्ष रहे हैं।*

श्री हरिमोहन मालवीय, *हिन्दुस्तानी एकेडमी के अध्यक्ष एवं साहित्य के शोधकर्ता एवं अध्येता हैं।*

श्री जे. पी. सिंह, *इलाहाबाद नगर के वरिष्ठ पत्रकार एवं दैनिक हिन्दुस्तान इलाहाबाद के ब्यूरो प्रभारी हैं।*

श्री यश मालवीय, *हिन्दी के प्रमुख युवा कवि हैं।*

डॉ. अजय जैतली, *प्रसिद्ध चित्रकार एवं कलाविद् हैं। इलाहाबाद विश्वविद्यालय में दृश्यकला विभाग में रीडर के पद पर कार्यरत हैं।*

डॉ. विद्याधर प्रसाद मिश्र, *इलाहाबाद विश्वविद्यालय के संगीत विभाग के प्राध्यापक एवं प्रसिद्ध लोक गायक हैं।*

श्री शान्ति स्वरूप प्रधान, *नगर के नाट्यकर्मी हैं।*

श्री धनंजय चोपड़ा, *युवा पत्रकार हैं, वर्तमान में दैनिक हिंदुस्तान के इलाहाबाद कार्यालय में संवाददाता हैं तथा के. के. बिड़ला फाउंडेशन के फैलो भी हैं।*

श्री देश दीपक वर्मा, *भारतीय प्रशासनिक सेवा के वरिष्ठ अधिकारी हैं। लखनऊ में महानिदेशक पर्यटन के पद पर कार्यरत हैं।*

डॉ. रामकुमार विश्वकर्मा, *इलाहाबाद विश्वविद्यालय में दृश्यकला विभाग में प्राध्यापक हैं।*

डॉ. अनंतराम मिश्र, *गोविन्द बल्लभ पंत सामाजिक विज्ञान संस्थान, इलाहाबाद में कार्यरत हैं।*

सुश्री उपासना शर्मा, *संग्रहालय एवं संस्कृति पर शोधकार्य में निमग्न हैं।*

प्रयाग की गरिमा और इतिहास

• डॉ. जगदीश गुप्त

तीर्थे-तीर्थे आगते साधु वृन्दः, वृन्दे-वृन्दे तत्व चिन्तानुवादः।

वादे-वादे जायते तत्व बोधः, बोधे-बोधे भासते चन्द्रचूड़ः॥

पद्मपुराण के पाताल खण्ड में समाहित प्रयाग माहात्म्य के सौ अध्याय ही शताध्यायी के नाम से विख्यात हैं।

प्रयाग की अन्तर्वेदी और बहिर्वेदी का जितना प्रामाणिक ज्ञान इस रचना में मिलता है उतना किसी और जगह नहीं। वस्तुतः इसी के आधार पर प्रयाग की पूरी महिमा गायी जाती है।

प्रयाग को तीर्थराज क्यों कहा जाता है इसका सटीक उत्तर उस शताध्यायी में मिलता है।

तीर्थराज के विषय में ब्रह्मा के पुत्रों को जब उत्कट जिज्ञासा हुई तो वे पातालपुरी चले गये, क्योंकि शेषनाग ही वह रहस्य जानते थे। पाताल का अद्भुत वर्णन पुराणकार ने किया है। सुवर्ण सिंहासन पर समासीन शेषनाग अनेक नाग-नागिनियों के बीच अपने हजार फनों से शोभित हो रहे थे। उन्होंने बहु नेत्रधारी अनन्त को नमस्कार किया। उनकी जिज्ञासा के उत्तर में प्रयाग-माहात्म्य में अद्वितीय वर्णन किया गया है। तीर्थों में प्रयाग श्रेष्ठतम है, यह उद्घोषणा वासुकि नाग की है जिनकी समीपता मुझे भाग्य से मिल गयी। इसीलिए मैं मानो उन्हीं की कही हुई बात कह रहा हूँ :

तीर्थं ही द्विविधं प्रोक्तंकामदं मोक्षदं तथा

कामदं मोक्षदंनैव मोक्षदं कामदं न च॥24॥

तत्रापि सर्व तीर्थानि तीर्थराजाज्ञया बिना।

कामदाने मोक्षदाने समर्थानि भवन्ति न॥25॥

(तीर्थ दो प्रकार के होते हैं, एक कामना पूर्ण करने वाले, दूसरे मुक्ति देने वाले। जिस तीर्थ में सब प्रकार की शक्ति-सामर्थ्य हो, सबके मनोरथों को पूरा कर सके तो एकमात्र प्रयागराज ही इस कसौटी पर खरा उतरता है।)

अथोच्यते तीर्थराज प्रयाग सर्वतोधिकः।

तस्य श्रृण्वन्तु माहात्म्यं मुनयः सनकादयः॥28॥

(धर्म-अर्थ-काम-मोक्ष सारे फल देने में समर्थ केवल प्रयाग ही है।)

नवें अध्याय में अक्षयवट के समीप स्वयं शिव बड़े वेग से ताण्डव नृत्य द्वारा वेणी माधव को रिझाते हैं। ब्रह्मा की यज्ञ सिद्धि के

बाद जब माधव शिव के पास नाचते हुए जाते हैं तो देखते हैं कि शिव स्वयं माधव-माधव रट रहे हैं। त्रिदेवों की अद्वितीय एकता त्रिवेणी में ही संभव हुई।

वेदि-पूजन में कलश-स्थापना का विवरण कुम्भ-संदर्भ में विशेष उल्लेखनीय लगता है। यद्यपि यहाँ अमृत का कोई प्रसंग नहीं है। कलश अक्षत हो यह अवश्य कहा गया है।

कलशं स्थापयेत् तत्र ताम्रव्रणमुक्तमम्॥22॥ (अध्याय 10)

माधव का आराधन करते हुए शिव अनेक स्थलों पर वर्णित हैं और दोनों के नृत्य का भी उल्लेख है। पांच योजन तक विस्तृत प्रयाग मण्डल में पैर रखते ही अश्वमेघ का फल पग-पग पर मिलने लगता है।

पंचयोजन विस्तीर्णं प्रयागस्य तुमण्डलम्।

प्रविष्टस्यैव तद् भूयावश्रमेधः-पदे-पदे॥40॥ (अध्याय 32)

अध्याय 34 में एक स्थल पर प्रणव ध्वनि को त्रिवेणी रूप में परिकल्पित किया गया है। परब्रह्म वाचक ॐ की मात्रात्मक त्रिधा संगति प्रदर्शित की गयी है।

अकारः शरदा प्रोक्ता प्रद्युम्नस्तत्र देवता।

उकारो यमुना प्रोक्ताऽनिरुद्धस्तज्जलात्मकः॥3॥

मकरो जाह्नवी गंगा तत्र संकर्षणों हरिः।

एवं त्रिवेणी विख्याता वेदबीजं निरूपिता॥4॥

पहली बार इस तरह की कल्पना मैंने देखी और मुग्ध हुआ पुराणों की काव्यमयता पर। उधर 'वेद बीज' ॐ तो इधर जलमयी त्रिवेणी का वेदोपम रूप। इसे मैं सच्चा माहात्म्य निरूपण मानता हूँ जिसमें नयी कल्पना के साथ प्राचीन सांस्कृतिक गरिमा भी समाहित है।

शताध्यायी ने त्रिवेणी की त्रिगुणात्मिका रूप में कल्पना भी की है फलतः सरस्वती को शुक्लाम्बरधरा न कहकर अरुणवर्णा निरूपित किया गया है। ब्रजभाषा में इसके अनेक प्रमाण हैं।

किसी पवित्र उद्देश्य से की जाने वाली यात्रा ही तीर्थ-यात्रा कहलाती है, विशेषतः तब, जब किसी पुण्य-स्थल से सम्बद्ध हो। जो पापों को क्षीण करे वही स्थल पुण्य स्थल माना जाता है, और पाप वह जो मन की शान्ति में बाधक हो तथा सामाजिक स्तर पर जो अवांछित एवं अकल्याणकारी माना जाता हो। तीर्थ मनुष्य के खोए हुए संतुलन को पुनः स्थापित करने में सहायक होते हैं क्योंकि व्यक्ति अपनी सीमा के बाहर जाकर असीम जन-समाज का प्रत्यक्ष अनुभव करता है। एक अन्तःप्रक्रिया उसे परिचालित करने लगती है और अन्तर्मथन आरंभ हो जाता है। यदि ऐसा अनुभव किसी को नहीं होता तो उसका तीर्थाटन व्यर्थ है। ऋषियों तथा संतों ने इस मनोवैज्ञानिक तत्त्व का साक्षात्कार करके तीर्थों की असाधारण महत्ता स्थापित की तथा उनके अनेक स्वरूप निर्धारित किये जिनमें स्थिति और गति दोनों को समाहित कर लिया गया है।

पर्व-स्नान भारतीय संस्कृति का विशेष परिचायक माना जाता है। क्षेत्रीय एवं स्थानीय संदर्भ के अनुरूप एक मूल संकल्प देश के प्रायः सभी भागों में हजारों वर्षों से प्रचलित रहा है। भारतीय मनीषा ने इसे जितने विशाल रूप में परिकल्पित किया है वह असाधारण

और अद्वितीय है। शायद ही किसी देश नें दिक् और काल की ऐसी सूक्ष्म तथा इतनी विशद धारणा को एक साथ सम्बद्ध करके व्यावहारिक रूप में लोक व्यापी मान्यता दी हो। संकल्प का क्षण प्रत्येक व्यक्ति के साथ सर्वांगीण रूप में जुड़कर उसे आत्मीय बना देता है और मन पवित्रता का संचार करने में समर्थ होता है। देश की विराट्ता में तथा महाकाल की अनन्त और अकल्पनीय परिधि में क्षण्-विशेष को एक बिन्दु के रूप में ग्रहण करके जो स्फुरण असंख्य स्नानार्थियों को होता है वह अनुभूति की आस्तिकता का प्रमाण है। कहीं किसी क्षण कोई व्यक्ति काल-प्रवाह को जल प्रवाह के रूप में देखकर उसमें निमज्जित होने का संकल्प कर सकता है। इसी आधार पर उसे मन्त्र जैसा रूप दे दिया गया है। यह बात दूसरी है कि अज्ञान और अशिक्षा ने इस प्रक्रिया के वास्तविक अर्थ को ग्रहण करने में कठिनाई उत्पन्न कर दी है और अनास्था के कारण भी उसका महत्व तिरोहित हो रहा है। संकल्प करने और कराने वाले की मनोभावना के तात्कालिक स्वार्थ से जुड़ जाने पर अनेक बार स्थिति स्वयं व्यंग्य और विडम्बना बन जाती है। परन्तु ऐसा होते हुए भी आस्थामय जन-प्रवाह विमुख नहीं हुआ है वरन् परिमाण और संख्या में उत्तरोत्तर विशाल से विशालतर होता जा रहा है। इस देश की व्यक्तिचेतना समाजभावना की विरोधी कभी नहीं रही। वैदिक काल से भारतवर्ष ऐसा अनुभव करता रहा है :

सं गच्छध्वं, संवदध्वं,
सं वो मनांसि जानताम्।

भारतीय समाज को 'समूह' या भीड़ के रूप में वही लोग देख सकते हैं जो इसके अन्तर्प्रवाह से असंपृक्त रहते हैं। वे संगम-तट पर आकर भी यहाँ की महि और महिमा से अभिभूत होने में संकोच का अनुभव करते हैं। बहुधा विचार-भेद उसका कारण बन जाता है और धर्म-भेद भी बहुतों को विमुख बनाता है। पर वस्तुतः जन-धारा में ऐसी अदम्य शक्ति है कि विरोधी होकर भी कोई इसकी महत्ता की उपेक्षा नहीं कर सकता। जितने भी विदेशी भारत वर्ष में आये हैं, यहाँ की आस्तिकता और धर्म-भावना की उदात्तता को देखकर अवश्य प्रभावित हुए, साथ ही उन्होंने प्रचलित अंधविश्वासों का भी उल्लेख किया है। उनके कुछ कथन प्रमाण रूप में आगे प्रस्तुत किये गये हैं।

यह 'संकल्प' वैष्णवता के सांस्कृतिक अभ्युत्थान और प्रेरणाप्रद मानवीय रूप से जुड़ा हुआ है। इसमें कोई संकीर्णता और निषेध की भावना नहीं है। जाति-वर्ण की सीमा भी इसे नहीं छूती। यह संगम राष्ट्रीयता का संवाहक रहा है और आगे भी रहेगा।

"अहं राष्ट्री संगमनी वसूनाम्"

जहाँ भी दो या दो से अधिक प्रवाह एक साथ मिलकर बहने लगते हैं वहीं प्रयाग हो जाता है। प्रयागराज मनुष्यों का ही संगम नहीं कराता वरन् वह भाषाओं का संगम भी बन जाता है जिसमें संस्कृत, हिन्दी तथा देश की समस्त भाषाएँ सम्मिलित हो जाती हैं। यहाँ तक कि अंग्रेजी भी राष्ट्रीयता की संवाहिका बन जाती है।

"ॐ विष्णुः विष्णुः विष्णुः"

"श्रीमद् भगवतो महापुरुषस्य विष्णोराद्या प्रवर्तमानस्य अद्यम ब्रह्मणोह्नि द्वितीय प्रहरार्द्धे श्रीश्वेत वाराहकल्पे वैवस्वत मन्वन्तरे अष्टाविंशति तमे कलियुगे कलि प्रथम चरणे भारतवर्ष भरत खण्डे जम्बूद्वीपे आर्यावर्तेकदेशान्तर्गते ब्रह्मावर्त देशे विष्णु प्रजापति क्षेत्रे षटकुलमध्ये अन्वतर्वेद्यां भागीरथ्याः पश्चिम तीरे कालिन्द्या उत्तरे तीरे वटस्य उत्तर दिक् भागे विष्णुपदे बौद्धावतारे सर्वजित सम्वत्सरे दक्षिणायने/उत्तरायणे मासानां मासोत्तमे मासे माघ मासे कृष्णपक्षे/शुक्लपक्षे अमुक तिथौ अमुक वासरे।"

(सत्यब्रह्म की कृपा से आज इस ब्रह्मा के प्रथम दिन के द्वितीय प्रहर के उत्तरार्द्ध में श्री श्वेतवाराहकल्प में जम्बूद्वीप के भरत खण्ड के आर्यावर्त देश के अन्तर्गत कलियुग के प्रथम चरण में (प्रयाग) पुण्य क्षेत्र में (अमुक) मास (अमुक) पक्ष (अमुक) तिथि (अमुक) गोत्र में उत्पन्न (अमुक) शर्मा, वर्मा अथवा कोई और प्रातः अथवा मध्याह्न अथवा सायं (अमुक) कर्म करते हैं।)

इलाहाबाद के सम्बन्ध में श्री विश्वम्भर नाथ पाण्डेय ने अंग्रेजी में जो पुस्तक लिखी है उसमें भी उपर्युक्त संकल्प उद्धृत किया गया है पर उसके विषय में कुछ विशेष सामग्री नहीं दी गई है। (दृष्टव्य पृष्ठ 224)

प्रयाग को अतिरंजना में 'विराट पुरुष का मस्तक' भी कह दिया गया है पर उसे 'यज्ञ-पुरुष का मस्तक' कहना अधिक उपयुक्त है क्योंकि प्राचीन काल में उसे प्रधान एवं प्रकृष्ट यज्ञ-भूमि के रूप में ब्रह्मपुराण में महिमान्वित किया गया है। 'वास्तु-पुरुष-मंडल' की तरह प्रयाग परिसर को 'यज्ञ-पुरुष मंडल' भी कहा जा सकता है।

'मनुस्मृति' में मनु द्वारा उस 'मध्यदेश' की सीमा पूर्व में प्रयाग तक मानी गयी है जो उत्तर में हिमालय, दक्षिण में विन्ध्याचल और पश्चिम में सरस्वती नदी के विलीन होने के स्थान 'विनशन' से घिरे भूभाग का नाम है। आधुनिक 'मध्य प्रदेश' और प्राचीन 'मध्यदेश' में बहुत अन्तर है।

हिमवद्विन्ध्ययोर्मध्ये यत्प्राग्विनशनादपि।
प्रत्यगेव प्रयागाच्च मध्यदेशः प्रकीर्तितः॥

प्रयाग के कंठ-भाग में तीर्थ समूह का निवास है, यह बात अवश्य मान्य है क्योंकि काशी, नैमिषारण्य, वृन्दावन, पुष्कर आदि अनेक उत्तर भारतीय तीर्थ हैं जहाँ अन्य तीर्थों को स्थापित कर दिया जाता है और परिक्रमा के रूप में स्थानीय देवताओं के अतिरिक्त उन सब का दर्शन आवश्यक माना जाता है। दक्षिण में कावेरी के तट पर और रामेश्वरम् में समुद्र-तट पर ऐसा ही भाव देखा जाता है। हर तीर्थ, हर मंदिर एक को प्रधानता देते हुए दूसरे देवताओं को स्वीकृति प्रदान करता है। कुछ काल तक शैव-वैष्णव, शैव-शाक्त, सूर्य-नारायण, नर-नारायण आदि में अन्तर रहा, पर काल के प्रवाह में वह विलुप्त हो गया। दूरवर्ती सरस्वती विलुप्त होने के बाद प्रयाग में प्रकट मान ली गयी। प्रादेशिक तथा भावात्मक एकता का इससे बड़ा उदाहरण क्या होगा कि काशी आदि सप्तपुरियों ने भी प्रयाग का वर्चस्व मान लिया। शताध्यायी में शेषनाग द्वारा इसका वर्णन पौराणिक शैली में विस्तार पूर्वक किया गया है। मैं उसी नागवासुकि के समीप रहता हूँ जिसके पूज्य देवता वासुकि ने ही प्रयाग को तीर्थराज पद दिया और समुद्र-मंथन के समय 'नेती' का कार्य किया।

प्रयाग का विस्तार बीस कोस तक माना गया है तथा अग्निपुराण और कूर्मपुराण में उसे पृथ्वी की जंघा भी बताया गया है। जघन्य पापों से मुक्ति देने वाली भूमि की इस काव्यात्मक कल्पना में आन्तरिक संगति दिखायी देती है। अनेक सम्राटों एवं राजाओं द्वारा असंख्य अश्वमेघ-यज्ञ किये गये, इसका विवरण पुराणों में मिलता है, अतएव प्रयाग की पुण्य-भूमि पुण्य-क्षेत्र के रूप में विख्यात हो गयी। प्रयाग को वैसे ही प्रयागराज की पदवी मिली जैसे तीर्थों के बीच उसे तीर्थराज का पद प्राप्त हुआ। 'प्रयाग' शब्द नदी संगम का विशिष्ट अर्थ ग्रहण करके एक दूसरी सरणि रच देता है जिसमें विष्णु-प्रयाग, रुद्र-प्रयाग आदि परिगणित किये जाते हैं। हर संगम सम्भवतः प्रयागराज से सम्बद्ध है और हर तीर्थ तीर्थराज का द्योतक। कर्नाटक में टीपू सुल्तान के मकबरे के पास तीन नदियों के मिलन को भी संगम नाम दिया जाता है। टीपू सदा गंगाजल का इस्तेमाल करता था।

प्रयाग सांस्कृतिक केन्द्र के रूप में सात्विकता का प्रतीक बना रहा है और आगे भी बना रहेगा। नागरिकता उसके परिसर में है किन्तु भीतर का कल्पवासी त्रिवेणी तट पर आश्रमी जीवन व्यतीत करने में सुख पाता है।

प्रयाग विन्ध्याचल की दृढ़ता के साथ हिमालय के शिखरों की ऊंचाइयाँ छूने की भावना रखता है और नदी-तट-वासी होकर भी समुद्र की गहरायी में पैठने का साहस करता है। गंगासागर की तरह गंगाजल को खारे पानी में बदलने की कल्पना वह नहीं करता। क्षीरसागर बनाने की बात भले ही सोचता रहे। दशकों पूर्व कभी 'हिन्दी-प्रवेशिका' में पढ़ा था :

पास जिसके रत्नराशि अनन्त और अशेष है।

क्या कभी वह सुरधुनी के सम हुआ सरितेश है।

मेरे देखने में बंगाल की खाड़ी का एक ऐसा नक्शा आया है जिसमें समुद्र के भीतर गंगा का प्रवाह लगभग उतनी ही दूर तक निर्दिष्ट है जितना वह गंगोत्री से लेकर गंगासागर तक भूमि पर देखा जाता है। समुद्र में जाते ही नदियाँ समाप्त नहीं हो जातीं वरन् उनका वेग उन्हें बहुत दूर तक अस्तित्ववान् बनाये रखता है।

श्री गोपालदत्त शास्त्री महाराज जो रामानुज सम्प्रदाय के आचार्य हैं, ने एक लघु पुस्तिका 'तीर्थराज प्रयाग कुम्भ माहात्म्य' नाम से लिखी है, जिसमें 'कुम्भ पर्व की प्रचलित तीन कथाएं' शीर्षक से जिन कथाओं का उल्लेख किया गया है, उनमें सर्वोपरि महत्ता समुद्र-मंथन से सम्बद्ध कथा को मिली है पर अन्य कथाएं भी उपेक्षणीय नहीं लगतीं। क्रम यह दिया गया है : (पृष्ठ 11 से 14)

1. महर्षि दुर्वासा की कथा
2. कद्रू-विनता की कथा
3. समुद्र-मंथन की कथा

पहली कथा इन्द्र से सम्बद्ध है जिसमें दुर्वासा द्वारा दी गयी दिव्य माला का असहनीय अपमान हुआ। इन्द्र ने उस माला को ऐरावत के मस्तक पर रख दिया और ऐरावत ने उसे नीचे खींच कर पैरों से कुचल दिया। दुर्वासा ने फलतः भयंकर शाप दिया जिसके कारण सारे संसार में हाहाकार मच गया। अनावृष्टि और दुर्भिक्ष से प्रजा त्राहि-त्राहि कर उठी। नारायण की कृपा से समुद्र-मंथन की प्रक्रिया द्वारा लक्ष्मी का प्रकाट्य हुआ जिससे वृष्टि होने लगी और कृषक-वर्ग का कष्ट कट गया। अमृत-पान से वंचित असुरों ने कुम्भ को नागलोक में छिपा दिया जहाँ से गरुड़ ने उसका उद्धार किया और उसी संदर्भ में क्षीरसागर तक पहुंचने से पूर्व जिन स्थानों पर उन्होंने कलश को रक्खा, वे ही कुम्भ-स्थलों के रूप में प्रसिद्ध हुए।

दूसरी कथा प्रजापति कश्यप की दो पत्नियों के सौतियाडाह से सम्बद्ध है। विवाद इस बात पर हुआ कि सूर्य के अश्व काले हैं या सफेद। जिसकी बात झूठी निकलेगी वही दासी बन जायेगी। कद्रू के पुत्र थे नागराज वासुकि और विनता के पुत्र थे वैनतेय गरुड़। कद्रू ने अपने नागवंश को प्रेरित करके उनके कालेपन से सूर्य के अश्वों को ढँक दिया फलतः विनता हार गयी। दासी के रूप में अपने को असहाय संकट से छुड़ाने के लिए विनता ने अपने पुत्र गरुड़ से कहा तो उन्होंने पूछा कि ऐसा कैसे हो सकता है। कद्रू ने शर्त रक्खी कि नागलोक से वासुकि-रक्षित अमृत-कुम्भ जब भी कोई ला देगा, मैं तुम्हें दासत्व मुक्ति दे दूंगी। विनता ने अपने पुत्र को यह दायित्व सौंपा जिसमें वे सफल हुए। गरुड़ उस अमृत-कलश को लेकर भूलोक होते हुए अपने पिता कश्यप मुनि के उत्तराखण्ड में

गंधमादन पर्वत पर स्थित आश्रम के लिए चल पड़े। उधर वासुकि ने इन्द्र को सूचना दे दी। इन्द्र ने गरुड़ पर चार बार आक्रमण किया और चारों प्रसिद्ध स्थानों पर कुम्भ का अमृत छलका जिससे कुम्भ-पर्व की धारणा उत्पन्न हुई।

देवासुर संग्राम की जगह इस कथा में गरुड़-नाग संघर्ष प्रमुख हो गया। जयन्त की जगह इन्द्र स्वयं सामने आ गये। यह कहना कठिन है कि कौन सी कथा अधिक विश्वसनीय और लोकप्रिय है पर व्यापक रूप से अमृत मंथन की उस कथा को अधिक महत्व दिया जाता है जिसमें स्वयं विष्णु मोहिनी रूप धारण करके असुरों को छल से पराजित करते हैं। सपत्नी-भाव की लोकप्रियता भी कम नहीं कही जा सकती और गरुड़ का संदर्भ भी अनुपेक्षणीय है परन्तु कुल मिलाकर विशेष प्रसिद्धि समुद्र-मंथन की कथा को ही मिली। दुर्वासा की कथा में भी समुद्र-मंथन का प्रसंग समाहित है। इसलिए भी उसका महत्व बढ़ जाता है। कश्यप की सन्ततियों का पारस्परिक युद्ध देवासुर-संग्राम जैसा प्रभावी रूप ग्रहण नहीं कर सका यद्यपि उसकी प्राचीनता संदिग्ध नहीं है। गरुड़ की महत्ता विष्णु से जुड़ गयी और वासुकि रूप में नागों का सम्बन्ध शिव से अधिक माना गया। यहाँ भी शैव-वैष्णव भाव देखा जा सकता है जो बड़े द्वन्द्वात्मक संघर्ष के बाद अन्ततः हरिहरात्मक ऐक्य ग्रहण कर लेता है।

महाकुम्भ का नामकरण : इतिहास और प्रासंगिकता

• डॉ. योगेन्द्र प्रताप सिंह

कुम्भ शब्द के अर्थ की मीमांसा

मूल शब्द 'कुम्भ' है और इस वर्ष इक्कीसवीं सदी एवं तृतीय सहस्राब्दि के प्रथम चरण में सर्वप्रथम पड़ने के कारण यह नई शती तथा सहस्राब्दि का प्रथम कुम्भ है, इसलिए इसे ऐतिहासिक गौरव प्राप्त है और इस कारण इसे महाकुम्भ के नाम से पुकारा जा रहा है - जो सर्वथा उचित है। वैसे, ज्योतिष, धर्मशास्त्र एवं पुराणों में सर्वत्र इसे **'कुम्भ'** के नाम से ही पुकारा गया है - फिर भी, सहस्राब्दि के कारण महत्व प्राप्त इस **'महाकुम्भ'** का विवेचन **'कुम्भ'** नाम से ही करना अपेक्षित है। यह इस वर्ष सूर्य, चंद्र एवं बुध की संरक्षा में महोदय योग के अन्तर्गत अमृतकुम्भ सम्पन्न हो रहा है, इसलिये भी इसका विशेष महत्व है।

'कुम्भ' शब्द की व्युत्पत्ति इस प्रकार है : कुं भूमिं, कु कुत्सितं उम्भति पूरयति इति कुम्भः। ज्योतिषशास्त्र के अनुसार दिन का वह भाग जब क्षितिज पर राशि चक्र का उदय होता है। वैसे, बारह राशियों में **'कुम्भ'** एक राशि भी है। सामान्य रूप से 'कुम्भ' शब्द का अर्थ घट, कलश, भाण्ड इत्यादि है किन्तु ज्योतिषशास्त्र के अनुसार यह 'कुम्भ योग' है जो चार स्थितियों में देश में पड़ता है।

(1) **पद्मिनी नायके मेषे कुम्भं राशिगतो गुरूः।**
गंगाद्वारे भवेद्योगः कुम्भ नाम ददोत्तमम्॥

अर्थात्, कुम्भ की दशा प्रथम स्थिति में इस प्रकार आती है जब सूर्य वृष राशि पर हों तथा वृहस्पति कुम्भ राशि पर जाएँ तब **हरिद्वार** में कुम्भ होता है। यह स्थिति बारह वर्षों में एक बार आती है।

(2) **माघेवृषगते जीवे मकरे चन्द्र भास्करौ।**
अमावस्यां ततो योगः कुम्भारव्यस्तीर्थ नायके॥

अर्थात्, माघ मास हो, अमावस्या की तिथि हो, चन्द्रमा, सूर्य मकर राशि पर हों तथा वृहस्पति वृष राशि पर आएँ तो तीर्थ नायक **प्रयाग** में कुम्भ घटित होता है। यह स्थिति भी बारह वर्षों के बाद आती है।

(3) **सिंहे गुरू यदा भानुश्चन्द्रश्चन्द्र त्रयस्तथा।**
गोदावर्या तदा कुम्भो जायतेऽवनि मण्डले॥

अर्थात्, वृहस्पति जब सिंह राशि पर हों और साथ में सूर्य चन्द्र हों तो गोदावरी नदी के तट पर **(नासिक)** कुम्भ होता है। यह स्थिति भी नक्षत्रों तथा राशियों के बारह वर्षों के चक्रानुसार होती है।

(4) **मेष राशि गतो सूर्ये सिंह राशौ वृहस्पते।**
पूर्णिमायां भवेत् कुम्भः उज्जयिन्यः सुखप्रदः॥

इस प्रकार **हरिद्वार, प्रयाग, नासिक** एवं **उज्जैन** में क्रमशः कुम्भ घटित होता है। इस कुम्भ को **'कुम्भ योग'** के नाम से पुकारा जाता है। कतिपय विद्वानों का मत है कि 'इस कुम्भ पर्व' का प्रचलन कुम्भ राशि से जुड़ा है और हरिद्वार में यह 'कुम्भ राशि' पर ही घटित होता है और घटित होने में बारह वर्षों का अन्तराल है, अतः हरिद्वार की कुम्भ राशि के प्रचलन पर इस प्रकार घटित होते सभी काल योगों को कुम्भ के नाम से पुकारा गया है। सूचना विभाग, उत्तर प्रदेश के द्वारा प्रकाशित मासिक पत्रिका में श्री कमलाकांत बुधवार जी बताते हैं कि –

"कुम्भ वस्तुतः हरिद्वार में ही होता है और सम्भवतः यहीं से यह परम्परा शुरू हुई होगी, क्योंकि शेष तीन स्थलों पर वृहस्पति कुम्भस्थ होता ही नहीं। तात्पर्य यह कि कुम्भ विशेषण इस महापर्व के लिए हरिद्वार से ही जुड़कर अधिक सटीक बैठता है।"

अब प्रश्न है कि कुम्भ राशि के कुम्भ के अनुकरण पर क्या प्रयाग के लिए भी **'कुम्भ'** शब्द का प्रचलन हुआ? यह मत मान्य नहीं हो सकता, क्योंकि प्रयाग ऋग्वेदकालीन भजन स्थली है। हरिद्वार की चर्चा बाद में आई। आर्य ऋग्वेदकाल के प्रारम्भिक दिनों में **'पंचजन'** के रूप में सिन्धु, गंगा, यमुना, सरस्वती के तटों पर भजन करते थे। इनके अनेकानेक आश्रम थे और उनके प्रथम मध्यदेश की सीमा प्रयाग थी। मनुस्मृति, वशिष्ठ संहिता आदि में इस प्रकार के साक्ष्य मिलते हैं। विष्णुद्वार (हरिद्वार), शिवद्वार (हरद्वार), गंगाद्वार (हरिद्वार) के रूप में इसकी मान्यता महाभारत में मिलने लगती है। महाभारत तक पंचजन आर्य 'सोलह जनपदों' में विभक्त होकर महाजन हो गये थे। प्रयाग की प्राचीनता वैदिक काल से मिलने लगती है, अतः प्रयाग का कुम्भ प्रकरण हरिद्वार की कुम्भ राशि से जोड़ा जाए, यह उचित नहीं है।

जैसा कि प्रारम्भ में कहा गया है 'कुं - पृथ्वी एवं कु - कुत्सित' शब्दों से जोड़कर भी अनेक व्युत्पत्तियाँ दी जाती हैं। श्री सुभाष राय ने **'कुम्भ मेला'** शीर्षक अपने ग्रंथ में सात तथा **'प्रयाग कुम्भ रहस्य'** के अन्तर्गत इस शब्द की आठ व्युत्पत्तियाँ दी हैं, जो इस प्रकार हैं –

1. कुं पृथ्वीं भावयन्ति संकेतयन्ति भविष्य कल्याणादि काय महत् आकाशे स्थिताः वृहस्पत्यादयोः ग्रहाः संयुज्य हरिद्वार प्रयागादित्पुण्यं संस्थान विशेषानुद्दिश्यणस्मिन् इति कुम्भः।
   यहाँ ग्रहों से अनुप्रेरित प्रयाग, हरिद्वार आदि में घटित संदर्भों के कारण 'कुम्भ' पर्व की बात कही गई है।
2. कं जलं उम्भति पूरयति अवर्षणादि दुर्भिक्षेभ्यो दूरयति इति कुम्भः॥
   अर्थात्, बारह वर्षों में घटित वह ग्रह योग जो दुर्भिक्ष तथा अवर्षण को दूर करके सबको समृद्धि प्रदान करता है, वह कुम्भ है।
3. 'कुम्भो मांगल्यम्' कुम्भ शब्द मांगलिक कलश से सम्बद्ध होने के कारण मांगलिक अर्थ का वाचक बन गया है।
4. कुं पृथ्वीं उम्भतेऽनुगृह्यते उत्तमोत्तम महात्म संगमैः तदीय हितोपदेशै यस्मिन् स कुम्भः॥
   जब पृथ्वी पर अनेक महात्मा एकत्रित होकर लोकहितकारी उपदेशों का प्रवचन करें, वह कुम्भ योग है।

5. कुं पृथ्वीं उम्भतेऽलंक्रियते पाप प्रक्षालनैः पुण्यपरिवर्धनश्च स कुम्भः॥
पृथ्वी के पाप प्रक्षालन द्वारा जब पुण्यों की वृद्धि से उसे अलंकृत किया जाता है, वह कुम्भ है।
6. कुं पृथ्वीं भावयति दीपयति तेजोवर्धयति इति कुम्भः॥
जो पृथ्वी को दीप्त, भावनिमग्न, तेजोवर्धन द्वारा उसे तेजवान बनाता है, वह कुम्भ है।
7. कुं पृथ्वीं भावयति, पोषयति विविध यागादिभिः इति कुम्भः॥
जो पृथ्वी को विविध यज्ञों द्वारा रागबद्ध तथा पोषण करता है, वह कुम्भ है।
8. कुं कुत्सितं उम्भति दूरयति जगत हिताये इति कुम्भः।
जो पृथ्वी के हितार्थ समस्त कुत्सितों को दूर करता है, वह कुम्भ है।

इन आठों व्युत्पत्तियों में ज्योतिष भाव की सार्थकता तो इंगित ही की गई है किन्तु यहाँ सबसे महत्वपूर्ण तत्व कुम्भ की व्युत्पत्ति में वह है - जिसका सम्बन्ध लोक कल्याण तथा लोक लक्षण से है। यह कुम्भ घटित होकर - पृथ्वी पर व्याप्त दुर्भिक्ष को दूर करता है, मंगलदायी फलों से जन समुदाय को आनन्दित करता है, पृथ्वी में समृद्धि का विकास तथा पृथ्वीवासियों को विविध यज्ञों, विविध धर्मोपदेशों से पापमुक्त करता है, पुण्यों की वृद्धि में सहायक होकर लोक की अनिष्टकारी प्रवृत्तियों का शमन करता है, आदि-आदि।

'कुम्भ' शब्द की ये व्युत्पत्तियाँ भाव वाचक हैं, शब्द मूलक नहीं, और उसके प्रभाव तथा तेज के विविध रूपों को इंगित करने में सर्वथा समर्थ हैं और इनके द्वारा आज उसकी प्रासंगिकता के क्रम को स्पष्ट किया जा सकता है।

'कुम्भ' से सम्बद्ध तीन पौराणिक कथाएँ पुराणों में मिलती हैं और इन पुराण-कथाओं के मिथकीय स्वरूप में उसका सन्दर्भ छिपा है। ये कथाएँ इस प्रकार हैं :

(1) समुद्र मंथन की कथा
(2) महर्षि दुर्वासा की कथा
(3) कद्रू-विनता की कथा

(1) मत्स्य पुराण में **'कुम्भ'** से जुड़ी **'समुद्र मंथन'** की कथा है। यहाँ बताया गया है कि **'अमृत कलश'** लेकर गरुण जब उड़े तो उसकी कुछ बूँदें चार स्थानों पर छलकीं और जहाँ-जहाँ ये बूँदें गिरीं, वहाँ-वहाँ **'कुम्भ'** पर्व विश्रुत हुआ –

विष्णुद्वारे तीर्थराजेऽवन्त्यां गोदावरी तटे।
सुधाविन्दु विनिक्षेपात् कुम्भ पर्वेति विश्रुतः॥

अमृत बूँदों के विनिक्षेपण के कारण 'कुम्भ' पर्व बना, यह प्रथम पौराणिक मान्यता है।

(2) दूसरी कथा अवर्षण एवं दुर्भिक्ष से जुड़ी है।
दुर्वासा प्रसंग में बताया गया है कि ऋषि ने एक बार एक दिव्य माला इन्द्र को प्रदान की और इन्द्र ने वह ऐरावत के मस्तक पर पहना दी। ऐरावत ने उसे पैरों से मसलकर पृथ्वी पर फेंक दिया तब दुर्वासा के शाप से अनावृष्टि और दुर्भिक्ष घटित हुआ। जब नारायण की कृपा से लक्ष्मी प्रगट हुईं तो उसे असुरों ने नाग लोक में छिपा दिया। गरुण ने उसकी खोज की

और उसे लेकर क्षीरसागर तक भगवान विष्णु के पास पहुँचाने का प्रयत्न किया। पृथ्वी पर अमृत की बूँदों के छलकने से अनावृष्टि तथा दुर्भिक्ष दोनों समाप्त हो गए और इस घट को उन्होंने जहाँ-जहाँ रखा था, बाद में वहाँ-वहाँ **'कुम्भ'** की मान्यता मिली।

(3) गरुण नागमाता कद्रू से अपनी माता के दासत्व की मुक्ति के लिए नागलोक में वासुकि द्वारा रक्षित **'अमृत कलश'** हठात् छीनकर चल पड़े और तब नागों ने उनका पीछा किया। उस अमृत कलश को प्राप्त करने के लिए नागों ने उन पर चार बार प्रहार किया और चारों बार उसे पृथ्वी पर रखकर उन्हें युद्ध करना पड़ा था - जहाँ-जहाँ उन्होंने उस अमृत कलश को रखा था वे चारों स्थल **'कुम्भ स्थली'** के नाम से विख्यात हुए।

कुम्भ पर्व की ऐतिहासिकता

प्रारम्भ में प्रयाग अपने भजन कर्म के लिये ही प्रसिद्ध रहा है। कहा जाता है कि यहाँ गार्हपत्य, आवहनीय एवं दाक्षिणात्य अग्नियाँ निरन्तर निवास करती हैं। प्रतिष्ठानपुर में गार्हपत्य, दशाश्वमेघ पर आवहनीय एवं अरैल क्षेत्र में दाक्षिणाग्नि प्रतिष्ठित हैं। यही नहीं, प्रयाग के विषय में यह भी प्रसिद्ध है कि यहाँ निरन्तर वहिर्वेदी, मध्यवेदी एवं अन्तर्वेदी वर्तमान हैं। यहाँ के भजन कर्म के संकेत महाभारत, बाल्मीकि रामायण तथा शतपथ ब्राह्मण में मिलते हैं। सरयू तथा ब्रह्मपुत्र की भाँति सरस्वती भी किसी सरोवर से ही निकलती थी और बाद में उसका उद्गम स्थल विलीन हो गया था, यमुना के प्रवाह में मिल गया। सरस्वती नदी के विलीन हो जाने के बाद गंगा तथा यमुना का संगम सरस्वती की भाँति पवित्र माना जाने लगा। प्रकृष्ट, यज्ञ फल जहाँ है, वह स्थल प्रयाग (प्रकृष्टो यज्ञफलं यत्र) माना गया। बाल्मीकि रामायण में भी यहाँ निरन्तर यज्ञधूम के निकलने का उल्लेख है।

अथर्ववेद मे एक स्थल पर उल्लेख आता है कि ब्रह्मा ने चारों दिशाओं में दुग्ध-धाराओं से युक्त चार मंगलकारी कलश स्थापित किये थे जो मानव जाति के लिए सुख तथा समृद्धि के आधार बने –

चतुरः कुम्भांचतुर्धा दधामि क्षीरेणपूर्णा उदकेन दघ्ना।
उप त्वां तिष्ठन्तु पुष्करणीः समन्ता॥

यहाँ प्रयाग के कुम्भ का कोई प्रकरण नहीं है। बाद में, इन चार घड़ों का सम्बन्ध कुम्भ से जोड़ा गया। महाभारत में यह बताया गया है कि ब्रह्मा के यहाँ सर्वप्रथम यज्ञ करने के कारण इस भूमि का नाम प्रयाग कहलाया -

यत्रायजत् भूतात्मा पूर्वमेव पितामहः।
प्रयागमिति विख्यातम् तस्मात् भरत सप्तम॥

स्कन्द पुराण में इसे यज्ञभूमि के रूप में स्वीकार किया गया है -

प्रकृष्टं सर्वयाज्ञेभ्यः प्रयाग इति उच्यते।

'प्रयाग माहात्म्य शताध्यायी' में भी इस यज्ञ सन्दर्भ का उल्लेख मिलता है। प्रारम्भ में इसे आर्यों की भजनभूमि का गौरव प्राप्त हुआ और ऋग्वेद में सम्भवतः नदियों के तट को भजनभूमि के कारण ही अत्यन्त गौरवशाली बताया गया है। ऋग्वेद दशम मंडल में

'गंगा, यमुना, सरस्वती' का स्मरण अत्यधिक श्रद्धा के साथ किया गया है। नदियों के तटों को भजन संस्कृति एवं आध्यात्मिक चिंतन के लिए चूँकि आर्यो ने विशेष रूप से चुना था, अतः आज के हिन्दुओं की भी धार्मिक सन्दर्भ परम्परा इन नदियों से जुड़ी हुयी है। आर्य संस्कृति का जन्म ही नदियों के तटों पर हुआ और वे क्रमशः एक नदी से दूसरी नदी और दूसरी से तीसरी नदी तक विकास करते रहे। आर्यों का चिन्तन तथा कर्मकाण्ड एवं सामाजिक व्यवस्था का सन्दर्भ नदियों से अभिन्नतः जुड़ा हुआ है। मनु ने व्यवस्था के लिए श्रेष्ठता का एक अनुक्रम तैयार किया है जो इस प्रकार है :

(1) **ब्रह्मावर्त :** सरस्वती तथा द्रषद्वती नदी के बीच का क्षेत्र।

(2) **ब्रह्मर्षि देश :** गंगा, यमुना का प्रारम्भिक प्रदेश - कुरुक्षेत्र, पंचाल, शूरसेन (मथुरा)

(3) **आर्यावर्त (मध्यदेश) :** सरस्वती नदी से पूर्व और गंगा, यमुना के संगम प्रयाग से पश्चिम का क्षेत्र। यह क्षेत्र हिमालय तथा विन्ध्य पर्वत के मध्य का क्षेत्र है।

उनके अनुसार भारत में कर्मकाण्ड, आचरण, नैतिकता तथा धर्म के लिए क्रमशः इन्हीं तीन क्षेत्रों के भद्रजनों का आचरण अनुकरण तथा प्रमाण का विषय है। प्रारम्भ काल में मध्यदेश की पूर्वी सीमा प्रयाग ही बनाई गई थी।

प्रयाग का महत्व अक्षयवट के कारण भी है। बाल्मीकि रामायण तथा महाभारत में अक्षयवट का उल्लेख मिलता है। अक्षय सम्भवतया उस समय पवित्र वृक्ष के रूप में रहा होगा और बाल्मीकि ने इस तथ्य की ओर सीता के मुख से कहलवाया है कि –

न्यग्रोधं समुपागम्य वैदेही चाभ्यवन्दत्।
नमस्तेऽस्तु महावृक्ष पारयेन्मे पतिव्रतम्॥
कौसल्यां चैव पश्येम सुमित्रा च यशस्विनीम्।
इति सीतांजलिं कृत्वा पर्यगच्छन्मनस्विनी॥

इस वट वृक्ष से कूदकर प्राणदान करने की परम्परा भारत में बहुत प्राचीनकाल से प्राप्त होती है। कूर्म पुराण में एक स्थल पर कहा गया है कि –

वटवृक्षं समाक्षिता यस्तु प्राणान् परित्यजेत।
स्वर्ग लोकमतिक्रम्य रुद्र लोकं स गच्छति॥

इस वट वृक्ष से इस प्रकार शैव सन्दर्भ जुड़ गया और परवर्ती काल में प्रयाग माहात्म्य शताध्यायी ग्रंथ में इस तथ्य को और अधिक सम्पुष्ट किया गया। यथा –

तं वटं रक्षति सदा शूलपाणि महेश्वरः।
स्थानं रक्षति वै देवा सर्व पाप हरं शुभम्॥

वैसे, भागवत पुराण के अनुसार वट वृक्ष के द्रोण संकुल में 'वालगोविन्द' का दर्शन लोमश ऋषि ने किया था किन्तु वह प्रयाग का 'अक्षय वट' था, ऐसा कोई उल्लेख नहीं है, किन्तु परम्परा यही स्वीकार करती है कि यह भागवत पुराण का अक्षय वट प्रयाग का

ही अक्षय वट है। अक्षय वट को जैन मतावलम्बी भी पवित्र मानते हैं और यह जनश्रुति है कि इसी के नीचे ऋषभदेव ने तपस्या की थी। महाभारत में भी इस वट वृक्ष का उल्लेख है।

वट वृक्ष के सम्बन्ध में सबसे बड़ा मतभेद यह है कि वह कहाँ था और यह अब भी एक विवाद का विषय है।

गंगा-यमुना में स्नान तथा कल्पवास का प्रकरण भी प्राचीन है। इसका सर्वप्रथम संकेत ऋग्वेद परिशिष्ट में बताया गया है। महाभारत काल में गंगा-यमुना के संगम में स्नान करने से मुक्ति की चर्चा मिलती है। वन पर्व में एक स्थल पर कहा गया है कि –

गंगायमुनर्योमध्ये स्नाति यः संगमे नरः।

दशाश्वमेघमाप्नोति कुलं चैव समुद्धरेत॥

कालिदास ने 'रघुवंश' महाकाव्य के अन्तर्गत गंगा-यमुना संगम स्नान की मुक्तभाव से प्रशंसा की है –

समुद्रपत्न्यो जल सन्निपाते पूतात्मनामत्र किलाभिषेकात्।

तत्वावबोधेन बिनापि भूयः तनुस्त्यजां नास्ति शरीरबन्धः।

परम्पराओं में शतपथ ब्राह्मण, विष्णु पुराण तथा ऋग्वेद के खिल अंश में प्राप्त साक्ष्य स्नान से 'अमृतत्व' की प्राप्ति पुराणों की गरुण कथाओं की ओर इंगित करता है।

इसी प्रकार प्रयाग में 'कल्पवास' एवं दान की प्राचीन महिमा बताई गई है। चीनी यात्री ह्वेनसांग द्वारा हर्ष के दान के स्वरूप का अद्वितीय चित्र खींचा गया है और इसी प्रकार 'कल्पवास' का उपभोग यहाँ भौतिक संसक्तियों के त्याग एवं चित्त में आध्यात्मिक वृत्ति के पुनः कल्प (परिवर्तन, निर्माण, रचना) से जुड़ता है। इस प्रकार, वर्ष भर की आध्यात्मिक तैयारी का एक सुअवसर मन को प्रदान करना कल्पवास है। कल्पवास की परम्परा का उल्लेख पौराणिक काल से होता है।

कुम्भ पर्व की प्रासंगिकता

कुम्भ प्रकरण के समस्त सन्दर्भों का विवेचन करें तो निम्नलिखित तथ्य इसके प्रकाश में उत्पन्न होते हैं –

(1) कुम्भ पर्व तथा सर्वधर्म समन्वय।

(2) आध्यात्मिक चिन्तन का राष्ट्रीय मंच।

(3) भजन एवं पर्यावरण की शुद्धि–अवर्षण तथा अनावृष्टि से पृथ्वी को मुक्त करना।

(4) कल्पवास, दान, स्नान, संयम, व्रत से मानवीय चित्त की शुचिता का विकास।

(5) भारतीय संस्कृति की अस्मिता का प्रसार एवं मानव जाति को उससे जोड़ने का प्रयास।

(6) जीवन के मूल सत्य या तत्वार्थ का अन्वेषण।

इन सम्पूर्ण तत्वों को केन्द्रित करके निम्नलिखित तीन बिन्दुओं में रखा जा सकता है और आज के भौतिकवादी तथा शक्ति की होड़ में पागल मानव समुदाय को सहज ही मानवीय अस्तित्व की सार्थकता, जीवन एवं समाज के मूल तत्वों की पहचान तथा सत्यान्वेषण की दृष्टि प्रदान करना इस विशाल आयोजन का मन्तव्य है।

(क) **कुम्भ के उत्सव तथा आयोजन** की महत्वपूर्ण विशेषता भारत में व्याप्त धार्मिक विविधताओं में एकता एवं समन्वय की मूलभावना विशेष रूप से दृष्टव्य है। भारत का लोकतंत्र यद्यपि धर्म-निरपेक्ष है, फिर भी, धर्म का तत्वार्थ हमारी राष्ट्रीय अस्मिता का अभिन्न अंग है। जिस धर्म निरपेक्षता की चर्चा हम संविधान में आज करते हैं, हजारों वर्ष पूर्व कुम्भ आयोजन उसकी व्यावहारिक परिणति है। देशभर के प्रमुख धार्मिक सम्प्रदाय एकत्रित होकर यहाँ वर्ष में एक बार धर्म के गूढ़ार्थ का अन्वेषण करते हैं—उनमें कोई अमार्ग नहीं, कोई विद्वेष नहीं। प्रयाग की गलती बालू पर बैठकर धर्म के गूढ़ार्थ चिन्तन का यह अद्‌भुत पर्व है—प्रयाग के संगम की रचना भी इसी क्रम में है –

(1) यहाँ एक ओर वैष्णवों के बालमुकुन्द विष्णु तथा वेणीमाधव हैं।

(2) यहाँ शैवों का सोमेश्वर पीठ है और कहा जाता है कि अक्षय वट की रक्षा कुम्भ काल में आकर स्वयं भगवान शिव करते हैं।

(3) शाक्तों का शक्तिपीठ अलोपीबाग में स्थित ललिता देवी हैं।

विशेषकर, वैष्णव, शैव एवं शाक्तों के विविध अखाड़े यहाँ एकत्रित होते हैं। अक्षय वट को जैन धर्म में भी स्वीकृति मिली है। योग, सांख्ययोग एवं यज्ञों से जुड़े विविध धर्म संघ यहाँ प्रतिवर्ष एकत्रित होते हैं। इन सबके अतिरिक्त, विविध विचारधाराओं से जुड़े प्रमुख अखाड़े भी लाखों भक्तों के साथ आते हैं –

महानिर्वानी (शैव जटाधारी), निरंजनी (नागा शैव जटाधारी), बाघम्बरी (जटा विहीन शैव), रामानुजी (वैष्णव), वल्लभ, राधावल्लभ, निम्वार्क, मध्यवाचार्य, चैतन्य मतावलम्बी, (कृष्ण भक्त), रामानंदी (वैष्णव), पंचायती (उदासीन), निर्वाणी (उदासीन), छोटा पंचायती (उदासीन मत) आदि कितने सम्प्रदाय इकट्‌ठे होते हैं कि उनकी गणना कर सकना मुश्किल है।

कुम्भ का यह धार्मिक समन्वय बाह्य ही नहीं आन्तरिक भी है। यह कहा गया है कि इसके विविध अंगों पर विविध देवता निवास करते हैं –

कलशस्य मुखे विष्णुः कंठे रुद्र समाश्रितः।
मूले त्वस्य स्थितयो ब्रह्मा मध्ये मातृगणा स्थिताः॥
कुक्षौ तु सागरा सर्वे सप्तद्वीप वसुन्धरा।
ऋग्वेदोऽथ यजुर्वेदः सामवेदो ह्यथर्वणो।
अशेष संहिता सर्वे कलशं तु समाश्रृताः॥

इस प्रकार, प्रयाग का कुम्भ सम्पूर्ण भारतीय धार्मिक एवं सांस्कृतिक मान्यताओं का समन्वय है। यही नहीं, प्रयाग की भजनभूमि सम्पूर्ण वातावरण की विषाक्तता एवं प्रदूषण को समाप्त करने में सर्वथा समर्थ है। प्रयाग का सम्पूर्ण वातावरण गार्हपत्य, आवहनीय तथा दक्षिण अग्नि से सम्पृक्त है। यह कामद तथा मोक्षद दोनों प्रकार के फलों का दान करने में सर्वथा समर्थ है। त्रिवेणी या संगम ओंकारमंत्र का मूल बीज भूत तत्व है - ऐसा धर्माचार्यों ने बताया है।

कुल मिलाकर, आज के युग विश्व के समग्र धर्म समन्वय की यह अद्‌भुत भूमि है।

(ख) **आध्यात्मिक सत्यार्थ का अन्वेषण :** प्रयाग की कुम्भस्थली आध्यात्मिक सत्यार्थ के अन्वेषण की स्थली है। अध्यात्म के नाम पर मुँह टेढ़ा करने की बात नहीं है। जीवन केवल भौतिक, रसायनिक, जैविक, संघातों का प्रतिफल नहीं है। इन सबके ऊपर इस सृष्टि में 'चेतना' का तत्व है। विज्ञान के द्वारा इस चेतना की व्याख्या नहीं की जा सकती। आध्यात्मिकता का अर्थ है, निखिल ब्रह्माण्ड में व्याप्त चेतना के स्वरूप एवं प्रकृति का अन्वेषण। भारत में 'विज्ञान' शब्द का प्रयोग इसी चेतनान्वेषण के लिए किया गया है। इसके अतिरिक्त आज हम जो कुछ ज्योतिष, गणित, धर्मशास्त्र, समाजशास्त्र, कला, विज्ञान एवं वाणिज्य में अन्वेषण करते हैं, वह सब 'ज्ञान' कहा गया है।

कुम्भ पर्व में इस चेतना विज्ञान के अन्वेषण का एक स्थायी मंत्र है, जहाँ इस आध्यात्मिक विज्ञान के विचारक एकत्रित होकर प्रतिवर्ष सामान्य भारतीय जन-समुदाय को उसका एहसास कराते हैं। ऐसा अद्भुत ऋणि समागम, उस तत्वार्थ के अन्वेषण के लिए दुर्लभ है। उपनिषद में एक स्थल पर कहा गया है –

हिरण्यमयेन पात्रेण सत्यस्यापिहितं मुखम्।
तत्व पूषन प्रावृण, सत्यधर्माय दृष्टये॥

कुम्भ एक स्वर्णमयी ज्योर्ति पात्र है। इसी में परम् तत्व रूप सत्यार्थ छिपा है। जिस प्रकार, पूषन देवता, अपने प्रकाश में लोक का अंधकार दूर करके लोकवस्तुओं की सत्यता का ज्ञान कराते हैं, ठीक उसी प्रकार सत्यार्थ के अन्वेषी विद्वानजन एक मास तक कुम्भ क्षेत्र में एकत्रित होकर मानव जाति को सत्य के अमृत तत्व का आस्वादन कराते हैं।

(ग) **भारतीय अस्मिता की पहचान :** भारत अपने पर्वतों, नदियों, भू-भागों, समुद्रों, ऐतिहासिक धरोहरों एवं विविध जातियों के लागों से नहीं जाना जाता। भारत की पहचान उसकी आध्यात्मिक चिंतन दृष्टि है – जो हजारों-हजारों वर्षों से सम्पूर्ण विश्व द्वारा समाहृत है।

भारतीय संस्कृति की आध्यात्मिक चेतना की सबसे बड़ी पहचान त्यागवृत्ति है। भोग का त्यागपूर्वक भोग, अनासक्ति पूर्वक भोग, ईश्वरार्पण पूर्वक भोग, सबको देकर भोग – यह भातीय संस्कृति की केन्द्रीय चेतना है। आज शक्ति, धन, विलासिता के जाल में फँसे मानव समाज को त्यागपूर्वक भोग का मार्ग अपने आप में एक आदर्श है। ईशा वास्योपनिषद् में इस त्यागमयी भोग को इंगित करते हुए कहा गया है –

ईशावास्यमिदं सर्वं यत्किंचित् जगत्यां जगत्।
तेन त्यक्तेन भुंजीया मा गृधः कस्यस्विद धनम्॥

भोग में आश्क्त मत बनो, यह धन किसका है? सृष्टि में जो कुछ है, सबमें, सर्वत्र ईश्वर व्याप्त है। तुम भी ईश्वरमय ही हो और सृष्टि के ईशभोगों को उसी ईश के साथ मिलकर भोगो। यह धन न तुम्हारा है न दूसरे का। सब कुछ ईश्वरमय है।

'कुम्भ पर्व' का एक मास का कल्पवास इसी भारतीय अस्मिता की पहचान कराने का एक सशक्त हेतु है। यह न तो पर्यटन केन्द्र है और न तीर्थाटन की स्थली है। यह साधना का संकल्प केन्द्र है। कल्पवास का संदर्भ भी यही है। राजा, मूक, साधु सभी बालुकामयी गलती हुई भूमि पर शयन करते हैं, एक काल का भोजन एवं तीनों समय स्नान – पूजा तथा भजन, सत्य के लिए, तप के लिए, दान के लिए, शुचिता के लिए, गृहस्थ भोगों के त्याग के लिए, संकल्पशील कल्पवासी भारतीय अस्मिता त्यागपूर्वक भोग का

प्रत्यक्ष प्रमाण उपस्थित करते हैं। त्यागपूर्वक भोग आज मानव जाति के लिए एक आदर्श है, यह भारतीय अस्मिता की पहचान है और **'कुम्भ पर्व'** इसका सबसे बड़ा प्रतीक है। यह केवल धर्मस्थल नहीं, सत्यान्वेषण तथा भारतीय अस्मिता की प्रतीति कराने एवं बार-बार व्यवहार में उतारने की एक पवित्र भूमि है।

भारत विश्वभर में अपनी इसी राष्ट्रीय अस्मिता के कारण जाना जाता रहा है। इसका संबंध किसी जाति, किसी धर्म विशेष, किसी भाषा-भाषी, किसी राजनीतिक तथा सामाजिक दल से नहीं है। यह सबके ऊपर सम्पूर्ण मानव जाति के लिए है। यहाँ कोई भेदभाव नहीं है। अतः इस सन्दर्भ में सम्पूर्ण राष्ट्र का समवेत् दायित्व बनता है कि अपनी वैयक्तिक संकीर्णताओं से उठकर समन्वय भाव से इस राष्ट्रीय अस्मिता के विकास से सम्बद्ध कार्यक्रमों में सहयोग करें ताकि मानव जाति के बीच लोक मंगल का यह पुनीत आयोजन सफल हो सके —

सर्वे भवन्तु सुखिनः सर्वे सन्तु निरामया।
सर्वे भद्राणि पश्यन्तु मा कश्चित् दुःख भाग्भवेत्॥

स्वतंत्रता संग्राम में प्रयाग की भूमिका

• हरिमोहन मालवीय

सन् 1764 में अवध का नवाब शुजाउद्दौला जो उस समय मुगल साम्राज्य का प्रधान मंत्री और विशेष संरक्षक था, उसने बंगाल में अंगरेजों द्वारा किये जा रहे अत्याचारों के प्रतिरोध के लिए चढ़ाई की योजना बनाई तथा जवाब तलब करते हुए अंगरेज गवर्नर और उसकी कौंसिल के नाम एक पत्र कलकत्ते भेजा। पत्र में भारत के बादशाहों द्वारा अंगरेज कंपनी को दी गयी रियायतों के साथ-साथ अंगरेजों द्वारा किये जा रहे षड्यंत्रों का खुलासा करते हुए उनसे स्पष्टीकरण मांगा था। इसी पत्र में शुजाउद्दौला ने लिखा था - आप लोग अभी तक कलकत्ते से नई-नई फौजें भेजकर शाही इलाकों पर लगातार हमले करते रहते हैं, यहाँ तक कि इलाहाबाद के सूबे के कई गांव और परगनों को भी आप लोगों ने लूट लिया है, इन सब नाजायज हरकतों की क्या वजह समझी जा सकती है सिवाय इसके कि आपको दरबार की कतई परवाह नहीं और आप खुद मुल्क पर कब्जा करने की बैजा कोशिश में लगे हुए हैं। (भारत में अंगरेजी राज; प्रथम खण्ड, पृ. 210)

यह प्रथम प्रमाण है इलाहाबाद में अंगरेजों द्वारा किये गए अत्याचारों का। शाहआलम की अंगरेजों से हुई मैत्री के परिणामस्वरूप इलाहाबाद किले की सेना के प्रतिरोध के बावजूद नजफ खां से किले के गुप्त मार्गों की जानकारी पाकर अंगरेजी सेना किले में प्रविष्ट हो गई। महाराजा शिताब राय के हस्तक्षेप के कारण कंपनी और शुजाउद्दौला में 1764 में सुलह हुई कि इलाहाबाद के आस-पास का प्रान्त जो उस समय अवध के सूबे में शामिल था, सम्राट के उपयोग के लिए अलग कर दिया जाय। इलाहाबाद का शहर और किला सम्राट के रहने के लिए नियत हो और इलाहाबाद के किले में सम्राट की रक्षा के लिए कंपनी की सेना रहे। (भारत में अंगरेजी राज, प्रथम खण्ड, पृष्ठ 215)

बाद में क्लाइव ने शुजाउद्दौला को धमका कर जो नई संधि की थी उसके अनुसार –

नवाब वजीर ने अब इलाहाबाद और कड़ा, दोनों स्थान सम्राट के लिए (?) कहकर कंपनी को दे दिये। (वही, पृ. 219)

14 नवम्बर सन् 1801 ई. को एक संधि के अन्तर्गत इलाहाबाद का जिला अन्य इलाकों के साथ ईस्ट इंडिया कंपनी को सदैव के लिए दे दिया गया।

1857 की क्रान्ति

स्वर्गीय पंडित सुन्दर लाल जी ने अपने प्रसिद्ध ग्रंथ भारत में अंगरेजी राज में लिखा है—मोटे तौर पर सन् 1857 की क्रान्ति के पांच मुख्य कारण कहे जा सकते हैं –

(1) दिल्ली सम्राट के साथ अंगरेजों का लगातार अनुचित व्यवहार, (2) अवध के नवाब और अवध की प्रजा के साथ अत्याचार, (3) डलहौजी की अपहरणनीति, (4) अन्तिम पेशवा बाजीराव के दत्तक पुत्र नाना साहब के साथ कंपनी का अन्याय, और (5) भारतवासियों को ईसाई बनाने की आकांक्षा और भारतीय सेना में ईसाई मत का प्रचार। (वही, द्वितीय खण्ड, पृष्ठ 806)

29 मार्च, 1857 को बैरकपुर में मंगल पाण्डे के आवाहन पर चर्बी भरे कारतूस के कारण रुष्ट सिपाहियों में जो विप्लव की आग भड़की थी, वह शनैः शनैः फैलते हुए 12 मई, 1857 को इलाहाबाद तक पहुंच गई थी। उस समय जो जनभावना क्रान्ति के लिए हिलोरें ले रही थी उसकी पृष्ठिभूमि के निदर्शनार्थ रूहेलखण्ड के खान बहादुर खां के ऐलान को प्रस्तुत करना अप्रासंगिक न होगा। उक्त ऐलान में कहा गया था – हिन्दोस्तान के रहनेवालो! स्वराज्य का पाक दिन, जिसका बहुत अरसे से इन्जार था, आ पहुंचा है; आप लोग इसे मंजूर करेंगे या इससे इंकार करेंगे? आप इस जबरदस्त मौके से फायदा उठाएंगे या इसे हाथ से जाने देंगे? हिन्दू और मुसलमान भाइयो, आप जान लो अंगरेज हिन्दोस्तान में रह गए तो हम सब को कत्ल कर देंगे और आप लोगों के मजहब को मिटा देंगे। हिन्दोस्तान के बाशिंदे इतने दिनों तक अंगरेजों के धोखे में आते रहे और अपनी ही तलवारों से अपने गले काटते रहे। इसलिए अब हमें मुल्कफरोशी के अपने इस गुनाह का प्रायश्चित करना चाहिए। अंगरेज अब भी अपनी पुरानी दगाबाजी से काम लेंगे। वे हिन्दुओं को मुसलमानों के खिलाफ और मुसलमानों को हिन्दुओं के खिलाफ उभारने की कोशिश करेंगे। लेकिन हिन्दू भाइयो, इनके फरेब में न पड़ना। हमें अपने होशियार हिन्दू भाइयों को यह बताने की जरूरत नहीं है कि अंगरेज कभी अपने वायदे पूरे नहीं करते। ये लोग चाल और दगाबाजी के ताक में हैं। ये हमेशा से सिवाय अपने मजहब के और सब मजहबों को दुनिया से मिटाने की कोशिश करते रहे हैं! क्या उन्होंने गोद लिए हुए बच्चों के हक नहीं छीन लिये हैं? क्या उन्होंने हमारे राजाओं के राज और मुल्क नहीं हड़प लिये हैं? नागपुर का राज किसने ले लिया? लखनऊ की बादशाहत किसने छीन ली? हिन्दू और मुसलमान दोनों को पैरों तले किसने रौंदा? मुसलमानो अगर तुम कुरान की इज्जत करते हो तो, और हिन्दुओ अगर तुम गो-माता की इज्जत करते हो तो अब अपने छोटे-छोटे तफरकों को भूल जाओ और इस पाक जंग में शामिल हो जाओ। लड़ाई के मैदान में कूदकर एक झण्डे के नीचे लड़ो और खून की नदियों से अंगरेजों का नाम हिन्दोस्तान से धो डालो। गाय का मारा जाना बन्द कर दिया जाय। इस पाक जंग में जो आदमी खुद लड़ेगा या जो लड़नेवालों की मदद करेगा दोनों को इस लोक में और परलोक में दोनों जगह निजात मिलेगी। लेकिन अगर कोई मुल्की जंग की मुखालफत करेगा तो वह अपने सर पर कुल्हाड़ी मारेगा और खुदकुशी के गुनाह का जिम्मेवार होगा। (वही, पृष्ठ 839-40)

1857 की क्रान्ति की सूचना सर्वप्रथम प्रयाग में 12 मई, 1857 को पहुँची। इलाहाबाद के पण्डा समाज ने अंगरेजों के ईसाईकरण के ध्येय के प्रति समाज को सजग करने का प्रयास करके इस क्रान्ति ज्वाला को और भी प्रज्वलित करने का प्रयास किया था। मुसलमान समाज अंगरेजों से अप्रसन्न था ही जिसे यह एहसास था कि उनके साम्राज्य को अंगरेजों ने समाप्त कर दिया है। मेवातियों ने भारतीय सैनिकों में विद्रोह का भाव प्रबल किया था। इलाहाबाद में उस समय छठी रेजीमैण्ट की देशी पलटन और फिरोजपुर रेजीमैन्ट के सिख दस्ते ही पड़ाव डाले हुए थे। छठी रेजीमैन्ट देशी पलटन का नायक था कर्नल सिम्पसन और किले की सेना के नायक थे लैफ्टीनैन्ट ब्रेसियर। चार्ल्स चेस्टर यहाँ कमिश्नर थे और एम. फोर्ट थे प्रमुख मजिस्ट्रेट।

अंगरेजों ने प्रतापगढ़ से सेना बुलाकर यहाँ विद्रोह को रोकने के लिए प्रबन्ध किये थे। लेकिन 5 जून, 1857 को बनारस के क्रान्तिकारियों के आगमन की सूचना मिली। समसाबाद में साफी खान मेवाती के निवास पर एक पंचायत हुई और यह निश्चय किया गया कि सैनिक तथा जनता एक ही दिन क्रान्ति का अभियान चलायें। किले में अंगरेज एकत्रित हुए फिर भी कुछ को किले के बाहर ही रहना पड़ा।

डॉ. श्याम नारायण सिन्हा ने अपने आलेख 1857 की क्रान्ति में लिखा है – नगर में बनारस से आनेवाले क्रान्तिकारियों को रोकने के लिए देशी पैदल पलटन की दो टुकड़ियां तथा दो तोपें दारागंज के समीप गंगा पर बने नावों के पुल पर तैनात की गयीं और किले के ऊपर रखी तोपों का मुख बनारस से आनेवाली सड़क की तरफ कर दिया गया। नगर की रक्षा हेतु अलोपीबाग में देशी सवारों की दो टुकड़ियां रखी गयीं। किले की सुरक्षा हेतु 65 तोपची, 800 सिख सैनिक तथा भारतीय पैदल की एक टुकड़ी थी। इसके अलावा किले में कुछ योरोपीय नागरिक भी थे। ('उत्तर प्रदेश', प्रयाग अंक 1984 पृ. 142-43)

अंगरेजों को भारतीय सैनिकों ने अपनी वफादारी के लिए आश्वस्त कर रखा था जबकि उनके हृदय में क्रान्ति का जज्बा हिलोरें ले रहा था। भारतीय सैनिकों को जो दिल्ली जाकर सरकार की मदद करने का आश्वासन दे रहे थे उन्हें गवर्नर जनरल लार्ड कैनिंग का आभार सन्देश भी सुनाया गया था। लेकिन 6 जून, 1857 की रात को रात्रि 9 बजे दारागंज के पास गंगा पर बने नावों के पुल पर तैनात सैनिकों ने छावनी में उन तोपों को लगाकर अंगरेजों पर गोलियां बरसाना प्रारंभ कर दिया था। अलोपीबाग के सैनिकों ने लैफ्टीनैन्ट अलेक्जेण्डर को गोली मार दी। लैफ्टीनैन्ट हावर्ड किले में भाग गये। दोनों पलटनों के अधिकांश अधिकारी मार डाले गये। अंग्ररेजों के बंगले जलाए गए अथवा लूट लिये गये। किले में तैनात भारतीय सैनिकों के हथियार ले लिये गये। सिख सैनिक किले की प्राचीर पर सुरक्षा के निमित्त तैनात रहे।

किले में अंगरेजों की कड़ी सुरक्षा व्यवस्था को देखकर क्रान्तिकारियों ने दारागंज और किले के पास की चौकियों पर कब्जा कर लिया। पूरा नगर क्रान्ति की लपेट में आ गया। सरकारी कोष पर भारतीयों का कब्जा हो गया। कैदी रिहा किये गये। रेल की लाइनें तोड़ी गयीं और तार काटे गये। तीस लाख रुपये क्रान्तिकारियों को खजाने की लूट से मिले। 17 जून, 1857 को शहर की कोतवाली पर स्वतंत्रता का हरा झण्डा फहरा दिया गया। इतिहासकार सर जान ने उस समय का वर्णन इस प्रकार किया है - "न केवल गंगा पार के क्षेत्रों में बल्कि दोनों नदियों, गंगा और यमुना के मध्य के क्षेत्रों में भी गांवों की जनता ने विद्रोह कर दिया था और शीघ्र ही किसी भी धर्म (हिन्दू तथा मुसलमान) का कोई मनुष्य नहीं बचा था जो हमारे खिलाफ न हो गया हो।"

क्रान्ति के इस दौर में चायल परगना के महगांव के मौलवी लियाकत अली ने क्रान्ति का नेतृत्व किया और खुसरोबाग को अपना मुख्यालय बनाया। वे सम्राट बहादुर शाह की ओर से इलाहाबाद के गवर्नर बने और अपने अधीनस्थ तहसीलदार और कोतवाल बनाए और नगर में शान्ति स्थापना का प्रयास किया।

अंगरेजों ने क्रान्ति के दमन के लिए रंगून, बम्बई और मद्रास से अधिकाधिक सेनाओं को बुलाकर अपना दमन अभियान प्रारंभ किया। लार्ड कैनिंग मेरठ क्रान्ति और दिल्ली की उथल पुथल से अत्यधिक चिन्तित हो गया था। कर्नल नील मद्रास से कलकत्ता और बाद में 11 जून, 1857 को इलाहाबाद पहुंचा और उसने दारागंज के नावों के पुल पर कब्जा किया। 15 जून को अंगरेजों ने मुट्ठीगंज और कीडगंज पर कब्जा किया। 17 जून को किले की सेना की सहायता से खुसरोबाग पर धावा किया। लियाकत अली खां अपने सहयोगियों के साथ नाना साहब के पास कानपुर चले गये। विद्रोहियों ने वीरता से सामना किया लेकिन दुर्दान्त नील की सेना का मुकाबला वे न कर सके। अंगरेजी सरकार ने लियाकत अली खां की गिरफ्तारी के लिए पाँच हजार रुपये का इनाम घोषित किया। बाद में वे बम्बई में गिरफ्तार कर लिये गये। उन पर मुकदमा चला और उन्हें आजीवन कारावास की सजा सुनाई गयी। वे अन्दमान की जेल में मृत्यु पर्यन्त कैद रहे। 11 जून को एम. एच. कोर्ट मजिस्ट्रेट ने कोतवाली पर कब्जा किया और बाद में इलाहाबाद छावनी,

दरियाबाद, सैदाबाद और रसूलपुर के क्रान्तिकारियों का दमन किया गया। 18 जून को इलाहाबाद में पुनः अंगरेजों का शासन हो गया। कर्नल नील का दमन चक्र चला। क्रान्ति की पताका लेकर निकलनेवाले बच्चों को भी फाँसी पर लटकाया गया। इलाहाबाद के चौक में जो नीम के पेड़ थे उन पर आठ सौ निरीह नागरिकों को फाँसी पर लटका दिया गया। नगर के जो लोग नावों से भाग रहे थे उन्हें गोलियों से भूना गया। गांवों में आग लगाई गयी। जहाँ तहाँ पेड़ों पर लोगों को फाँसी दी गयी। इन अत्याचारों की भर्त्सना न केवल भारतीयों ने की बल्कि ब्रिटिश इतिहासकार सर जान के, मैलीसन, होम्स तथा चार्ल्स बाल ने भी की है। सर जार्ज कैम्पवैन ने लिखा है – और मैं जानता हूँ कि इलाहाबाद में बिलकुल बिना किसी तमीज के कत्लेआम किया गया था......... और इसके बाद नील ने वे काम किये जो कत्लेआम से भी अधिक भयंकर मालूम होते थे, उसने लोगों को जानबूझकर इस तरह की यातनाएँ देकर मारा जिस तरह की यातनाएँ जहाँ तक हमें सबूत मिले हैं भारतवासियों ने कभी किसी को नहीं दीं। (नैरेटिव ऑफ दि इंडियन रिवोल्ट, पृ. 33)

1 नवम्बर, 1858 को ईस्ट इंडिया कंपनी का राज हिन्दुस्तान से हटा लिया गया। उस समय लार्ड कैनिंग इलाहाबाद में था। उसी दिन इलाहाबाद में दारागंज के पास किले के नीचे उपस्थित जन समूह के समक्ष समस्त भारतीय राजाओं और भारत की प्रजा के नाम जारी इंग्लैण्ड की महारानी विक्टोरिया की घोषणा सुनायी गयी जिसमें कहा गया था कि - कंपनी का राज अब से समाप्त हुआ और उसके स्थान पर भारत के शासन की बागडोर हमने (अर्थात महारानी विक्टोरिया ने) अपने हाथों में ले ली है। सिवाय उन लोगों के जो हमारी अंगरेजी प्रजा की हत्या में भाग लेने के अपराधी हैं बाकी जो लोग भी हथियार रख देंगे उन सब को माफ कर दिया जायेगा, हिन्दुस्तानियों की गोद लेने की प्रथा आइन्दा से जायज समझी जायगी और दत्तक पुत्रों को पिता की जायदाद और गद्दी का मालिक माना जायेगा, किसी के धार्मिक विश्वासों या धार्मिक रीति रिवाजों में किसी तरह का हस्तक्षेप न किया जायेगा, देशी नरेशों के साथ कंपनी ने इस समय तक जितनी संधियां की हैं उनकी सब शर्तों का आइन्दा ईमानदारी के साथ पालन किया जायेगा। इसके बाद किसी भारतीय नरेश की रियासत का उसका कोई अधिकार न छीना जाएगा; सब भारतवासियों के साथ ठीक उसी तरह का व्यवहार किया जायेगा जिस तरह का अंगरेजों के साथ। आदि-आदि।

महारानी विक्टोरिया के इस ऐलान का असर अंगरेज शासकों के कारनामों में नहीं दिखाई पड़ता था। जनता के मन में अंगरेजों के अत्याचारों के कारण क्षोभ था और 57 की क्रान्ति की विफलता के कारण व्यापक रूप से हताशा उत्पन्न हो गयी थी। भारतीयों की दुर्दशा का एहसास विचारकों को आन्दोलित करने लगा था। इसी की अभिव्यक्ति भारतेन्दु हरिश्चन्द्र के नाटकों 'भारत दुर्दशा' और 'अन्धेर नगरी' में परिलक्षित होती है। भारतेन्दु की रचनाओं का प्रयाग के लेखकों पर व्यापक प्रभाव था। सितम्बर, 1877 से प्रकाशित पं. बालकृष्ण भटट् के हिन्दी प्रदीप का स्वर राष्ट्रीयतापरक ही था जिसकी चरम परिणति बंग भंग संबंधी टिप्पणियों के कारण बाद में उजागर हुयी और राष्ट्रकवि माधव शुक्ल की "बम क्या है" कविता के कारण उनके हिन्दी प्रदीप को बुझ जाना पड़ा था।

क्रान्तिकारी प्रयासों की भूमि

दादा भाई नौरोजी के स्वराज्यमंत्र का देश की युवा पीढ़ी पर व्यापक प्रभाव पड़ा था। इसी समय नरम और गरम दलों में नेतृत्व बंट गया था। इलाहाबाद में दोनों दलों के लोग सक्रिय थे। पहले लाहौर षडयन्त्र केस, अलीपुर बम केस और अरविन्द घोष के मुकदमों के समाचारों से देश के युवकों में बम से स्वराज्य लेने का भी भाव उत्पन्न हो गया था। ऐसे समय में उग्र विचारों के नेताओं लाला लाजपतराय, लोकमान्य तिलक, दादा साहब खापड़े, विपिन चन्द्र पाल ने इलाहाबाद आकर अपने ओजस्वी विचारों का

प्रकटीकरण किया था। इलाहाबाद के चीफ गंगा दास से पण्डित सुन्दर लाल के 'कर्मयोगी प्रेस' में महान क्रान्तिकारी महेन्द्र प्रताप आकर परस्पर विचार-विमर्श करते थे।

इसी काल खण्ड में एल.एल.बी. के एक छात्र नित्यानन्द चटर्जी ने पहला बम इलाहाबाद युरोपियन क्लब पर फेंका था। कायस्थ पाठशाला के छात्र परमानन्द अमरीका में स्थापित हिन्दुस्तान गदर पार्टी में शामिल हुए। कुछ वर्षों बाद एक जहाज पर शस्त्रार्थ लाद कर कोमागाटा मारू घटना के बाद भारत लौटे और साथियों के साथ गिरफ्तार कर लिये गये। इस षड्यंत्र केस में उन्हें आजीवन कारावास की सजा मिली। वे 28 वर्षों तक जेल में रहे। सचिन सान्याल और उनके भाई को भी लंबी जेल यातना भोगनी पड़ी थी। लाहौर षड्यंत्र के मुकदमे में इलाहाबाद के दो छात्रों बालकृष्ण और सुग्गन चन्द को क्रान्तिकारी प्रयासों में संलिप्त रहने के कारण मुलतान और शोलापुर की जेलों में घोर यंत्रणा सहनी पड़ी थी। 1921 में दारागंज में हरिन घोष और देवेन्द्र शंकर को पुलिस मुठभेड़ में अपने जीवन से हाथ धोने पड़े थे।

बंग भंग के बाद लोकमान्य तिलक के आह्वान पर इलाहाबाद के युवकों ने प्रबल प्रतिक्रिया व्यक्त की थी। उस समय इलाहाबाद विश्वविद्यालय के छात्र के रूप में सुन्दर लाल और मंजर अली सोख्ता ने क्रान्तिकारी गतिविधियों में बढ़ चढ़कर भाग लिया था। इनके अतिरिक्त आचार्य नरेन्द्र देव, पुरुषोत्तम दास टण्डन, गोविन्द वल्लभ पन्त, डॉ. कैलाश नाथ काटजू, बाबू शिव प्रसाद गुप्त और वेंकटेश नारायण तिवारी स्वतंत्रता की अलख जगाने के लिए प्रयत्नशील थे। पुलिस अत्याचार से इन प्रचारों को समाप्त करने का प्रयास ब्रिटिश शासकों ने किया था। किन्तु एनी बेसेन्ट के होमरूल आन्दोलन ने देश में नव चैतन्य उत्पन्न कर दिया था। एनी बेसेन्ट ने इलाहाबाद में पंडित मोतीलाल नेहरू की अध्यक्षता में एक विशाल जन सभा को संबोधित किया। लोकमान्य तिलक की प्रेरणा से होमरूल लीग का कार्यालय इलाहाबाद में स्थापित हुआ जिसके सचिव थे पंडित सुन्दरलाल, मंजर अली सोख्ता और पंडित जवाहार लाल नेहरू।

इलाहाबाद नेताजी सुभाष चन्द्र बोस की प्रेरणा से फारवर्ड ब्लाक का भी केन्द्र था। उनके अनुगामी दल का कार्य बहुत वर्षों तक पद्मकान्त मालवीय के माध्यम से इलाहाबाद में संचालित रहा। एक बार नेताजी इलाहाबाद पधारे थे और यहाँ की जनता ने उनका जोरदार स्वागत भी किया था। इलाहाबाद के क्रान्तिकारियों में सचीन्द्र नाथ सान्याल, भूपेन्द्र नाथ सान्याल और रोशन सिंह स्मरणीय हैं। सान्याल बंधु काकोरी षड्यंत्र केस में सम्मिलित थे और रोशन सिंह को इलाहाबाद की मलाका जेल में फाँसी दी गयी थी। इलाहाबाद में 27 फरवरी, 1931 को अल्फ्रैड पार्क में चन्द्र शेखर आजाद शहीद हुए थे। उनकी शहादत के बाद इस नगर में ब्रिटिश हुकूमत के खिलाफ प्रबल आक्रोश उत्पन्न हुआ था।

प्रयाग की पत्र पत्रिकाएं और राष्ट्रीय जागृति

बालकृष्ण भट्ट के हिन्दी प्रदीप के समय 1879 में पण्डित अयोध्यानाथ ने 'इण्डिन हेराल्ड' और बाद में 'इंडियन यूनियन' का प्रकाशन करके राष्ट्रवादी विचारों का प्रसार-प्रचार किया था। 1880 से 1887 तक देवकी नन्दन त्रिपाठी ने 'प्रयाग समाचार' का प्रकशन किया और अंग्रेजी न्यायाधीशों के पक्षपातपूर्ण कार्यों का तीव्र विरोध किया था। जब तक भारतीय राष्ट्रीय कांग्रेस पूर्णतया राष्ट्रीय आन्दोलन का मंच नहीं बनी थी, उस समय प्रयाग के समाचार पत्र स्वदेशी, स्वाधीनता, स्वभाषा और राष्ट्रीयता से जनता को अभियंत्रित करते रहे थे। इस दृष्टि से जहाँ 'पीपुल, सिटीजन और हिन्दुस्तान रिव्यू' जैसे पत्रों ने भारतीयों की समस्याओं को उजागर

किया वहीं 1907 में प्रकाशित उर्दू पत्र 'स्वराज' का प्रकाशन सरकार ने खतरनाक माना था। इसके संपादकों, शांति नारायण भटनागर, रामदास होरीलाल वर्मा, बाबू रामहरि, मुंशीराम सेवक, नन्दलाल चोपड़ा, लड्ढ़राम कपूर तथा पंडित अमीर चन्द्र बम्बवाला को लम्बी लम्बी सजाएं दी गयी थीं। इसी प्रकार 'अभ्युदय' (1907), 'भारतवासी' (1908) और 'कर्मयोगी' (1909) तथा अंग्रेजी समाचार पत्र 'लीडर' (1909) प्रयाग में राष्ट्रीय भावनाओं को मुखर करने में लगे थे। अभ्युदय एवं लीडर का प्रकाशन मदन मोहन मालवीय जी के प्रयत्नों से हुआ था। 'कर्मयोगी' पंडित सुन्दरलाल निकालते थे। 1919 ई. में मोतीलाल नेहरू ने 'इंडिपेन्डेन्ट' का प्रकाशन किया जिसके संपादक विपिन चन्द्र पाल भी थे। 1917 में पंडित सुन्दरलाल ने 'भविष्य' का प्रकाशन प्रारंभ किया जो 1920 में राष्ट्रवादी दैनिक के रूप में प्रतिष्ठित हो गया था। 1922 में रामरिख सहगल ने 'चांद' का प्रकाशन प्रारंभ किया। इसके 'फाँसी' और 'मारवाड़ी' अंकों का संपादन आचार्य चतुरसेन शास्त्री ने किया था। ये दोनों अंक अंग्रेज सरकार ने जब्त कर लिये थे। 30 अगस्त, 1928 को व्यंक्टेश नारायण तिवारी के संपादन में 'भारत' का प्रकाशन प्रारंभ हुआ जो बाद में अर्द्ध साप्ताहिक से दैनिक हो गया। इस अखबार के शीर्षक के नीचे तुलसीदास जी की अर्धाली छपती थी 'पराधीन सपनेहु सुख नाहीं।' इलाहाबाद के स्वराज, अभ्युदय, भविष्य, कर्मयोगी, लीडर, इंडिपेन्डेन्ट, चांद, मर्यादा और भारत आदि पत्र-पत्रिकाओं ने भारतीय स्वाधीनता आन्दोलन को आगे बढ़ाने में अभूतपूर्व योगदान किया था।

भारतीय राष्ट्रीय कांग्रेस और प्रयाग

दिसम्बर 1885 में भारतीय राष्ट्रीय कांग्रेस की स्थापना हुई। उसमें प्रयाग के श्री हरिश्चन्द्र ने भाग लिया था। 1886 में दादाभाई नौरोजी की अध्यक्षता में कांग्रेस का दूसरा अधिवेशन कलकत्ता में हुआ। उसमें प्रयाग के पण्डित अयोध्यानाथ तथा महामना मदन मोहन मालवीय ने भाग लिया था। कांग्रेस का चौथा अधिवेशन 1888 में इलाहाबाद में सर फिरोजशाह मेहता की अध्यक्षता में, आठवां अधिवेशन 1892 में श्री डब्लू. सी. बनर्जी की अध्यक्षता में तथा इसी प्रकार 1910 में सर बेंडरबर्न की अध्यक्षता में प्रयाग में संपन्न हुआ था।

स्वतंत्रतापूर्व भारतीय राष्ट्रीय कांग्रेस में प्रयाग का नेतृत्व

1892 ई. में हुए कांग्रेस के इलाहाबाद अधिवेशन में ही प्रयाग में नया नेतृत्व उभरने लगा था – पंडित विश्वम्भर नाथ, पण्डित अयोध्यानाथ, पंडित मदन मोहन मालवीय, डा. सुरेन्द्र नाथ सेन और पंडित मोतीलाल नेहरू इनमें प्रमुख थे।

महामना मदन मोहन मालवीय 1907, 1909 और 1938 में भारतीय राष्ट्रीय कांग्रेस के अध्यक्ष चुने गए थे। पंडित मोतीलाल नेहरू 1928 के कलकत्ता अधिवेशन के अध्यक्ष थे और उनके प्रमुख सहयोगी थे नेताजी सुभाषचन्द्र बोस। पंडितजी ने जलियांवाला बाग के बाद 1919 में जो कांग्रेस अमृतसर में हुई थी उसकी भी अध्यक्षता की थी।

1930 में कांग्रेस का जो अधिवेशन लाहौर में रावी तट पर हुआ था उसकी अध्यक्षता पंडित जवाहरलाल नेहरू ने की थी जिसमें पूर्ण स्वराज की घोषणा की गयी थी। स्मरणीय है कि पं. मोतीलाल नेहरू ने कलकत्ता में उत्तरदायी सरकार के लिए मांग की थी। पं. जवाहरलाल नेहरू जी ने पूर्ण स्वराज्य की मांग करके देश की आजादी के लिए अपना उद्घोष करके देश में अभूतपूर्व जागृति का संचार कर दिया था।

असहयोग आन्दोलन के प्रारंभ होने से पहले लोकमान्य तिलक और एनी बेसेन्ट के होम रूल आन्दोलन में इलाहाबाद की अग्रणी भूमिका थी। अंगरेजों के कड़े विरोध के कारण एनी बेसेन्ट की जब गिरफ्तारी हुई तब पूरे देश के साथ इलाहाबाद में स्वतंत्रता आन्दोलन प्रबल हुआ था। जेल से छूटने के बाद श्रीमती एनी बेसेन्ट 5 अक्टूबर, 1915 ई. को इलाहाबाद आईं तब उनका सोत्साह स्वागत हुआ। उनकी गाड़ी को एक सौ कार्यकर्ताओं ने खींचा था। स्वागतकर्ताओं में थे लोकमान्य तिलक, तेज बहादुर सप्रू, मोतीलाल नेहरू एवं जवाहरलाल नेहरू। महात्मा गांधी के असहयोग आन्दोलन का पहला समर्थन 1920 में अखिल भारतीय खिलाफत कांग्रेस के इलाहाबाद सम्मेलन में किया गया था।

1919 में प्रथम महायुद्ध के बाद रौलेट एक्ट के कारण अमृतसर में जलियांवाला बाग हत्याकाण्ड हुआ। इलाहाबाद इससे उद्वेलित हो गया और पण्डित जवाहरलाल नेहरू ने पहली बार सविनय अवज्ञा आन्दोलन में भाग लिया और जेल गये। 1930 में लाहौर अधिवेशन की अध्यक्षता जवाहरलाल नेहरू जी ने की और उन्हीं की अध्यक्षता में 26 जनवरी को पूर्ण स्वतंत्रता की घोषणा रावी तट पर कांग्रेस ने की। इस ऐतिहासिक निर्णय से स्वतंत्रता आन्दोलन एक निर्णायक स्थिति में पहुँच गया। इसी दौर में मोतीलाल नेहरू जी ने अपना निवास स्थान, आनन्द भवन राष्ट्र को सौंपा। 1928 से 1947 तक अखिल भारतीय कांग्रेस का प्रधान कार्यालय यहीं आनन्द भवन में रहा। महात्मा गांधी के नमक सत्याग्रह में मोतीलाल जी एवं जवाहरलाल जी ने सपरिवार भाग लिया। मोतीलाल जी की पत्नी स्वरूप रानी एवं जवाहरलाल जी की पत्नी कमला नेहरू ने महिलाओं का नेतृत्व किया। स्मरणीय है राजसी वैभव में जीवन जीने वाले मोतीलाल नेहरू जी ने महात्मा गांधी के आह्वान पर विदेशी वस्त्रों की जो होली जलवाई थी उससे स्वदेशी का भाव प्रबल रूप से आजादी के दीवानों में हिलोरें लेने लगा था। इलाहाबाद में किसान आन्दोलन प्रबल हुआ। 1931 में इलाहाबाद की हंडिया तहसील में लगान बंदी का आन्दोलन चला था। 1932 में भी इलाहाबाद सविनय अवज्ञा आन्दोलन का केन्द्र बना।

1936-37 में असेम्बली के चुनाव में कांग्रेस ने भाग लिया और प्रदेश में उसका बहुमत हुआ। प्रदेश के कांग्रेस मंत्रिमण्डल में श्रीमती विजय लक्ष्मी पंडित और श्री कैलाश नाथ काटजू सर्वसम्मिलित हुए। 1940 में व्यक्तिगत सत्याग्रह में इलाहाबाद के सैकड़ों कार्यकर्ताओं ने भाग लिया। 1942 में बम्बई में जो भारत छोड़ो प्रस्ताव पारित हुआ था उसकी रूपरेखा कांग्रेस महासमिति के इलाहाबाद अधिवेशन में ही सामने आ चुकी थी। 1942 के आन्दोलन में इस नगर ने अनेक बलिदान दिये और हजारों की संख्या में स्वतंत्रता सेनानियों ने इसमें भाग लिया। पुरुषों के साथ ही महिलाओं ने भी अग्रणी भूमिका निभाई थी।

देश के लिए बलिदान

4 जनवरी, 1932 को बम्बई में महात्मा गांधी की गिरफ्तारी के फलस्वरूप इलाहाबाद में जबर्दस्त हड़ताल हुई और जुलूस निकाला गया। इस जुलूस पर लाठी चार्ज हुआ और घुड़सवार पुलिस के घोड़ा दौड़ाने से नियामत उल्ला, सूरज नारायण, सोहन लाल, हर नारायण की मृत्यु हो गयी। 13 अप्रैल, 1932 को एक जुलूस का नेतृत्व करते हुए 16 वर्षीय विद्यार्थी त्रिलोकी नाथ कपूर अपने सीने में गोली खाकर शहीद हुए। 11 अगस्त, 1942 को भारत छोड़ो आन्दोलन के समय सैदाबाद गांव में किसानों का जुलूस निकला। इन्कलाब जिन्दाबाद का नारा लगाते जुलूस के सत्याग्रहियों पर पुलिस की गोली से सियाम्बर, चन्द्रमा प्रसाद, दयाल और सुबोध शहीद हो गये। 12 अगस्त, 1942 को विश्वविद्यालय के छात्रों का नेतृत्व करते हुए लाल पद्मधर सिंह की शहादत हुई और

रमेशदत्त मालवीय, बैजनाथ प्रसाद गुप्त और ननका जी अंग्रेज और बलूच सैनिकों की गोली से मातृभूमि के लिए बलिदान हो गये। 13 अगस्त को जिन सत्याग्रहियों को अंगरेजी पलटन ने गोली मारकर शहीद किया था वे थे – मुरारी मोहन भट्टाचार्य, भगवती प्रसाद और अब्दुल मजीद। इसी प्रकार 14 अगस्त को द्वारिका प्रसाद और लल्लन मिश्र, 17 अगस्त को कीटगंज के महावीर और 24 अगस्त को हाजीराम पाण्डे का ब्रिटिश फौज की गोली से बलिदान हुआ।

कांग्रेस के आन्दोलनों में प्रयाग के नागरिकों की अग्रणी भूमिका थी और सभी आन्दोलनों में हजारों की संख्या में यहाँ के देश भक्त नागरिकों ने भाग लिया था। इलाहाबाद की मलाका और नैनी जेलों की प्राचीर गवाह है स्वतंत्रता संग्राम के सेनानियों की कारागार की भावनाओं की जिनकी काल कोठरियों में क्रान्तिकारियों ने भारत माता के लिए बलिदान होने का दृढ़ व्रत धारण किया था और निहत्थे स्वतंत्रता सेनानी अपने राष्ट्रनायकों के आह्वान पर सत्याग्रह करके जेल यंत्रणा की तप्त अग्नि में अपने को तपा रहे थे।

स्वतंत्रता आन्दोलन की विभूतियां

प्रयाग में जन्मे महामना मालवीय जी मात्र 25 वर्ष की आयु में भारतीय राष्ट्रीय कांग्रेस के दूसरे कलकत्ता अधिवेशन में सम्मिलित हुए थे। उनके ओजस्वी भाषण के कारण उन्हें राष्ट्रीय ख्याति प्राप्त हुई थी। 1906, 1909, 1932 और 1933 के कांग्रेस अधिवेशनों के वे सभापति रहे। 19 अगस्त, 1931 में उन्होंने महात्मा गांधी जी के साथ गोलमेज परिषद में भाग लिया था। 1932 में कांग्रेस की 50वीं जयन्ती के उपलक्ष में बम्बई में स्मृति शिलालेख का उद्‌घाटन किया था। 1919 के जलियांवाला बाग काण्ड में उन्होंने अहिंसक स्वतंत्रता संग्राम पर हुए अत्याचार के विरुद्ध न्यायालय में प्रभावी आवाज बुलन्द की थी। 1930 के जनान्दोलन में भाग लेकर लोकमान्य तिलक की पुण्य तिथि पर लगाए गए प्रतिबन्ध का विरोध करके कारावास का दण्ड भोगा था। स्वतंत्रता आन्दोलन को सदैव उनका आशीर्वाद रहा और 1942 में काशी हिन्दू विश्वविद्यालय के छात्रों ने उनकी प्रेरणा से सक्रिय रूप में भाग लिया था।

पं. मोतीलाल नेहरू ने 1919 तथा 1928 की अमृतसर और कलकत्ता की राष्ट्रीय कांग्रेस के अध्यक्ष के रूप असहयोग आन्दोलन को गतिशील किया था। भारत सरकार की केन्द्रीय एसेम्बली में आपने स्वराज्य पार्टी का नेतृत्व किया था। दिसंबर 1921 में मोतीलाल नेहरू एवं जवाहरलाल नेहरू पिता-पुत्र दोनों गिरफ्तार हुए और 6-6 मास की कैद की सजा काटकर 1923 में जेल से बाहर आए। 1931 में आपने सविनय अवज्ञा आन्दोलन में भाग लिया और आपको तथा पूरे परिवार को कारावास का दण्ड मिला। 6 फरवरी, 1931 को आपकी इह लीला समाप्त हो गयी थी।

पं. जवाहरलाल नेहरू ने 1912 में बैरिस्टरी पास करने के बाद बांकीपुर में हुए कांग्रेस के अधिवेशन में भाग लिया। 1916 में लखनऊ कांग्रेस में आप महात्मा गांधी जी से मिले। सन् 1921 से 1934 तक आपको सात बार जेल जाना पड़ा और प्रायः 5 वर्ष वहीं उन्हें बिताने पड़े थे। 1927 की मद्रास कांग्रेस में आपने स्वाधीनता का प्रस्ताव रखा। सन् 1930 में आपने पहली बार लाहौर कांग्रेस में पूर्ण स्वराज का लक्ष्य देश के समक्ष प्रस्तुत किया। 1941 में महात्मा जी द्वारा व्यक्तिगत सत्याग्रह आन्दोलन आरंभ होने पर आप फिर 31 अक्टूबर, 1941 को गिरफ्तार किये गये और 4 वर्ष की कैद की सजा मिली थी। पर्ल हार्बर की बमबारी के बाद आप छोड़ दिये गये। इसके बाद क्रिप्स मिशन की वार्ता में भाग लिया। वार्ता विफल हुई और आप ब्रिटिश साम्राज्यवाद के प्रबल विरोधी बन गये।

1942 के भारत छोड़ो आन्दोलन में आप फिर जेल गये और 1945 में स्वतंत्रता सेनानियों की आम रिहाई के बाद ही जेल से छूटे। बाद में लाल किले में आजाद हिन्द फौज के सेनानियों की पैरवी में बैरिस्टर के रूप में आपने भाग लिया। 1946 में आपने कांग्रेस अध्यक्ष के रूप से वायसराय के मिशन योजना पर विमर्श किया और आपके नेतृत्व में अन्तरिम सरकार बनी और 15 अगस्त, 1947 को आप स्वतंत्र भारत के प्रथम प्रधानमंत्री निर्वाचित हुए।

राजर्षि पुरुषोत्तमदास टण्डन 1899 में कांग्रेस के सदस्य बने थे। 1919 में आपने रौलेट एक्ट के विरोध में प्रबल जनान्दोलन का नेतृत्व किया था। जलियांवाला बाग काण्ड के कारण आपने वकालत छोड़कर स्वतंत्रता आन्दोलन में भाग लिया। 1921 में आप पहली बार जेल गये और 18 मास का कारावास का दण्ड आपको मिला। 1930 में भी आपने सविनय अवज्ञा आन्दोलन में भाग लिया और जेल गये। 1932 में भी आपको जेल यात्रा करनी पड़ी थी। 1930-31 में आपने अखिल भारतीय किसान संघ का संघटन किया और लगान बन्दी का आन्दोलन चलाया। 1937 में आप उत्तर प्रदेश की लेजिस्लेटिव एसेम्बली के लिए चुने गये और विधान सभा के अध्यक्ष चुने गये। 1941 में आप आठ मास तक जेल में रहे और 1942 में आप देश के शीर्ष नेताओं के साथ गिरफ्तार किये गये। 22 अगस्त, 1944 को जेल से छूटे।

श्रीमती इन्दिरा गांधी का बाल्यकाल राजनीतिक उथल पुथल देखने में बीता था। अपने बाल्यकाल में आपने वानर सेना बना कर कांग्रेस का सन्देश जनता में प्रसारित करने का कार्य किया था। यह संगठन बाद में बहुत प्रभावशाली बन गया था। इसके सदस्यों की संख्या 60,000 से अधिक हो गयी थी। 21 वर्ष की अवस्था में आप कांग्रेस में सम्मिलित हुईं। 1942 में फिरोज गांधी से विवाह होने के बाद आपको 13 मास की जेल यात्रा करनी पड़ी थी।

लाल बहादुर शास्त्री 1921 में महात्मा गांधी के आह्वान पर सत्याग्रह आन्दोलन में सम्मिलित हुए थे। आपने जवाहर लाल नेहरू, आचार्य नरेन्द्र देव, पुरुषोत्तमदास टण्डन, आचार्य कृपलानी, श्री प्रकाश, डॉ. संपूर्णानन्द के साथ स्वतंत्रता आन्दोलन में सक्रिय भाग लिया था। स्वतंत्रता आन्दोलन में शास्त्री जी को 8 बार गिरफ्तार किया गया और 9 वर्ष जेल यातना का कष्ट झेलना पड़ा था।

पं. जवाहरलाल नेहरू की पत्नी श्रीमती कमला नेहरू ने आजादी की लड़ाई में सन् 1930 में भाग लिया था। वह समय सविनय अवज्ञा आन्दोलन का था। उन्होंने इलाहाबाद नगर और जिले के आन्दोलन में महिलाओं का नेतृत्व किया था। 1 जनवरी, 1931 को उन्हें गिरफ्तार किया गया और 26 दिन बाद जेल से उन्हें छोड़ दिया गया। श्रीमती विजय लक्ष्मी पंडित ने 27 जनवरी, 1932 को सविनय अवज्ञा आन्दोलन में भाग लिया था। उन्हें एक वर्ष की सजा मिली थी। आपने व्यक्तिगत सत्याग्रह (1941) तथा भारत छोड़ो आन्दोलन (1942) में भी भाग लिया था। अपनी प्रखर वाणी और नेतृत्व कौशल के कारण आपको राष्ट्रीय अन्तर्राष्ट्रीय जगत में विशेष प्रतिष्ठा प्राप्त हुई थी।

इलाहाबाद के स्वतंत्रता आन्दोलन में अन्य जिन विभूतियों की सक्रिय भूमिका थी उनमें प्रमुख थे सर्वश्री कैलाशनाथ काटजू, केशवदेव मालवीय, कृष्णकान्त मालवीय, जेड. ए. अहमद, नर्वदा प्रसाद सिंह, पद्मकान्त मालवीय, श्रीमती पूर्णिमा बनर्जी, फिरोज गांधी, भुंवर जी, मंजर अली, महावीर प्रसाद शुक्ल, मुजफ्फर हसन, आर. एन. बसु, विश्वम्भर नाथ पाण्डेय, संग्राम सिंह, सालिगराम जायसवाल, मंगला प्रसाद, सुन्दर लाल, श्रीमती स्वरूप रानी नेहरू, हेमवती नन्दन बहुगुणा, हर्षदेव मालवीय आदि।

भरत मुनि आश्रम।

दारागंज स्थित प्राचीन नागवासुकी मंदिर।

त्रिवेणी पुष्प अनल।

शृंग्वेरपुर धाम।

सिविल लाइंस स्थित हनुमान निकेतन मंदिर।

संगम के निकट स्थिति श्री बड़े हनुमान जी का मंदिर।

सरस्वती घाट के निकट स्थित पर्यटन स्थल नेहरू घाट।

चौक स्थित ऐतिहासिक घंटाघर एवं जननेता छुन्नन गुरु की प्रतिमा।

इलाहाबाद के स्वतंत्रता सेनानियों की एक विस्तृत सूची स्वतंत्रता संग्राम के सैनिक भाग तीन इलाहाबाद डिवीजन में दी गयी है। यह ग्रंथ सूचना विभाग उत्तर प्रदेश से प्रकाशित है।

इलाहाबाद में नमक सत्याग्रह का नेतृत्व श्रीमती कमला नेहरू ने किया था और इसमें इस नगर से 1320 नर-नारियों ने भाग लिया था। 1942 से 1944 के मध्य करो या मरो आन्दोलन के सत्याग्रहियों में से 78 को सजा दी गयी और 2179 व्यक्तियों ने व्यक्तिगत सत्याग्रह में भाग लिया था। जून 1945 में जब सत्याग्रहियों को छोड़ा गया तब इस उपलक्ष्य में अगस्त, 1945 में इलाहाबाद में स्वाधीनता दिवस मनाया गया जिसका निदेशन विश्वम्भर नाथ पाण्डे ने किया था। इस अवसर पर शहीदों की स्मृति में कांग्रेस के अध्यक्ष के सन्देश के सहित रजत पत्रक का वितरण विशाल जन सभा में श्री जवाहरलाल नेहरू ने किया और राजर्षि पुरुषोत्तमदास टण्डन ने शहीदों के लिए संग्रहीत धन उनके परिवारों को प्रदान किया।

प्रयाग जहाँ तीर्थराज है, संस्कृति, साहित्य और कला का केन्द्र है, वहीं स्वतंत्रता आन्दोलन के समय यह आजादी के लिए शीर्ष नेतृत्व करनेवाले महापुरुषों का भी केन्द्र बन गया था। इलाहाबाद का स्वराज्य भवन उन प्रयासों का गवाह है जिनके कारण यह देश 15 अगस्त, 1947 को आजाद हुआ। यही वह नगर है जहाँ आकर और रहकर श्रीमती सरोजनी नायडू, आचार्य जे. बी. कृपलानी, डा. राम मनोहर लोहिया, रघुपति सहाय फिराक सहित अनेक देशभक्तों ने देश की स्वाधीनता के लिए अपना सब कुछ न्यौछावर कर दिया था और जिनका भावी भारत के निर्माण में महत्वपूर्ण योगदान सर्वश्रुत है।

पत्रकारिता का इतिहास और वर्तमान

• जे. पी. सिंह

देश की साहित्यिक राजधानी कहे जाने वाले इस शहर में पत्रकारिता ने जीवन के विविध आयामों को न केवल प्रभावित किया है बल्कि उन्हें दिशा व गति भी प्रदान की है। इलाहाबाद की पत्रकारिता ने यदि अंग्रेजों के खिलाफ डटकर मोर्चा लिया तो कई समाज सुधार आंदोलनों को आगे भी बढ़ाया। आजादी के बाद देश, समाज, संस्कृति और परम्पराओं को नई दिशा देने में यहाँ की पत्रकारिता ने अहम भूमिका निभायी है।

सूचना क्रान्ति के इस युग में परिस्थितियाँ बहुत तेजी से बदल रही हैं। इलेक्ट्रानिक मीडिया का दबाव बढ़ा है। ऐसे में इलाहाबाद से कई महत्वपूर्ण समाचार पत्रों का प्रकाशन होना और अनेकों अखबारों में शहर संस्करण होना इस बात का परिचायक है कि यहाँ की पत्रकारिता देश में मायने रखती है। इस समय शहर से हिन्दी में दैनिक जागरण, अमर उजाला, आज, चेतना, न्यायाधीश, अंग्रेजी में नॉर्दन इण्डिया पत्रिका (एन. आई. पी.) तथा सांध्य दैनिक अमृत प्रभात व न्यूजलीड समाचार पत्र नियमित रूप से प्रकाशित हो रहे हैं। उर्दू के समाचार पत्रों में सफीरेनव और अपना दोस्त शहर से प्रकाशित हो रहे हैं। यही नहीं अब लखनऊ से प्रकाशित होने वाले राष्ट्रीय स्तर के दैनिकों ने भी अपना इलाहाबाद संस्करण प्रकाशित करना शुरू कर दिया है। इनमें से हिन्दुस्तान, राष्ट्रीय सहारा, स्वतंत्र भारत तथा अंग्रेजी में हिन्दुस्तान टाइम्स, टाइम्स आफ इण्डिया और पायनियर शामिल हैं। इन समाचार पत्रों का कम्प्यूटर कम्पोजिंग कार्य इलाहाबाद में ही होता है लेकिन छपाई लखनऊ में होती है। ये समाचार पत्र यहाँ से प्रकाशित होने वाले स्थानीय समाचार पत्रों से किसी तरह भी कम नहीं हैं। शहर में दर्जनभर साप्ताहिकों और पत्रिकाओं का भी प्रकाशन हो रहा है। यह बात और है कि माया प्रेस – मित्र प्रकाशन दम तोड़ चुका है लेकिन कुसुम प्रकाशन अभी भी नूतन कहानियां आदि पत्रिकायें प्रकाशित कर रहा है।

इलाहाबाद में पत्रकारिता का इतिहास अंग्रेजों से समय के शुरू होता है। 1865 में सरकारी मुख पत्र के रूप में 'पायनियर' नामक अंग्रेजी पत्र का प्रकाशन ही इसकी शुरुआत थी। हिन्दी में 1868 में वृत्तांत दर्पण नामक पत्र सबसे पहले प्रकाशित हुआ। इस पत्र के सम्पादक सदासुखलाल थे। 1877 में पं. बालकृष्ण भट्ट ने हिन्दी प्रदीप का प्रकाशन प्रारम्भ किया। आजादी की लड़ाई खासकर बंगाल विभाजन के समय इस पत्र ने महत्वपूर्ण भूमिका निभायी। 1910 के प्रेस अधिनियम के आने पर इस पत्र का प्रकाशन सदैव के लिए बंद कर दिया गया।

हिन्दी प्रदीप ने इलाहाबाद की पत्रकारिता में महत्वपूर्ण भूमिका निभाई। इस पत्र के बाद कई पत्र-पत्रिकायें प्रकाशित होना शुरू हो गये। 1878 में कायस्थ समाचार, 1881 में आरोग्य दर्पण, 1886 में रसिक पंच, 1889 में प्रयाग मित्र, 1889 में कान्यकुब्ज हितकारी, 1892 में गो सेवक, 1894 में नाट्यपत्र आदि का प्रकाशन प्रारम्भ हुआ। ये सभी पत्र मासिक थे और इनकी प्रकाशन

अवधि संकुचित ही रही। 1880 से 1887 तक प्रयाग समाचार पत्र का प्रकाशन देवकीनंदन त्रिपाठी ने किया था। इसमें अंग्रेज न्यायाधीशों के निर्णयों की आलोचना की जाती रही। 1900 में हिन्दी पत्रकारिता में महत्वपूर्ण भूमिका निभाने वाली सरस्वती पत्रिका का प्रकाशन प्रारम्भ हुआ।

1907 में इलाहाबाद से 'स्वराज्य' नामक साप्ताहिक पत्र निकला जिसके संस्थापक संपादक शांति नारायण भटनागर थे। ढाई वर्षों की इसकी प्रकाशन अवधि में इसके 75 अंक निकले और आठ सम्पादकों शांति नारायण भटनागर, रामदास, होती लाल वर्मा, बाबू रामहरि, मुंशी राम सेवक, नंद लाल चोपड़ा, लड्ढाराम कपूर तथा पं. अमीर चंद्र को अंग्रेज न्यायालय ने दण्डित भी किया। अंग्रेज सरकार ने इस समाचार पत्र को अत्यंत खतरनाक मानते हुए इसका उल्लेख रौलेट कमीशन में किया और 1910 में भारतीय प्रेस अधिनियम लाकर इसका प्रकाशन बंद करा दिया।

1907 में बसंत पंचमी के दिन पं. मदन मोहन मालवीय ने अभ्युदय नामक साप्ताहिक पत्र का प्रकाशन प्रारम्भ किया। स्वतंत्रता आंदोलन में इस पत्र ने भी महत्वपूर्ण भूमिका निभायी। इसी क्रम में 1909 में मालवीय जी के प्रयास से ही 'लीडर' नामक अंग्रेजी दैनिक का प्रकाशन प्रारम्भ हुआ। इसके प्रथम संपादक नागेन्द्र गुप्त थे। इसी वर्ष पं. सुन्दरलाल के संपादन में पाक्षिक समाचार पत्र कर्मयोगी का प्रकाशन शुरू हुआ।

1910 से कुछ मासिक पत्रों व पत्रिकाओं का प्रकाशन प्रारम्भ हुआ। 1910 में ही कृष्णकांत मालवीय के संपादन में मर्यादा, 1911 में यशोदा देवी के संपादन में 'स्त्री धर्म शिक्षण' तथा 1914 में रामजी लाल शर्मा के संपादन में विद्यार्थी मासिक पत्र प्रारम्भ हुआ। 1915 में विज्ञान परिषद की अपनी पत्रिका 'विज्ञान' का प्रारम्भ हुआ। यह हिन्दी में विज्ञान का प्रचार करने वाली प्रथम पत्रिका के रूप में प्रतिष्ठित है। इसके प्रथम संपादक श्रीधर पाठक थे। 1917 में इण्डियन प्रेस से बच्चों की पत्रिका 'बाल सखा' प्रकाशित होना शुरू हुयी। 1919 में मोती लाल नेहरू के सहयोग से 'इण्डिपैन्डेन्ट' नामक अंग्रेजी पत्र का प्रकाशन प्रारम्भ हुआ। हालांकि यह पत्र 1921 में प्रकाशित होना बन्द हो गया लेकिन अभ्युदय व लीडर के साथ इसने स्वतंत्रता आंदोलन में महत्वपूर्ण भूमिका निभायी।

1920 में 'सेवा', 1922 में 'चांद', 1924 में 'मनोरमा' जैसी पत्रिकायें इलाहाबाद के प्रबुद्ध वर्ग के मन को उद्वेलित कर ही रही थीं कि इसी समय 1929 में क्षितीन्द्र मोहन मित्र ने मित्र प्रकाशन की स्थापना इस शहर में की और 'माया' पत्रिका निकालना प्रारम्भ किया। बाद में यहाँ से मनोरमा, प्रोब, मनोहर कहानियां, आदि जैसी पत्रिकायें भी प्रकाशित हुयीं, जिन्होंने बड़ी संख्या में अपने पाठक तैयार किये। 1937 में हिन्दुस्तानी एकेडेमी ने 'हिन्दुस्तानी' नाम से अपनी त्रैमासिक 'साहित्यिक' पत्रिका का प्रकाशन प्रारम्भ किया।

इलाहाबाद में आजादी के बाद की पत्रकारिता 1950 से एक नया मोड़ ले लेती है जब यहाँ से 'अमृत पत्रिका' का प्रकाशन शुरू हुआ। 1959 में यहीं से अंग्रेजी दैनिक नार्दन इण्डिया पत्रिका का प्रकाशन शुरू हुआ। आज भी यह प्रकाशित हो रही है। 19 दिसम्बर 1977 से हिन्दी दैनिक अमृत प्रभात का प्रकाशन शुरू हुआ। 1979 में यहाँ से दैनिक जागरण का प्रकाशन शुरू हुआ। मसखरा व मदारी जैसी पत्रिकायें भी यहीं से प्रकाशित हुयीं, जिन्होंने हास्य-व्यंग्य के माध्यम से अपने समय की स्थितियों को टटोलने का प्रयास किया।

इलाहाबाद में उर्दू पत्रकारिता ने भी अपनी उपस्थिति दर्ज करायी हालांकि यह हिन्दी और अंग्रेजी पत्रकारिता की तरह धमकदार नहीं थी। 1885 में मौलवी फरीदुदीन अहमद व शेख निहाल अहमद अलकी हमीदी के प्रयास से 'रिफाहे आम कड़ा' नामक साप्ताहिक निकलना शुरू हुआ। 'अल अहसान', 'हमदर्द' नामक पत्र भी इसी दौरान प्रकाशित होते थे। इण्डियन प्रेस ने जहाँ हिन्दी की पत्रिका 'सरस्वती' निकाली वहीं उर्दू मासिक पत्र 'अदीब' का प्रकाशन भी किया। 1930 में 'चांद' पत्रिका का उर्दू संस्करण निकला और दो वर्ष बाद ही बंद हो गया। इसी तरह हिन्दुस्तानी एकेडेमी ने भी मौलवी असरार हुसैन के सम्पादन में 'हिन्दुस्तान' नामक तिमाही रिसाला निकाला। यहाँ की 'हिन्दुस्तानी' पत्रिका अभी भी प्रकाशित हो रही है पर हिन्दुस्तान रिसाला बंद हो चुका है।

वर्तमान में इलाहाबाद की पत्रकारिता का स्वरूप बहुत कुछ बदल गया है। प्रतिस्पर्धा के दौर में अब रंगीन पृष्ठों वाले समाचार पत्रों ने अपने विशेष पाठक वर्ग तैयार किये हैं। न केवल कवर व अन्तिम पृष्ठ बल्कि भीतरी पृष्ठ भी रंगीन नजर आने लगे हैं। समाचार पत्र के साथ अब सप्ताह में हर दिन या फिर कुछ निश्चित दिनों में पत्रिका के रूप में चार पृष्ठ अलग से देने की परम्परा भी विकसित हुयी है। ग्राफिक व छायाचित्रों से सजे समाचार पत्र अब कुछ अधिक सजे संवरे नजर आते हैं। यह भी महत्वपूर्ण है कि ये समाचार पत्र अब अपने आप में पूर्णता लियें हुये हैं। इनमें प्रस्तुत सामग्री समाज व घर-परिवार के सभी वर्गों, सदस्यों के लिये होती है। सूचनात्मक समाचारों के साथ साथ विचारों की प्रस्तुति ने समाचार पत्रों को अब व्यापकता प्रदान कर दी है।

इलाहाबाद शहर से निकलने वाले समाचार पत्रों के साथ साथ अब लखनऊ से छप कर यहाँ आने वाले समाचार पत्र आधुनिक प्रिंटिंग टेक्नोलोजी पर आधारित हो चुके हैं। कुछ समाचार पत्रों ने सेटेलाइट का उपयोग शुरू किया है तो कुछ मोडम व इंटरनेट के माध्यम से पूरे विश्व से जुड़े हुए हैं। सूचना क्रान्ति के इस युग में सब कुछ बदला-बदला नजर आने लगा है। समाचार पत्रों के कार्यालय भी अब बदले हुए नजर आने लगे हैं। संचार क्रान्ति से उपजी सुविधाओं ने समाचारों की तात्कालिकता व गुणवत्ता दोनों को ही प्रभावित किया है।

कुल मिलाकर यह कहा जा सकता है कि इलाहाबाद की पत्रकारिता नित नये आयाम विकसित करते हुए निरन्तर समृद्ध होती जा रही है। यही नहीं, इस शहर ने देश को कई बड़े पत्रकार दिये हैं जिन्होंने न केवल पत्रकारिता को आगे बढ़ाया बल्कि पत्रकारों की कई पीढ़ियों को दिशा भी दी है।

प्रयाग के साहित्यकार

• यश मालवीय

स्वतंत्रता प्राप्ति के बाद से निरन्तर हिन्दी साहित्य एक प्रवहमान नदी की तरह विकास के नये-नये रास्तों पर अग्रसर होता रहा है। इस विकास की प्रक्रिया में इलाहाबाद की भूमिका स्वर्णाक्षरों में अंकित करने योग्य है। स्वतंत्रता प्राप्ति के बाद का इलाहाबाद का साहित्यिक परिदृश्य लगभग समूचे हिन्दी साहित्य का ही परिदृश्य है, यह कथन भी कोई अत्युक्ति नहीं है। इलाहाबाद आदि काल से ही संस्कारधानी रहा है, साहित्य-कला-संस्कृति यहाँ साँसें लेते रहे हैं। संस्कृति के अतिरिक्त राजनैतिक सामाजिक चेतना का भी इलाहाबाद केन्द्र ही रहा है। बहुत सारे राजनैतिक सामाजिक सांस्कृतिक आंदोलनों का सूत्रपात यहीं से हुआ है। सांस्कृतिक नाभिक होने की इसकी भूमिका कई बार आश्चर्य में डाल देती है। यहाँ कलात्मक स्तर पर जो भी घटित होता है उसकी गूँज प्रायः एक शक्ल ले लेने के बाद (काफी समय बीत जाने पर) दूसरे बड़े शहरों में सुनायी देती है। स्वतंत्रता प्राप्ति के बाद स्वाभाविक तौर पर कविता कहानी या अन्य रचनात्मक लेखन के विषय बदले। यह वही समय था जब नये जोश स्फूर्ति एवं उत्साह के साथ अपनी नितांत मौलिक पहचान लिये साहित्यिक परिदृश्य पर इलाहाबाद उभर रहा था। हम खुली हवा में साँसें ले रहे थे। ताजा-ताजा आजादी मिली थी। रचनाओं में राष्ट्रीय स्वर मुखर था। आजादी मिलने के बाद भी देश तरह-तरह की समस्याओं से गुजर रहा था। भारत पाकिस्तान का बँटवारा हो चुका था। विभाजन का दर्द भी साहित्य ने गहरे तक अनुभव किया था। महाप्राण सूर्यकांत त्रिपाठी निराला देश पर विपत्ति के बादल देखकर विचलित हो रहे थे। वह परिदृश्य से कर्णधारों के मुँह चुराने को गहरी व्यंग्यात्मक दृष्टि से व्यंजित कर रहे थे :

काले-काले बादल छाए, न आये वीर जवाहर लाल
कैसे कैसे नाग मंडलाए, न आये वीर जवाहर लाल
मँहगाई की बाढ़ बढ़ आयी, गाँठ की छूटी गाढ़ी कमाई
भूखे नंगे खड़े शरमाये न आये वीर जवाहरलाल

एक तरफ सामाजिक सरोकार थे तो दूसरी तरफ व्यक्ति की पीड़ा, उसके सुख-दुख, राग-विराग, संयोग-वियोग को रचनाओं का संस्पर्श मिलना प्रारम्भ हो गया था। संवेदनशीलता, अतीन्द्रियता, उद्रेक, आवेग-संवेग रचनाओं में प्राण फूँक रहे थे। छायावाद व्यक्ति की इयत्ता का परचम फहरा रहा था। इसका जयघोष वाराणसी में जयशंकर प्रसाद पहले ही सम्पूर्ण सघनता के साथ कर चुके थे। इलाहाबाद निराला-पंत-महादेवी की रचनाभूमि के रूप में केन्द्रीय चर्चा का विषय था। कालान्तर में इस त्रयी के साथ डॉ. राम कुमार वर्मा का नाम भी जुड़ा। धीरे-धीरे कर स्थिति यह हो गयी कि इलाहाबाद से चलने वाली साहित्यिक हवा, पूरे भारत में आँधी का सा

चेहरा अख्तियार करने लगी। निराला ने इसी समय छंद के बंधन को तोड़ा, उनके इस क्रान्तिकारी कदम से कविता का आकाश कुछ और अधिक विस्तृत हुआ। उनके मुक्त छंद में भी जीवन का छंद पिरोया हुआ था। इसी दौरान 'राम की शक्ति पूजा' जैसी कालजयी रचना का प्रणयन हुआ। यह बात और है कि जहाँ निराला के छंद तोड़ने से केवल तुकबंदी करने वाले रचनाकार खारिज होने लगे, वहीं दूसरी ओर वे कथित रचनाकार भी कवि के रूप में प्रतिष्ठित होने लगे जिन्हें छंद की प्रारम्भिक जानकारी भी नहीं थी। छंद टूटना उनके लिए एक सुविधा का नाम हो गया। पंत, महादेवी ने जीवन पर्यन्त अपने को छांदसिक अभिव्यक्ति ही दी। छंद टूटने से उत्पन्न अराजकता को देखते हुए आगे आने वाले दिनों में नयी कविता के आचार्य डॉ. जगदीश गुप्त ने कविता में 'अर्थ की लय' का मुहावरा दिया। इलाहाबाद में ही सबसे पहले नयी कविता, नयी कहानी, नवगीत आदि विधाओं के बीज सुगबुगाए।

कविता के कीर्तिपुरुष शमशेर बहादुर सिंह भी इन दिनों इलाहाबाद में ही थे। जनकवि नागार्जुन को भी बार-बार यहाँ की मिट्टी टेरती थी। अज्ञेय भी कुछ-कुछ दिनों पर इलाहाबाद आकर साहित्य का बैरोमीटर देख जाते थे। इलाहाबाद को दिग्गज समालोचकों का सान्निध्य भी मिला हुआ था। भैरव प्रसाद गुप्त नयी कहानी का इतिहास रच रहे थे तो गंगा प्रसाद पांडेय, मार्कंडेय, शेखर जोशी, कमलेश्वर, मोहन राकेश और राजेन्द्र यादव जैसे अब के स्थापित और तब के बिल्कुल नये कहानीकारों पर कलम उठा रहे थे। गंगा प्रसाद पांडेय ने ही सर्वप्रथम निराला को 'महाप्राण' और महादेवी जी को 'महीयसी' विशेषण से अलंकृत किया था, जो कालान्तर में इन दोनों काव्यविभूतियों के नामों का ही हिस्सा हो गया। बालकृष्ण राव और वाचस्पति पाठक भी क्रमशः साहित्य सम्मेलन और भारती भंडार से साहित्य का अलख जगा रहे थे। राव साहब का हाथ 'माध्यम' से संस्कृति की नब्ज पर था। उनसे सहायक के तौर पर श्री बैकुंठ नाथ मेहरोत्रा भी जुड़े थे। सुखद बात यह है कि सम्मेलन से ही एक बार फिर माध्यम के पुनर्प्रकाशन का दायित्व श्री विभूति मिश्र और डॉ. सत्यप्रकाश मिश्र ने सँभाल लिया है। इन्हीं दिनों कमलेश्वर, मोहन राकेश और राजेन्द्र यादव की कहानी की त्रयी हिन्दी कहानी का नया शिल्प गढ़ रही थी।

छायावाद के प्रस्थान बिन्दु पर डॉ. हरिवंश राय बच्चन आम बोलचाल की भाषा में गीति-रचना कर रहे थे। कवि सम्मेलन के मंच आज के काव्यमंचों की तरह व्यावसायिक नहीं हुए थे, उनसे शुद्ध कविता का पाठ हो रहा था। कभी 'मधुशाला' गूँज रही थी तो कभी 'निशा निमंत्रण' के स्वर हवाओं में तैर रहे थे। गीत छायावाद की विशाल छाया से मुक्ति पा रहा था। कविता आम जनता की जबान पर थी। इलाहाबाद में साहित्य के कई-कई केन्द्र विकसित हो रहे थे।

आकाशवाणी, विश्वविद्यालय और ए. जी. ऑफिस के अलावा 'कॉफी हाउस' भी साहित्य के विकास में अग्रणी भूमिका निभा रहा था। वहाँ जनाब फ़िराक गोरखपुरी हिन्दी और उर्दू के रचनाकारों के बीच किसी सेतु जैसे दिखायी देते थे, यद्यपि हिन्दी को लेकर उन के अपने आग्रह थे। साहित्य का मौखिक इतिहास भी कुछ कम महत्वपूर्ण नहीं होता, कहना न होगा कि 'कॉफी हाउस' वह तीर्थ रहा है जहाँ साहित्य-कला-संस्कृति के मौखिक इतिहास की रचना हुई है। आकाशवाणी के माध्यम से गिरिजा कुमार माथुर, श्रीनरेश मेहता, गोपीकृष्ण गोपेश, और रमानाथ अवस्थी जैसे रचनाकारों की सक्रियता पूरे शहर को एक सूत्र में आबद्ध रख रही थी। इन रचनाकारों से भी पहले कविवर सुमित्रा नंदन पंत ने इस केन्द्र को साहित्यिक संस्कार दिये। केशव चन्द्र वर्मा, शान्ति मेहरोत्रा, युक्ति भद्र दीक्षित, विजय बोस, नर्मदेश्वर उपाध्याय, हीरा चड्ढा, नरेश मिश्र आदि रचनाधर्मियों ने इलाहाबाद के आकाशवाणी केन्द्र को अपनी रचनात्मक ऊर्जा से समृद्ध किया है। आज भी आकाशवाणी के

इलाहाबाद केन्द्र पर कैलाश गौतम जैसे प्रतिभासम्पन्न कवि उद्घोषक की भूमिका में अपने दायित्व का निर्वहन कर रहे हैं।

साहित्यिक अड्डे ए. जी. ऑफिस की भी साहित्य के मौखिक इतिहास को जीवंत बनाने में अपनी उल्लेखनीय भूमिका रही है। कविता के महत्वपूर्ण हस्ताक्षर सर्वेश्वर दयाल सक्सेना 'दिनमान' जैसी चर्चित पत्रिका में जाने से वर्षों पहले ए. जी. ऑफिस इलाहाबाद में ही 'डिस्पैचर' के रूप में काम करते थे। उनकी शामें साहित्यिक गतिविधियों के बीच और दुपहरें लिफाफे में लेई लगाते या फिर चायखाने पर बीतती थीं। हिन्दी नवगीत के प्रथम पंक्ति के रचनाकार उमाकांत मालवीय ने यहीं रहते हुए सर्जना के दिये जलाए। कथाकार केशव प्रसाद मिश्र जिनके उपन्यास 'कोहबर की शर्त' पर पहले 'नदिया के पार' और फिर 'हम आपके हैं कौन' जैसी चर्चित फिल्में बनीं, यहीं पर काम करते थे। नयी कविता के सुप्रतिष्ठित कवि शिवकुटीलाल वर्मा, कथाकार ज्ञान प्रकाश, तिलक राज गोस्वामी और जीतेन्द्र यहीं की विभूति रहे हैं। आज भी ए. जी. ऑफिस इलाहाबाद में एहतराम इस्लाम, हरीश चन्द्र पांडेय और सुभाष चंद्र गांगुली जैसे रचनाधर्मी कार्यरत हैं।

इलाहाबाद विश्वविद्यालय तो वास्तव में साहित्य के एक-एक स्पन्दन से जुड़ा रहा है। बच्चन के बाद डॉ. धर्मवीर भारती ने यहीं रहते हुए अंधायुग, कनुप्रिया, बंद गली का आखिरी मकान, गुनाहों का देवता जैसी कालजयी कृतियों की रचना की। यही वह दिन थे जब विजय देव नारायण साही और डॉ. जगदीश गुप्त के सम्पादन में 'नयी कविता' का ऐतिहासिक प्रकाशन हो रहा था। 1959 में 'नयी कविता' में ही सर्वप्रथम भारती की कृति 'कनुप्रिया' के अंतिम अंश का प्रकाशन हुआ था। विश्वविद्यालय में काव्य पंक्तियाँ मुखरित हो रही थीं –

मान लो कि मेरी तन्मयता के गहरे क्षण
रँगे हुए अर्थहीन आकर्षक शब्द थे
तो सार्थक फिर क्या है कनु?

डॉ. रामकुमार वर्मा, डॉ. रघुवंश, डॉ. रामस्वरूप चतुर्वेदी, डॉ. जगदीश गुप्त शिक्षा को साहित्य की भंगिमा से इन्हीं दिनों जोड़ रहे थे। गोपेश जी रूसी भाषा और हिन्दी के सरोकार को व्याख्यायित करने में लगे थे। रूसी से सीधे अनूदित मिखाइल शोलोखोव का उपन्यास 'धीरे बहो दोन रे' गोपेश जी की अन्यतम उपलब्धि है। वह कवि और अनुवादक के रूप में समान रूप से जाने जा रहे थे। साहित्यिक परिदृश्य पर दुष्यन्त कुमार हिन्दी ग़ज़ल की चेतना लेकर उपस्थित हो रहे थे। जिस तरह बच्चन जी ने गीत को छायावाद की छाया से बाहर निकाला था, उसी तरह दुष्यन्त ने भी ग़ज़ल को महबूबा की जुल्फों के पेचोखम से मुक्ति दिला दी थी। उनका 'डिक्शन' अलग से ध्यान आकर्षित कर रहा था। वह कमलेश्वर और मार्कंडेय की कहानियों के क़ोष्ठक में ग़ज़ल के शेरों से रंग भर रहे थे। दुष्यन्त कह रहे थे –

मत कहो आकाश में कुहरा घना है
यह किसी की व्यक्तिगत आलोचना है।

तीनों की गहरी दोस्ती शहर में चर्चा का विषय थी। प्रसिद्ध कवि पत्रकार और सम्पादक डॉ. कन्हैयालाल नंदन कानपुर से आगे की पढ़ाई के लिए इलाहाबाद आ गए थे। उनके सहपाठी थे पहल सम्पादक ज्ञानरंजन और कथाकार दूधनाथ सिंह। धर्मवीर भारती

और लक्ष्मीकांत वर्मा 'निकष' निकाल रहे थे। लक्ष्मीकांत जी 'नयी कविता के प्रतिमान' स्थापित कर रहे थे, जिनसे सार्थक रूप से संवादरत होने के लिए बाद में प्रख्यात आलोचक डॉ. नामवर सिंह ने 'कविता के नए प्रतिमान' की रचना की। इलाहाबाद विश्वविद्यालय में विजयदेव नारायण साही अंग्रेजी के प्राध्यापक थे और हिन्दी में कविताएँ लिख रहे थे। उनकी समाजवादी आन्दोलन से प्रतिबद्धता और कवि चित्रकार विपिन कुमार अग्रवाल के साथ हो रही बौद्धिक जुगलबंदी की चर्चा कॉफी हाउस में रस लेकर की जाती थी। आलोचक विश्वम्भर मानव की दबंगई से प्रायः नए रचनाकार भयभीत दिखा करते थे। कथाकार उपन्यासकार उपेन्द्र नाथ अश्क साहित्यिक और साहित्येतर दोनों ही कारणों से पर्याप्त चर्चित थे। कॉफी हाउस में गम्भीर बहसों के बीच संवाद तो गर्म होते जाते थे, पर कॉफी अक्सर पानी हो जाती थी, इसके बाद भी बहस का ओर-छोर नहीं मिलता था। इन्हीं दिनों दो साहित्यिक लतीफे विशेष तौर पर हवा में थे। कॉफी हाउस के बाहर एक नया लेखक अपनी आटोग्राफ बुक लेकर अश्क जी के पास पहुँचा। अश्क जी ने लिखा "पुस्तक खरीद कर पढ़ें।" बगल में भारती जी खड़े थे, उन्होंने उस नए लेखक से आटोग्राफ बुक लेते हुए उस पर लिखा "पुस्तकें मिलने का पता है नीलाभ प्रकाशन।"

संयोग से उन्हीं दिनों भारती जी ने एक सेकेण्ड हैण्ड कार खरीदी थी। कॉफी हाउस के बाहर कवयित्री और व्यंग्यलेखिका शान्ति मेहरोत्रा जो उन दिनों शान्ति बी. ए. के नाम से लिखा करती थीं से उनकी भेंट हो गयी। भारती जी ने शान्ति जी से कहा, "शान्ति जी कहाँ जा रही हैं?"

शान्ति जी ने जबाब दिया, "आकाशवाणी तक जाना है।"

"चलिए। मैं आपको ड्राप कर देता हूँ।" भारती जी ने सौजन्यता की पेशकश की।

शान्ति जी ने चुटकी ली, "नहीं मैं रिक्शा कर लेती हूँ, मुझे जरा जल्दी पहुँचना है।"

उन दिनों इलाहाबाद से ही अज्ञेय जी 'प्रतीक' निकाल रहे थे। यह द्वैमासिक पत्रिका थी जो साहित्य की मुख्य धारा से जुड़ी थी। प्रतीक के जमाने में ही कवि श्रीनरेश मेहता ने अपनी कविताओं का वैदिक भूमि से हटकर 'समय देवता' पर काम शुरू किया। इलाहाबाद में ही प्रगतिशील लेखक संघ का दूसरा बड़ा और यादगार अधिवेशन सम्पन्न हुआ। इस अधिवेशन में भीष्म साहनी, नागार्जुन, भगवती चरण वर्मा से लेकर नये लेखक अजित पुष्कल तक शामिल हुए। कहानी की साठोत्तरी पीढ़ी का उदय भी इन्हीं दिनों हो रहा था। समकालीन कहानी के चर्चित चतुष्टय ज्ञानरंजन, दूधनाथ सिंह, काशीनाथ सिंह और रवीन्द्र कालिया में से काशीनाथ जी को छोड़कर बाकी तीन कथाकारों का इलाहाबाद से ही वास्ता रहा। दूधनाथ सिंह की 'रीछ' और रवीन्द्र कालिया की 'नौ साल छोटी पत्नी' ये दोनों कहानियाँ अपनी कहन के कारण अलग से ध्यान खींच रही थीं। 'नौ साल छोटी पत्नी' ने तो नामवर सिंह को भी आइने में उतार लिया था। कालिया पंजाब से दिल्ली, बम्बई (धर्मयुग की सहायक सम्पादकी करते हुए) होते हुए अन्तिम रूप से बसने के लिए और प्रेस का काम शुरू करने के लिए इलाहाबाद आ चुके थे। शुरू के दिनों में तो वह अश्क जी के अतिथि रहे। कथालेखिका ममता कालिया का इलाहाबाद के ही एक डिग्री कालेज में अध्यापन का सिलसिला शुरू हो चुका था। वह कालिया जी से विवाह के बाद ममता अग्रवाल को कहीं पीछे छोड़ आयी थीं, हालाँकि इस प्रकरण से बहुत पहले ही वह एक बेहद बोल्ड कविता लिख चुकी थीं जिसे मुंशी लक्ष्मीकांत वर्मा ने 'क ख ग' के कवर पर प्रकाशित किया था। कविता कुछ इस तरह थी –

'प्यार' शब्द घिसते घिसते
चपटा हो गया है
अब सहवास समझ आता है।

'क ख ग' के उस अंक को ममता और रवीन्द्र कालिया के शुभचिंतकों ने उनके विवाह समारोह तक में लहराया था।

इलाहाबाद में प्रगतिशील लेखक संघ और 'परिमल' के बीच लगातार रस्साकशी चल रही थी। एक तरफ हसिया-हथौड़ा का जोर था तो दूसरी तरफ फिरोज़ी होंठ थे और चाँदनी थी। एक की गोष्ठी बीड़ी सिगरेट के धुएँ से शुरू होती थी, तो दूसरे की गोष्ठी में अगरबत्ती का धुआँ झूमता था। एक तरफ मार्क्सवाद था तो दूसरी तरफ रूपवाद-कलावाद। कहीं कथ्य पर जोर था, तो कहीं शिल्प पर मशक्कत की जा रही थी। कहीं मजदूर आंदोलन तेजी पर था, तो कहीं साहित्य का एक अलंकारित आभिजात्य जगमगाया करता था। कहीं साहित्य नारे पोस्टर में तब्दील होकर जनता के बीच आ रहा था, तो कहीं साहित्य कुछ विशिष्ट लोगों के बीच अपने अस्तित्व को प्रमाणित कर रहा था। इलाहाबाद में भी अकविता और अकहानी का सृजन हो रहा था। शमसानी पीढ़ी भी आँखें खोल रही थी। साहित्य बड़े उद्देश्यों से जुड़ रहा था, तो छोटे सवाल भी सिर उठा रहे थे। कहानीकारों और कवियों ने भी युद्ध मुद्रा अख्तियार कर ली थी। धर्मयुग जैसी पत्रिका भी बहसें आयोजित करवा रही थी, बहस का मुद्दा हुआ करता था कि साहित्य की केन्द्रीय विधा कविता है या कहानी। इस मुद्दे को तय करने के लिए नये तर्कशास्त्र रचे-गढ़े जाते थे। इलाहाबाद में कवियों और कहानीकारों का अनुपात लगभग समान था फिर भी प्रायः कवि बाजी मार ले जाते थे। उन रचनाकारों की फजीहत होती थी जो दोनों ही विधाओं में काम कर रहे थे। बात अन्ततः 'कण्टेण्ट' पर आकर तय हो जाती थी। यह तय होता था कि फार्म महत्वपूर्ण नहीं है, महत्वपूर्ण यह है कि हम क्या कह रहे हैं। यह कहना कविता में हो या फिर कहानी में हमारे निष्कर्ष महत्वपूर्ण होने चाहिए। बात स्वस्थ निर्णय पर आकर हल हो जाती थी।

इलाहाबाद दरअसल साहित्य का मक्का ही रहा है। 'भारत', 'देशदूत' और 'अमृत प्रभात' जैसे पत्र साहित्यिक, सांस्कृतिक चेतना से लैश होकर जनता के सामने आते रहे हैं। पंत जी और नरेन्द्र शर्मा ने यहीं से 'रूपाभ' नाम का एक विलक्षण पत्र निकाला था। 'सरस्वती' तो केन्द्रीय पत्रिका के रूप में प्रतिष्ठित थी ही, जो समय-समय पर त्रिवेणी में लुप्त हो गयी सरस्वती को मूर्त रूप देती सी नजर आती थी। 'शिशु', 'बानर' और 'बालसखा' जैसे पत्र भी अपनी भूमिका को अंजाम दे रहे थे। कहानी के क्षेत्र में 'माया' की भूमिका तो इतिहास के पन्नों पर दर्ज हो ही चुकी थी। इसी बीच लीडर प्रेस से 'संगम' नाम का एक साप्ताहिक पत्र इलाचन्द्र जोशी के सम्पादन में प्रकाशित होना प्रारम्भ हुआ, जिसके प्रमुख सहयोगी भारती और रमानाथ अवस्थी थे। अमृत राय प्रगतिशील खेमे का नेतृत्व कर रहे थे। उनके यहाँ महादेव साहा, प्रकाशचंद्र गुप्त, नागार्जुन, शमशेर, भैरव प्रसाद गुप्त का जमघट लगा करता था। अमृत जी के घर के पास ही मिन्टो रोड पर श्रीकृष्ण दास और इलाचन्द्र जोशी रहा करते थे। प्रगतिशील लेखकों की मीटिंग प्रायः जानसेनगंज के पार्टी कार्यालय में होती थी या फिर पी. सी. जोशी अथवा प्रकाश चन्द्र गुप्त के आवास पर होती थी। नेमीचन्द्र जैन 'आधुनिक पुस्तक भण्डार' के कुशल संचालक थे। बलवंत सिंह जैसे कथाकार भी इलाहाबाद की सर्जनात्मक उर्वर भूमि में कहानी के नये सन्दर्भ उजागर कर रहे थे। यह कवि समीक्षक अजित कुमार के लेखन के भी शुरुआती दिन थे। एक तरफ भगवत शरण

उपाध्याय तो दूसरी तरफ नयी पीढ़ी के अत्यन्त प्रभावशाली लेखक शैलेश मटियानी लेखकीय स्वाभिमान को अपनी धारदार रचनाओं में व्यक्त कर रहे थे। गंगा किनारे स्थित रसूलाबाद से महादेवी जी के संरक्षण में, 'साहित्यकार' का प्रकाशन हो रहा था, जिसे गंगा प्रसाद पांडेय पूरी निष्ठा से देख रहे थे। 'कृति' का प्रकाशन भी निर्बाध गति से हो रहा था, इसके हर अंक के मुखपृष्ठ पर प्रकाशित महत्वपूर्ण चित्रकारों के चित्र पत्रिका के मूल उद्देश्य को रूपांतरित कर रहे थे। 'भारतीय श्रमिक' से ज्ञानपीठ पुरस्कार विजेता श्रीनरेश मेहता सम्पृक्त थे। यह इलाहाबाद ही था जिसने देश को तीन-तीन प्रधानमंत्री देने के अतिरिक्त भारत के सर्वोच्च साहित्यिक सम्मान ज्ञानपीठ के चार-चार विजेता साहित्यकार भी दिये। महादेवी वर्मा, सुमित्रानन्दन पन्त, फिराक गोरखपुरी और श्रीनरेश मेहता। इन चारों रचनाकारों ने साहित्य का भाल ऊँचा किया है। विजयदेव नारायण साही ने 'लघु मानव के बहाने एक बहस' शीर्षक निबन्ध लिखकर एक राष्ट्रीय विमर्श छेड़ दिया था।

भारत-चीन, भारत-पाकिस्तान और बांग्लादेश की लड़ाइयों के बाद देश पर आपात स्थिति लागू कर दी गयी थी। इलाहाबाद का साहित्यिक परिदृश्य पूरे देश की रगों में खून बनकर दौड़ रहा था। जहाँ एक ओर कथित बामपंथी इमरजेंसी के समर्थन में थे वहीं दूसरी ओर प्रतिबद्ध रचनाकार, मुक्तिबोध के शब्दों में 'अभिव्यक्ति के खतरे' उठा रहे थे। सुपरिचित लेखक और रंगकर्मी सत्यव्रत सिन्हा की मीसा में बंदी होने के दौरान ही मृत्यु हो गयी थी। रघुवंश जैसे लेखक पर अविश्वसनीय एवं मिथ्या आरोप लगा था कि वह बिजली के खम्भे पर चढ़कर बिजली का तार काट रहे थे। स्थानीय हिन्दुस्तानी एकेडमी के सभागार में महादेवी जी का स्वर मुखर हो रहा था, वह साहसपूर्वक कह रही थीं—"अपने आप को कैसे व्यक्त करूँ हमारी जुबान तो काट ली गयी है। पूरा देश कारागार में तब्दील हो गया है।" अमृत राय आग उगल रहे थे। उमाकांत मालवीय नुक्कड़ गीत, नाटक और पेम्फलेट लिख रहे थे। उनका बहुचर्चित गीत संग्रह 'सुबह रक्त पलाश की' प्रेस में ही कड़ी निगरानी में था। कुछ रचनाकार इसके उलट चरण चारण चक्रवर्ती की भूमिका में भी आ गए थे। उन्हीं दिनों एक राष्ट्रकवि ने उमाकांत मालवीय को एक कथित जननायक के लिए अभिनंदन गीत लिखने का प्रस्ताव दिया था। उन्होंने अभिनन्दन गीत लिखा भी था, वह कुछ इस तरह था –

ये कैसा देश है
कैसे-कैसे चलन
अंधों का कजरौटे करते अभिनंदन।

आकाशवाणी इलाहाबाद के सुकवि कैलाश गौतम भी देश पर छाये अँधेरे को चिह्नित कर रहे थे –

दिन उगते ही ग्रहण लग गया
उग्रह होते शाम हो गयी
जब से मरा भगीरथ
गंगा घड़ियालों के नाम हो गयी।

साही का 'मछलीघर' पहले ही चर्चा में आ चुका था। इलाहाबाद में मलयज, श्रीराम वर्मा और अमर गोस्वामी जैसे नये लेखक भी रचना और आलोचना के नए क्षितिज उद्घाटित कर रहे थे। साहित्य एकेडमी पुरस्कार से सम्मानित लेखक गिरिराज किशोर भी

सतत रचनारत थे। कॉफी हाउस के पड़ोस में बसा 'लोकभारती प्रकाशन' भी साहित्य की राजनीति तय कर रहा था। इलाहाबाद शुरू से ही गोष्ठियों, सेमिनारों का शहर रहा है। 'कादंबिनी' का प्रकाशन भी प्रारम्भ में इलाहाबाद से ही हुआ था। 'विवेचना' की गोष्ठी शहर को जीवंत बना रही थी। 'झंकार' की झंकार भी अलग से सुनायी दे रही थी।

अमरकांत और शेखर जोशी जैसे कथाकार इलाहाबाद के साहित्यिक परिदृश्य की पिछले लगभग साढ़े चार दशक की गम्भीर रचनात्मक उपस्थिति रहे हैं। अमरकांत की 'जिन्दगी और जोंक' और 'डिप्टी कलक्टरी' जैसी कहानियाँ न केवल प्रेमचंद की परम्परा से जुड़ रही थीं वरन् हिन्दी कहानी की विकास यात्रा को भी आधुनिकता के प्रचलित तमाम मानदण्डों पर कस रही थीं। शेखर जोशी आंचलिकता को रेणु की तरह सार्वजनीनता का व्यापक आधार दे रहे थे। मार्कंडेय, ज्ञानरंजन लिखना लगभग स्थगित कर, सम्पादन कर्म की ओर प्रवत्त हो गये थे। ज्ञान जी जबलपुर जाकर 'पहल' निकालने लगे थे और मार्कंडेय 'कथा' निकालकर साहित्य के विशाल तालाब में हलचलें पैदा कर रहे थे। ये दोनों पत्रिकाएँ आज भी समकालीन साहित्य की जरूरी पत्रिकाएँ हैं।

यह शहर साहित्यिक विरासतों को भी जीने वाला विलक्षण शहर है। प्रेमचंद की मशाल जीवन पर्यन्त अमृत राय ने जलाए रखी यद्यपि वह अपनी मौलिक पहचान के संघर्ष में स्वयं अपने पिता को ही एक बड़ी बाधा मानते रहे हैं। अश्क जी की साहित्यिक विरासत को कवि नीलाभ अपने बड़े भाई उमेश जी के साथ 'अश्क निधि' के माध्यम से जिंदा रखे हुए हैं और स्वयं भी अनुवाद, कविता और नाटक से हिन्दी साहित्य को समृद्ध कर रहे हैं। वर्ष में वह एक महत्वपूर्ण आयोजन करते हैं। गोपीकृष्ण गोपेश की बेटी अनिता गोपेश समकालीन कहानी की महत्वपूर्ण हस्ताक्षर हैं। नेपाली युग के सुप्रसिद्ध कवि ठाकुर गोपाल शरण सिंह की पुत्री सुषमा सिंह हिन्दी गीत और गज़ल से सम्पृक्ति बनाए हुए हैं। कथाकार ज्ञानप्रकाश के तीनों पुत्र अजय प्रकाश, आत्म प्रकाश और विवेक सत्यांशु रचनाकर्म से संलग्न हैं। कवि निबंधकार उमाकांत मालवीय का तो समूचा परिवार ही अपने हाथ में कलम लिये हुए है। पिछले दिनों एक सड़क हादसे में इस रचनाकार परिवार का एक तारा वसु मालवीय असमय ही टूट गिरा। वसु ने बहुत कम समय में ही कविता और कहानी के क्षेत्र में अपना विशिष्ट स्थान बना लिया था। वह अपने अन्तिम समय में कथाकार कमलेश्वर के साथ 'आल्हा' धारावाहिक पर काम कर रहे थे। अंशु मालवीय भी समर्पित वामपंथी रचनाकार हैं। निराला जी के प्रपौत्र विवेक निराला भी कविता के प्रमुख हस्ताक्षर हैं।

इलाहाबाद एक आयोजन धर्मी शहर भी रहा है। हिन्दी साहित्य सम्मेलन में समय-समय पर यादगार कवि सम्मेलन हुए हैं जिन पर एक साथ प्रभाकर माचवे, भवानी प्रसाद मिश्र और रामेश्वर शुक्ल अंचल जैसे कवियों की उपस्थिति ने इस साहित्य तीर्थ को एक विशेष गरिमा से अलंकृत किया है। इलाहाबाद से प्रकाशित होने वाली पत्रिकाओं का भी अपना एक अद्भुत इतिहास रहा है। आज भी इस शहर से सुपरिचत कवि डॉ. राजेन्द्र कुमार के सम्पादन में 'अभिप्राय', कवि उपन्यासकार श्रीप्रकाश मिश्र के सम्पादन में 'उन्नयन', कवि समीक्षक अनिल श्रीवास्तव के सम्पादन में 'कथ्यरूप', कृष्ण मोहन के सम्पादन में 'परख', डॉ. सत्यप्रकाश मिश्र के सम्पादन में 'माध्यम' का प्रकाशन हो रहा है। उपन्यासकार विभूति नारायण राय ने यहीं से 'वर्तमान साहित्य' का गौरवशाली प्रकाशन प्रारम्भ किया था। इस पत्रिका ने रवीन्द्र कालिया के सम्पादन में निकले कहानी महाविशेषांकों के माध्यम से हिन्दी कहानी को एक तरह से चर्चा के केन्द्र में ही ला दिया है। कहानी, कविता, नाटक और आलोचना के शताब्दी विशेषाकों ने भी लगभग पूरी सदी के साहित्य को खँगाल कर रख दिया है। विद्याधर की पत्रिका 'साहित्यनामा' में भी संस्कृति की ऊष्मा मिलती रही है। उन्होंने 'लेखन'

का निराला केन्द्रित अंक निकाल कर विलक्षण कार्य किया है। डॉ. राम कमल राय ने डॉ. रामजी पांडे के साथ मिलकर एकेडमी पत्रिका का निराला और फिराक केंद्रित अंक सम्पादित कर इन दोनों रचनाकारों के प्रति सच्ची रचनात्मक श्रद्धांजलि व्यक्त की है। हावर्ड फास्ट के उपन्यास 'अमेरिकन' के अनुवादक उपन्यासकार और प्रसिद्ध इतिहासकार डॉ. लाल बहादुर वर्मा इलाहाबाद से ही वर्षों 'इतिहासबोध' का संपादन करते रहे हैं। इन दिनों वह साझा सांस्कृतिक अभियान की ओर से 'संधान' निकालने की तैयारी में हैं। मित्र प्रकाशन के साप्ताहिक पत्र 'गंगायमुना' के लगभग छः वर्षों तक नियमित प्रकाशन को भी नहीं भुलाया जा सकता। इसे कालिया जी सम्पादित करते थे। साहित्य-कला-संस्कृति का इस पत्र में गहरा संस्पर्श मिलता था। प्रवीण सिंह और धनंजय चोपड़ा इन दिनों साहित्यिक पत्रकारिता को एक नया आयाम दे रहे हैं।

इलाहाबाद वाद विवाद संवाद का शहर रहा है। तमाम असहमतियों के बाद भी लेखकों ने आपसी संवाद कभी स्थगित नहीं किया। दूधनाथ सिंह के 'हंस' में प्रकाशित आख्यान 'नमो अंधकारं' ने शहर क्या पूरे देश में ही एक सरगर्मी पैदा कर दी थी, जिससे तमाम विरोधों व नाराजगियों के बाद भी जमकर पढ़ा गया। समीक्षाएँ-विवेचनाएँ लिखी गयीं। इस आख्यान का बांग्ला अनुवाद भी श्री सुभाष चन्द्र गांगुली ने अविकल प्रस्तुत कर दिया है। उपन्यास सम्राट अमृत लाल नागर ने 'सारिका' के एक अंक में रवीन्द्र कालिया के साम्प्रदायिकता विरोध में लिखे एक उपन्यास खुदा सही सलामत है की जमकर प्रशंसा की थी। कालिया जी संस्मरण की पुस्तक 'गालिब छुटी शराब' लिखकर एक बार फिर चर्चा में हैं। कुछ विद्वान इसे संस्मरणों की बेजोड़ कृति करार दे रहे हैं, तो कुछ समीक्षक इसे सिरे से ही नकार रहे हैं। नकारने और स्वीकारने वाले दोनों ही इसे समान रूप से पढ़ रहे हैं।

युवा कवियों को प्रतिवर्ष दिया जाने वाला भारतभूषण अग्रवाल पुरस्कार इस शहर के चार युवा कवियों देवी प्रसाद मिश्र, बद्री नारायण, बोधिसत्व और अनिल कुमार सिंह को मिल चुका है। देवी प्रसाद इन दिनों दिल्ली में हैं, बद्री नारायण इतिहास लेखन की ओर प्रवृत्त हो गये हैं। बोधिसत्व पाण्डुलिपियों के संग्रह का ऐतिहासिक कार्य कर रहे हैं। अनिल कुमार सिंह कविता संग्रह की तैयारी में हैं।

इलाहाबाद गंगा जमुनी तहजीब का शहर है। अयोध्या प्रसंग के समय में भी छिटपुट अपवाद छोड़ दिए जाएँ तो यह शहर पूरी तरह से अपनी संस्कृति को ही जी रहा था। यह संस्कृति ही वस्तुतः भारतीय संस्कृति है। साम्प्रदायिकता विरोध इस शहर का चरित्र है। धर्मनिरपेक्ष न कहकर इलाहाबाद को पंथ निरपेक्ष कहना ज्यादा उचित होगा। हाल ही में सम्पन्न हुए महाकुम्भ में सभी धर्म, जातियों और भाषा-भाषियों का अद्भुत सम्मिलन हुआ है। सरस्वती सम्मान से सम्मानित नक्काद शम्सुर्रहमान फारूकी आज भी इलाहाबाद से 'शबखूँ' का प्रकाशन कर रहे हैं। बुजुर्ग लेखक डॉ. अकील रिजवी व कामरेड जिआउल हक आज भी भाईचारे और अदब का चिराग जलाए हुए हैं। डॉ. इकबाल माहिर, नम्र कुरैशी, डॉ. शबनम नकवी, डॉ. जमीर अहसन जैसे शायर अकबर इलाहाबादी की इस जमीन को आज भी अदब का संस्कार दे रहे हैं। जनाब राज इलाहाबादी के आँख मूँद लेने के बाद भी अतीक इलाहाबादी, असलम इलाहाबादी, अजीज इलाहाबादी, अख्तर अजीज, अहमद अबरार और नैय्यर आकिल शायरी की पताका हाथ में लिए हुए हैं। अली अहमद फातमी और असरार गांधी निरन्तर सक्रिय हैं। समय-समय पर कलकत्ता या रायबरेली से आकर जनाब मुनव्वर राना भी शहर को शायरी के नए शऊर से वाकिफ करा जाते हैं।

हिन्दी साहित्य सम्मेलन, हिन्दुस्तानी एकेडमी, इलाहाबाद संग्रहालय, उत्तर मध्य क्षेत्र सांस्कृतिक केन्द्र जैसी संस्थाएँ शहर में आए दिन सांस्कृतिक आयोजन करवाती रहती हैं। इलाहाबाद संग्रहालय द्वारा आयोजित साहित्कारों के महत्वपूर्ण व्याख्यान प्रायः

साहित्य की बारीकियाँ समझने में मदद करते हैं। अमरकांत का धारावाहिक उपन्यास 'आंधी' साहित्यिक पत्रिका 'साक्षात्कार' में प्रकाशित हो रहा है। पिछले दिनों इलाहाबाद के कवि हरीश चन्द्र पांडे की कविता पुस्तक 'एक बुरूंश कहीं खिलता है' की सुप्रसिद्ध आलोचक डॉ. नामवर सिंह ने राष्ट्रीय स्तर पर चर्चा की है। तद्भव में प्रकाशित 'दौड़' उपन्यास के बाद ममता कालिया शिक्षा जगत पर लिखे गए 'बड़ी बहन जी' शीर्षक के उपन्यास पर काम कर रही हैं जो वाणी प्रकाशन दिल्ली से प्रकाशित होना है। आकाशवाणी इलाहाबाद तो सांस्कृतिक गतिविधियों का गढ़ था ही, पिछले दिनों शुरू हुए इलाहाबाद दूरदर्शन केन्द्र के प्रसारण ने भी इलाहाबाद को नये सिरे से चैतन्य बनाया है।

आज इलाहाबाद में एक साथ रचनाकारों की चार पीढ़ी सृजनरत हैं। अमरकांत, शेखर जोशी, दूधनाथ सिंह, रवीन्द्र कालिया, ममता कालिया, शकुंतला सिरोठिया, नीलाभ, कैलाश गौतम, डॉ. लाल बहादुर वर्मा, बुद्धिसेन शर्मा, एहतराम इस्लाम, हरीश चन्द्र पांडे, अमर नाथ श्रीवास्तव, शिवकुटी लाल वर्मा, सुरेश कुमार शेष, बद्री नारायण, बोधिसत्व, हीरालाल, अंशु मालवीय, अनिलकुमार सिंह, सुभाष चन्द्र गांगुली, श्रीरंगरतीनाथ योगेश्वर, अरुण कुमार सिंह, अंशुल त्रिपाठी, हरिमोहन मालवीय, सत्यप्रकाश मिश्र, अजामिल, मीनूरानी दुबे, अनिता गोपेश, भवेशचंद्र जायसवाल, रायकमल राय आदि सारे रचनाकार अपनी अपनी तरह से कलम से शब्द की नयी जमीन तोड़ रहे हैं। इलाहाबाद के राजनेता भी भला कविता से कैसे अछूते रह सकते हैं। पहले विश्वनाथ प्रसाद सिंह और अब केशरी नाथ त्रिपाठी कविताएँ लिख रहे हैं। माननीय मुरली मनोहर जोशी की बेटी निवेदिता के कविता संग्रह का लोकार्पण करने तो गुलजार साहब ही इलाहाबाद तशरीफ लाए थे। कहने का तात्पर्य यह है कि इलाहाबाद रचनात्मक स्तर पर आज भी उतना ही जीवंत है जितना कि पचास वर्ष पहले था।

प्रयाग की चित्रकला : इतिहास एवं संभावनाएं

• डॉ. अजय जैतली

गौरवशाली प्रयाग

प्रयाग भूमि आदिकाल से पुराणों एवं शास्त्रों के अनेक विवरणों में किसी न किसी रूप में उपस्थित रही है। प्राचीन भारतीय आध्यात्मिक एवं सांस्कृतिक गौरव गाथा में प्रयाग विभिन्न ऋषि-मुनियों, देवी-देवताओं, महात्माओं के केन्द्र में रहा है। 'प्रयाग' नाम वेदों में कहीं भी उल्लेखित नहीं है, यद्यपि वेदों में गंगा, यमुना व सरस्वती तीनों नदियों का उल्लेख है। मनुस्मृति, महर्षि बाल्मीकि कृत रामायण, वेदव्यास कृत महाभारत, पद्म पुराण, कूर्म पुराण, अग्नि पुराण, गरुण पुराण, मत्स्य पुराण, नारद पुराण, शताध्यायी के अतिरिक्त अनेक प्राचीन ग्रन्थों में, महाकवि कालिदास जैसे कवियों ने प्रयाग की उत्कृष्टता को रोचक ढंग से प्रस्तुत किया है। महर्षि भारद्वाज आश्रम, अंत्रि आश्रम, पाण्डु आश्रम, दुर्वासा, पर्णमुनि आश्रमों का होना ललित कलाओं की उपस्थिति का भी परिचायक है, जहाँ धर्म, नीति, गृहस्थ, विज्ञान, ज्योतिष, आयुर्वेद आदि विषयों के अलावा ललित कलाओं तथा उनके विभिन्न आश्रमों की शिक्षा भी प्रदान की जाती रही होगी। प्राचीन आश्रमों, गुरुकुल आदि की परम्परा वर्तमान विश्वविद्यालयों से कहीं अधिक सामर्थ्यवान रही है। शास्त्रों में अठासी हजार ऋषि आश्रमों का वर्णन प्राप्त होता है।

प्राचीन शास्त्रीय परम्परा में विभिन्न कलाओं को ललित कला के अन्तर्गत रखा गया है। साहित्य एवं विभिन्न कलाओं का वर्तमान स्वरूप विद्वानों एवं चिन्तकों का अध्ययनपरक दृष्टिकोण है जो क्रमशः प्रत्येक काल एवं समय में अलग-अलग ढंग से व्याख्यायित हुआ है। जहाँ प्राचीन ऋषि मुनि सर्वज्ञ होते थे आज वर्तमान में विद्वान विशेषज्ञ के रूप में उपस्थित हैं। सभी कलाओं, विज्ञान, धर्म, दर्शन आदि के क्षेत्र में क्रमिक वर्गीकरण से अनगिनत शाखाएं हमारे समक्ष उपस्थित हैं, और उनका भिन्न विश्लेषण भी। आज आधुनिक एवं समकालीन प्रवृत्तियों में किसी भी कला का सन्दर्भ दूसरी कला से सर्वथा भिन्न हो गया है।

साहित्यकारों, नाट्य लेखकों एवं नाट्य कर्मियों तथा संगीतकारों की गौरवशाली परम्परा प्रयाग में रही। इन क्षेत्रों से विधिवत लेखन एवं प्रस्तुतियों का इतिहास भी प्राप्त है, परन्तु चित्रकला की प्रत्येक काल एवं समय में उपस्थिति के बाद भी इस विधा का इतिहास एवं परम्परा का लेखन नहीं हुआ। पिछले कुछ वर्षों में जो लेखन चित्रकला के क्षेत्र में प्राप्त है वह लेखन भी शुरुआत भर कही जा सकती है जो अनुमानों, वार्ताओं, विमर्श आदि पर आधारित है। चित्रकार लेखक इलाहाबाद में कुछ अपवादों को छोड़ कर नहीं के बराबर रहे हैं। लेखक चित्रकारों ने समय-समय पर अवश्य लिखा है लेकिन प्रयाग की चित्रकला परम्परा का ऐतिहासिक एवं अवधारणापरक लेखन प्राप्त नहीं होता। इस शहर का दुर्भाग्य है कि इसे अब तक कोई सम्पूर्ण इतिहास लेखक एवं समीक्षक नहीं मिला। जिसके पास शब्दों का सामर्थ्य एवं दृष्टि रही भी उसने चित्रकला में अपने को विशेषज्ञ कहलाना प्रारम्भ कर दिया।

कवि-चित्रकार, लेखक-चित्रकार, वैज्ञानिक-चित्रकार, संगीतकार-चित्रकार, नाटककार-चित्रकार प्रयाग में एवं प्रयाग के बाहर खूब चर्चित रहे लेकिन प्रयाग के विशुद्ध चित्रकारों के कलाकर्म एवं कला की मूल संवेदना एवं शिल्प से पूरी तरह अनभिज्ञ थे। साहित्यकारों ने साहित्य की संवेदना के स्तर पर, कवि ने कविता के, संगीतकारों ने संगीत के एवं वैज्ञानिकों तथा नाट्यकारों ने अपने-अपने तर्कों के सहारे अपने को स्थापित करते हुए कला का दामन पकड़े रखा। आश्चर्य जनक तथ्य तो यह है कि इनके लेखों में अपनी ही विधा के दूसरे समतुल्य रचनाकारों का जिक्र भी प्राप्त नहीं होता। चित्रकार चाक्षुष विद्या से सम्बद्ध होते हुए भी अन्तर्मुखी रहा, शिल्पकार ज्यादा कलाकार कम। रंगों, प्रतीकों व गूढ़ विषयों से जुड़ा होने के बावजूद वैचारिक एवं चिन्तनशील लेखन एवं विमर्श से नितान्त दूर रहा। वर्तमान में विभिन्न कलाओं के अन्तर्सम्बन्धों पर कुछ साहित्यकारों को छोड़कर शायद ही कोई रचनाकार चिन्तन कर रहा है। संगीत में तो यह स्थिति अत्यन्त चिन्ताजनक है।

ज्ञात इतिहास

प्रयाग सदियों से धार्मिक, साहित्यिक एवं राजनैतिक गतिविधियों का केन्द्र रहा है। यहाँ चित्रकला भी उसी तरह रची बसी मिलती है जिस तरह साहित्य और संस्कृति। इस नगरी में चित्रकला का उत्कर्ष मुगलकाल में हुआ जब अकबर बादशाह ने गंगा-यमुना के संगम पर किला बनवाया। जहाँगीर ने इस किले में अपनी चित्रशाला स्थापित की। आकारिजा इस चित्रशाला का प्रमुख चित्रकार था। उसके द्वारा निर्मित दो सचित्र ग्रन्थ राजकंवार (1602 ई.) में मिलते हैं। इसी चित्रकार ने अमीरन मयउद्दीन हसन देहलवी की गजल और रूबाइयों की पुस्तक के लिए भी चित्र बनाए। ये दोनों सचित्र ग्रन्थ क्रमशः चेस्टर बेरी संग्रहालय तथा वाल्टीमोर की वाल्टर्स गैलरी में संग्रहीत हैं। शाहजहां काल में भी इस किले में चित्रशाला बनी रही और इस समय के कई महत्वपूर्ण चित्रकार उससे जुड़े रहे। औरंगजेब की कट्टरपंथी अवधारणा एवं संस्कृति के प्रति अदूरदर्शिता के कारण यह चित्रशाला समाप्त हो गयी।

अंग्रेजी शासन में प्रयाग उत्तरी भारत का महत्वपूर्ण शहर रहा। अंगरेजों ने स्थापत्य और नगर योजना के दृष्टिकोण से इलाहाबाद को अत्यन्त समृद्ध किया। आज भी प्राचीन इमारतें और शिल्प आदि उसका ज्वलंत प्रमाण हैं। भारतीय संस्कृति एवं कला को पाश्चात्य संस्कृति के कुप्रभाव ने अत्यन्त प्रभावित किया। उन्नीसवीं सदी के मध्य तक तो भारतीय चित्रकला परम्परा लगभग मिट ही गयी, क्योंकि उसे संरक्षित करने वाले राजे-महाराजे कुछ ही स्थानों पर शेष थे। भारतीय चित्रकला में पौराणिक एवं धार्मिक आख्यानों को प्राथमिकता के साथ प्रस्तुत करने वाले राजा रवि वर्मा ने उत्तर भारत की दर्शन यात्रा में यहाँ रुक कर भारतीय धर्म-दर्शन के अध्ययन के दृष्टिकोण से अनेक चित्र बनाये।

उन्नीसवीं सदी के अन्त और बीसवीं सदी के प्रारम्भिक वर्षों में हुए राष्ट्रवादी आन्दोलन से रचनाकारों में उत्साह एवं शक्ति का संचार हुआ। कलागुरु अवनीन्द्रनाथ टैगोर, कला समीक्षक आनन्द कुमार स्वामी एवं. ई. वी. हैवेल ने भारतीय चित्रकला को पुनर्जीवन देने में महत्वपूर्ण भूमिका निभाई। बंगाल के स्वदेशी एवं राष्ट्रवादी आन्दोलन में भारतीय राष्ट्रीय कांग्रेस की विशिष्ट भूमिका रही है। सन् 1892 में तथा तीसरा बहुचर्चित अधिवेशन सन् 1910 में किले के उत्तर मैदान में एक पंडाल में हुआ। कांग्रेस के इसी अधिवेशन के अवसर पर एक विशाल प्रदर्शनी का आयोजन हुआ। यह प्रदर्शनी इतनी बड़ी तैयारी और समारोह के साथ हुई थी कि इसे अखिल-भारतीय प्रदर्शनी का दर्जा प्राप्त हुआ था। यह प्रदर्शनी किले के पश्चिमी यमुना किनारे लगभग 200 बीघा भूमि पर दिसम्बर

सन् 1910 से तीन महीने तक बराबर खुली रही जिसे लगभग आठ लाख लोगों ने देखा और इस पर साढ़े इक्कीस लाख रुपये खर्च हुए। भारत वर्ष में पहली बार इसी अवसर पर हवाई जहाज उड़ाये गये थे। इस प्रदर्शनी को देखने जर्मन के युवराज सहित देश के समस्त राजों-महाराजों और गणमान्य लोगों का तांता लगा रहा था। इस विशाल प्रदर्शनी का विवरण 'दि ऑफिशियल हैंडबुक ऑफ दि. यू. पी. एग्जिबिशन' के नाम से प्रकाशित हुआ था।

उपरोक्त प्रदर्शनी प्रयाग के कला इतिहास की महत्वपूर्ण घटना रही है। 12 विभागों में श्रेणीबद्ध इस प्रदर्शनी में पहला डाक और तार संबंधी वस्तुओं का, दूसरा ललित कलाओं के संग्रह का था। तीसरे में लकड़ी एवं पत्थर की कारीगरी थी। चौथे में चमड़े और कागज तथा अनेक प्रकार की हजारों वस्तुएं थीं। पाँचवां विभाग देशी रियासतों की कारीगरी तथा वहां की प्राचीन वस्तुओं का था। छठवें में हर प्रकार की शिक्षा संबंधी वस्तुएं तथा कुछ उत्तम हस्तलिखित प्राचीन पुस्तकें थीं। सातवां स्त्रियों की कारीगरी का विभाग था। आठवें में स्वास्थ्य और चिकित्सा, अस्त्र-शस्त्र आदि। नवाँ इंजीनियरिंग अर्थात हर प्रकार के कौशल का विभाग था। दसवें में हर प्रकार की बुनाई का काम, ग्यारहवां कृषि तथा बारहवां वन विभाग था। इसके अलावा अनेक प्रकार के खेल-तमाशों के आयोजन का उल्लेख भी प्राप्त होता है। इस प्रदर्शनी के ललित कलाओं से सम्बद्ध हिस्से में भारत के जागृति आन्दोलन से जुड़ी कलाकृतियों एवं कलाकारों को शामिल किया गया था। आनन्द कुमार स्वामी ने सक्रिय रूप से इस आयोजन में भागीदारी की थी।

जाग्रति आन्दोलन और प्रयाग

इस आयोजन के पश्चात् प्रयाग में भी जागृति आन्दोलन के प्रति नवीन उत्साह दिखाई पड़ने लगा। इस प्रदर्शनी के पूर्व एवं बाद के लगभग तीन दशकों में प्रयाग में चित्रकला की क्या अवस्था रही यह शोध का विषय है। 1910 के बाद सामूहिक रूप से न सही लेकिन व्यक्तिगत रूप से जागृति आन्दोलन से अनेक चित्रकार जुड़े जिसमें प्रयाग से शैलेन्द्रनाथ डे, क्षितीन्द्रनाथ मजूमदार का नाम सर्वप्रमुख है। दोनों ही कलागुरु अवनीन्द्र नाथ टैगोर के प्रिय शिष्य एवं जागृति आन्दोलन के सजग सिपाही थे। क्षितीन्द्र नाथ की जन्म स्थली तो बंगाल थी लेकिन कर्मस्थली प्रयाग ही रही है। दोनों कलाकारों ने भारतीय कला परम्परा को पुनर्जीवन देने में महत्वपूर्ण भूमिका निभाई। इनके अथक प्रयासों से प्रयाग पुनरुत्थान युग के अग्रणी कलाकारों से अथवा उनकी कृतियों के माध्यम से अवश्य ही सम्बद्ध रहा जिनमें कलागुरु अवनीन्द्र नाथ टैगोर, नन्दलाल बोस, यामिनी राय, असित कुमार हाल्दार, अमृता शेरगिल, डी. पी. राय चौधरी आदि प्रमुख हैं। प्रयाग का अनेक धनाढ्य बंगाली परिवारों से सम्बन्ध रहा है। बंगाल से विस्थापित हो अनेक बंगालियों ने यहाँ अपना कार्य-व्यापार फैला रखा था। इण्डियन प्रेस उस समय भारत वर्ष का प्रमुख प्रकाशन केन्द्र था। इसके मालिक चिन्तामणि घोष कला में विशेष रुचि लेते थे। उनका बंगाल के चित्रकारों से घनिष्ठ सम्बन्ध रहा। रवीन्द्रनाथ टैगौर, असित कुमार हाल्दार, क्षितीन्द्रनाथ मजूमदार सहित अनेक शीर्षस्थ कलाकारों की कृतियों को इस प्रेस ने संरक्षित एवं प्रकाशित किया।

प्रकाशन समूह का योगदान

माया प्रेस की भी इस सन्दर्भ में अनूठी भूमिका रही है जिससे अनेक कलाकार समय-समय पर जुड़े रहे। विश्वनाथ गांगुली, देवव्रत सरकार, राबिन चटर्जी, राजा आदि उच्च स्तर के कारण माया प्रेस प्रकाशन को गरिमा प्रदान करते रहे। व्यावसायिक कला के

क्षेत्र में यहाँ भारत के श्रेष्ठ कलाकारों का जमघट सदैव रहता था। माशूक अली सिद्दीकी, शंकर नंदी, श्यामल चक्रवर्ती, आई. पी. मुखर्जी, अतीन्द्र नाथ मुखर्जी, मनोज पाल, समीर विश्वास, अनन्दा मुंशी, शान्तनु मुखर्जी, राम नारायण सिन्हा आदि व्यावसायिक कलाकार अपने-अपने फन में माहिर रहे। कुछ कलाकारों का जन्म क्षेत्र इलाहाबाद भले ही न रहा हो लेकिन इन कलाकारों का कर्मक्षेत्र इलाहाबाद ही रहा। माया प्रकाशन से ही इन्हें पहचान मिली। इसके अतिरिक्त भारती भण्डार, लीडर प्रेस, आदि अनेक प्रकाशन इलाहाबाद में थे जिनसे भारत के शीर्षस्थ कलाकार एवं कला चिन्तक सम्बद्ध रहे। जगन्नाथ चित्रकार ने गीता प्रेस से जुड़कर कल्याण पत्रिका के लिए अविस्मरणीय चित्र बनाये।

एक समय में एशिया का प्रमुख प्रकाशन केन्द्र होने के कारण कामर्शियल आर्ट, फोटोग्राफी, ग्राफिक्स आदि का कार्य उच्च स्तर का रहा है। सातवें दशक में लखनऊ आर्ट्स कालेज का प्रभाव भी इलाहाबाद में रहा। वहाँ से प्रशिक्षित अनेक चित्रकार व्यावसायिक एवं कलात्मक स्तर पर अत्यधिक सक्रिय रहे। शिव गोविन्द पाण्डेय, राधेश्याम अग्रवाल ने पिछले दो दशकों में न केवल उत्तर प्रदेश बल्कि भारत वर्ष में अपनी पहचान बनाई है। कार्टूनिस्ट सुधीर दर, शिक्षार्थी रंजित और रंगा कार्टून विधा में शीर्ष पर रहे हैं। इलाहाबाद के सत्य सेवक मुखर्जी हिन्दुस्तान समूह से सम्बद्ध हो कर कला जगत में अपनी पहचान बनाये रहे।

साहित्य और कला का सानिध्य

प्रयाग साहित्यकारों एवं कवियों की उल्लेखनीय उपलब्धियों के कारण प्रसिद्ध रहा है। चित्रकला, संगीत तथा रंगमंच को इनका सानिध्य समय-समय पर मिलता रहा। अनेक साहित्यकार एवं कवि चित्रकला के क्षेत्र में भी अपनी पहचान बनाए रहे। माधव शुक्ल, शमशेर बहादुर सिंह, श्रीधर पाठक, रामकुमार, महादेवी वर्मा, जगदीश गुप्त, रवीन्द्र नाथ देव, विपिन अग्रवाल आदि की कला दृष्टि उच्च स्तर की रही है। युवा कवियों में अजामिल समानरूप से चित्रकला में भी उतने ही अधिकार से अपने आप को व्यक्त करने का सामर्थ्य रखते हैं जितना साहित्य व नाट्य से सम्बन्धित क्षेत्र में अपने आप को व्यक्त करते हैं।

कवि शमशेर बहादुर सिंह केवल हिन्दी के शीर्ष कवि ही नहीं एक समर्थ चित्रकार भी थे, कम लोग जानते हैं। शमशेर की कविताओं के तेवर उनके चित्रों में भी मौजूद हैं। उन्होंने शारदा उकील कला विश्वविद्यालय, दिल्ली से कला में औपचारिक प्रशिक्षण भी प्राप्त किया। पेन, पेन्सिल, स्याही, जलरंग एवं तैलरंगों आदि सभी विधाओं में शमशेर ने ऊर्जा भण्डार और अभिव्यक्ति की तलाश में मानवीयता को पकड़ने की कोशिश की है। शमशेर की मृत्यु के बाद उनके सत्तर चित्रों की प्रदर्शनी साहित्य अकादमी ने राष्ट्रीय ललित कला अकादमी में आयोजित की थी। महाकवि निराला के मित्र कमला शंकर सिंह की कृतियों का संदर्भ तो नहीं प्राप्त हुआ है लेकिन रंगकर्म एवं चित्रकला के क्षेत्र में अत्यन्त सक्रिय रहे हैं। महादेवी वर्मा का रचना संसार अनुभूति के स्तर पर प्रकृति के अधिक निकट था। शैलैन्द्र नाथ डे के शिष्य शम्भुनाथ मिश्र से महादेवी वर्मा कला का प्रशिक्षण प्राप्त करती थीं। उनके चित्र सम्पूर्ण चित्र की श्रेणी में रखे जा सकते हैं। रंग संयोजन, विन्यास एवं लय पूर्ण रेखाओं का संतुलन महादेवी के चित्रों में नैसर्गिक प्रतिभा को दर्शाता है। दीपशिखा काव्य संकलन के चित्रों की कोमलता मानवीय गरिमा का उत्सर्ग भाव है।

रवीन्द्रनाथ देव इलाहाबाद विश्वविद्यालय में अंग्रेजी विभाग में प्रोफेसर रहे। रवीन्द्रनाथ देव का मार्क्सवादी दृष्टिकोण सामाजिक यथार्थ के प्रति समर्पित था। कलाचार्य क्षितीन्द्रनाथ मजूमदार से विधिवत शिक्षा पाये जगदीश गुप्त के जलरंगों एवं रेखांकन में

सौन्दर्यानुभूति के अद्भुत आयाम के दर्शन होते हैं। दीपशिखा श्रृंखला, आदिम कला कृतियाँ तथा यात्रा के दौरान किये गये रेखांकन न केवल उनकी दिव्य दृष्टि की साक्षी हैं वरन मूर्तता से अमूर्तता की साध्य यात्रा उनकी कलाकृतियों में परिलक्षित होती है। वह एक कवि-चित्रकार के साथ-साथ आलोचक और नयी कविता के जनक के रूप में भी जाने जाते रहे हैं। कलाओं के अन्तर्सम्बन्धों पर साधिकार चर्चा करने का अधिकार अगर कुछ लोगों को है तो उनमें जगदीश गुप्त अग्रिम थे। विपिन कुमार अग्रवाल इलाहाबाद विश्वविद्यालय में भौतिकी विभाग में प्रोफेसर थे। विपिन अग्रवाल अन्तर्राष्ट्रीय ख्याति के वैज्ञानिक होने के साथ-साथ रंगकर्मी समालोचक एवं चित्रकार भी थे। शमशेर बहादुर सिंह की भाँति विपिन कुमार अग्रवाल अन्य विधाओं में सामर्थ्य रखते हुए भी अपने आपको विशेषज्ञ कहलाना पसन्द नहीं करते थे। भारत के कला-आलोचकों में उनकी गिनती थी। अनेक बार विदेश यात्राओं के दौरान योरोप के प्रसिद्ध कलाकारों की कृतियों एवं कलादीर्घाओं का अध्ययन उन्होंने किया था। इन कलाकारों के अतिरिक्त लक्ष्मी कांत वर्मा, हरिमोहन मालवीय, दूधनाथ सिंह, रामस्वरूप चतुर्वेदी, मोहन अवस्थी, सत्य प्रकाश मिश्र, नीलाभ आदि प्रख्यात लेखक संवेदनात्मक रूप से चित्रकला से जुड़े रहे। प्रयाग की चित्रकला निःसन्देह साहित्यकारों के चिन्तन से समृद्ध हुई लेकिन विशुद्ध रूप से इस क्षेत्र में लेखन कुछ अपवादों को छोड़कर नहीं के बराबर हुआ।

प्रकाशन का प्रमुख केन्द्र रहे इलाहाबाद में छापाखानों के अलावा इलाहाबाद विश्वविद्यालय, इलाहाबाद संग्रहालय, हिन्दुस्तानी एकेडमी, सांस्कृतिक केन्द्र, जवाहर बाल भवन आदि कला संस्थाओं में कला मन्दिर, कल्चर सेण्टर, प्रयाग कला समिति, 'प्रकाश', स्वतक, उरेहन, वर्किंग आर्टिस्ट ऑफ इलाहाबाद समय-समय पर सक्रियता के साथ उपस्थित रही हैं। इलाहाबाद विश्वविद्यालय अमरनाथ झा के कलाप्रेम के कारण चालीस और पचास के दशकों में कला का केन्द्र बना रहा। देश के शीर्षस्थ चित्रकारों के कार्यों का अनूठा संग्रह अमरनाथ झा के पास था जिसमें रोरिक, एल. एम. सेन, सुधीर रंजन खास्तगीर, असित कुमार हाल्दार, अवनीन्द्र नाथ टैगोर, एच. एल. मेढ़, अनगारिक गोविन्द, क्षितीन्द्र नाथ मजूमदार, शैलेन्द्र नाथ डे, शम्भुनाथ मिश्र, रामचन्द्र शुक्ल, अमरेश बनर्जी आदि अनेक चित्रकारों की बहुमूल्य कृतियां थीं। यह संग्रह वर्तमान में इलाहाबाद विश्वविद्यालय के दृश्य कला विभाग में संग्रहीत है। अमरनाथ झा प्रख्यात शिक्षाविद् होने के साथ-साथ कलाविद् भी रहे हैं। विश्वविद्यालय में कला शिक्षा की शुरुआत उन्हीं के सद्प्रयासों का परिणाम है। बंगाल स्कूल के प्रमुख चित्रकार क्षितीन्द्र नाथ मजूमदार को कलकत्ते से यहाँ लाये। सन्त चित्रकार क्षितीन्द्र नाथ मजूमदार का पश्चिमी बंगाल के मुर्शिदाबाद जिले में जन्म हुआ था। क्षितीन्द्र नाथ मजूमदार अन्तर्राष्ट्रीय ख्याति के चित्रकार थे। अवनीन्द्र नाथ टैगोर एवं नन्दलाल बोस के शिष्य एवं असित कुमार हाल्दार के सहपाठी रहे मजूमदार के कृष्ण चैतन्य भक्ति श्रृंखला, गीतगोविन्द के पदों का चित्रण, राधा-कृष्ण के श्रृंगार परक मनोभावों का चित्रण, भक्ति की पराकाष्ठा है। रंग एवं रेखाओं का भक्ति भाव में प्रत्यावर्तन केवल मजूमदार जी के चित्रों में ही प्राप्त होता है। शम्भुनाथ मिश्र, डी. पी. धूलिया भी विश्वविद्यालय के चित्रकला विभाग से सम्बद्ध रहे। शैलेन्द्र नाथ डे के शिष्य शम्भुनाथ मिश्र वाश विधा और तैल रंगों व रेखांकन सभी पर समान अधिकार रखते थे। शहर के रईस बच्चा जी के यहाँ काफी समय तक शम्भुनाथ मिश्र जुड़े रहे और अनेक कलाकृतियाँ उनके लिए निर्मित कीं। महादेवी वर्मा के प्रिय कलाकारों में रहे शम्भुनाथ मिश्र हिन्दी साहित्य सम्मेलन प्रयाग के लिए भी लम्बे समय तक कार्य करते रहे। शम्भुनाथ मिश्र शुद्ध भारतीय शैली और संस्कृति के पक्षधर थे। पोर्ट्रेट विधा में उन्हें महारत हासिल थी। पुराणों, प्रतीकों, रामायण, महाभारत और लोक कला के विषयों को दक्षता के साथ मिश्र जी ने चित्रित किया है। डी. पी. धूलिया प्राचीन परम्परा में दीक्षित होकर

आधुनिक प्रवृत्तियों में अग्रसर हो गये। तैल माध्यम में उनके दृश्य चित्र तथा पोर्ट्रेट प्रयोगधर्मिता को प्रदर्शित करते हैं।

विश्वविद्यालय का कला विभाग आचार्य मजूमदार, शम्भुनाथ मिश्र एवं डी. पी. धूलिया के कारण देश में विख्यात रहा, यहाँ शिक्षित कलाकारों ने राष्ट्रीय एवं अंतर्राष्ट्रीय कला जगत में अपनी पहचान बनाई है। प्रोफेसर राम चन्द्र शुक्ल, कुंवर संग्राम सिंह, प्रोफेसर जगदीश गुप्त, हरिमोहन मालवीय, पी. के. मण्डल, अमरेश कुमार बनर्जी, सुधीर नारायण अग्रवाल, श्याम बिहारी अग्रवाल प्रमुख रूप से उल्लेखनीय हैं। प्रोफेसर राम चन्द्र शुक्ल रंगमंच से भी जुड़े रहे। बनारस हिन्दू विश्वविद्यालय के दृश्य कला संकाय में चित्रकला के अध्यक्ष रहे राम चन्द्र शुक्ल वाश विधा से अपनी यात्रा प्रारम्भ करके समकालीन आधुनिक चित्रकारों में अपनी पहचान रखते हैं। समीक्षावादी शैली के जनक राम चन्द्र शुक्ल की कलायात्रा प्रयोगधर्मी रही है। लोक संस्कृति, पारम्परिक शैली तथा पाश्चात्य शैली का तथ्यपरक अनुशीलन तथा चिन्तन प्रोफेसर शुक्ल ने किया है। चित्रकार होने के साथ-साथ समालोचना एवं कला लेखन के क्षेत्र में शब्दों का सामर्थ्य जिन चुने हुए चित्रकारों में है उनमें राम चन्द्र शुक्ल अगली पंक्ति में हैं। वर्तमान में विश्वविद्यालय के दृश्यकला विभाग में श्याम बिहारी अग्रवाल, राम कुमार विश्वकर्मा, अजय जैतली, अभिनव गुप्त व चित्रा चंद्रा चित्रकला विषय से सम्बद्ध हैं।

इलाहाबाद में विश्वविद्यालय से इतर कला की शिक्षा का केन्द्र रहा सुखवीर सिंह सिंघल का कला विद्यालय। सिंघल जी वाश शैली के सिद्धहस्त कलाकार रहे हैं। पूर्व प्रधानमंत्री वी. पी. सिंह उनके शिष्य रह चुके हैं। सुखवीर सिंह सिंघल असित कुमार हाल्दार के शिष्य थे तथा लखनऊ के कला महाविद्यालय में शिक्षा प्राप्त करने के बाद लगभग दस वर्षों तक इलाहाबाद में कला की शिक्षा देते रहे बाद में लखनऊ आर्ट्स कालेज में ओरियन्टल आर्ट के प्रवक्ता हो गये। राष्ट्रीय आन्दोलन के प्रबल समर्थक सिंघल जी बंगाल शैली में दक्ष थे। नया करने के प्रति उनका दृष्टिकोण उन्हें हमेशा औरों से अलग रखता है।

इलाहाबाद के अनेक वरिष्ठ चित्रकार आज भी समकालीन कला परिदृश्य में सक्रियता के साथ उपस्थित हैं। जिनमें सत्य सेवक मुखर्जी, बाला दत्त पाण्डेय, प्रकाश कर्माकर, अशोक भौमिक, राधेश्याम अग्रवाल, अभिनव गुप्त, राम विरंजन, मुकेश साह, सुधीर दर, अजय जैतली, संजय कुमार व नयी ऊर्जावान पीढ़ी में शिशिर पाण्डेय, आनन्द जायसवाल, अजीत कुमार राय, समग्र गणेश, अमित, ज्ञानेन्द्र मिश्र, कंचन सिन्हा, रमेश चन्द्र आदि की सक्रिय रूप से उपस्थिति कला के क्षेत्र में दिखाई पड़ती है।

विगत कई वर्षों में कला के क्षेत्र में संतोषजनक गतिविधियां हुई हैं। महात्मा गांधी कला वीथिका और निराला आर्ट गैलरी में निरन्तर गतिविधियों से युवा कलाकारों की एक नई पीढ़ी की पहचान बनी है। प्रदर्शनियों में दर्शकों की उपस्थिति का प्रतिशत भी पहले से निःसन्देह बढ़ा है लेकिन प्रदेश एवं राष्ट्रीय स्तर पर स्थानीय कलाकारों में कुछ अपवादों को छोड़कर प्रतिभागिता उत्साहजनक नहीं है। शहर की कला दीर्घाओं में प्रदर्शनियों की संख्या बढ़ी है। बाहर के चित्रकारों के कार्यों को देखने से धीरे-धीरे माहौल परिवर्तित हो रहा है। विगत पांच वर्षों में त्रिवेणी महोत्सव तथा निराला आर्ट गैलरी के आयोजन में कलाकारों की व्यवस्थित भागीदारी बढ़ी है। अग्रणी चित्रकारों की सक्रियता कम होने से कला चिन्तन एवं प्रयोग कम हो पा रहे हैं। मीडिया की चुनौतियों के मद्देनजर कलाकारों को जागरूक होना पड़ेगा। शहर में सामूहिक रूप से कार्य करने के लिए एक स्टूडियो की नितान्त आवश्यकता है, जहाँ युवा एवं उदीयमान चित्रकार एक साथ नये प्रयोग एवं विमर्श कर सकें।

प्रयाग की ऐतिहासिक संगीत परम्परा एवं विकास

• विद्याधर प्रसाद मिश्र

तीर्थराज प्रयाग कहते ही मानस पटल पर मनोरम दृश्य उभरता है, इलाहाबाद के विशाल किले की भव्य प्राचीर तथा सटे बाँध के नीचे बालुकामय क्षेत्र के तट पर लगे पण्डों के चिह्न युक्त रंग-बिरंगे झण्डों की पृष्ठभूमि में हरित श्याम वर्ण यमुना, गौरवर्ण मण्डल गंगा जी तथा गुप्त सरस्वती का मिलन स्थल पावन संगम जो आदिकाल से करोड़ों जन-जन को आकर्षित कर रहा है। प्रयाग में इस त्रिवेणी के समानांतर साहित्य, संस्कृति तथा कला अनादिकाल से प्रवाहित हो रही है, गुणीजन इससे सुपरिचित हैं। यदि इस त्रिवेणी को लुप्त मानी जाने वाली सरस्वती का अभिव्यक्त-रूप कहा जाय तो अनुचित न होगा। इन तीनों में संगीत कला ऐसी है जो पोथी के साथ वीणा की झंकार के माध्यम से वीणा-वादिनी-सरस्वती के समग्र रूप की अर्चना करती है।

पतितपावनी गंगा की भांति जनमन-रंजन, हरिपदवन्दन, भवभावभंजन संगीत की धारा चिरन्तन काल से न केवल प्रयाग बल्कि पूरे देश को रसाप्लावित करती रही है। यज्ञों की भूमि, ब्रह्मा द्वारा दस हजार, श्रीराम द्वारा सम्पन्न दसाश्वमेघ यज्ञ, ऋषि-मुनियों द्वारा पग-पग पर अग्नि के कारण सामवेद की ऋचाओं के सुस्वर पाठ से सारा वातावरण गूँजता रहा होगा। तत्कालीन पाठ्यक्रम का अनिवार्य अंग होने के कारण ऋषि मुनियों, भरद्वाज आश्रम के ब्रह्मचारियों को संगीत की शिक्षा के कारण प्रारम्भ से वातावरण संगीतमय था। गुप्त हर्षवर्धन साम्राज्य और बौद्धकाल से प्रयाग की संगीत परम्परा समृद्ध रही है। परन्तु क्रमबद्ध एवं ऐतिहासिक प्रामाणिक सामग्री उपलब्ध नहीं है। गत् लगभग तीन सौ वर्षों के विवरण जहाँ-तहाँ मिलते हैं।

कलाकारों को स्थायी संरक्षण, पुरस्कार, सम्मान देने वाली रामपुर, लखनऊ, वाराणसी आदि जैसी संगीत-प्रेमी रियासतों की भाँति प्रयाग में कोई रियासती दरबार नहीं था। अतः यहाँ बाहर से आकर बसने वालों का जमघट नहीं हुआ उल्टे, प्रयाग के प्रतिभा-सम्पन्न कलाकारों को जीविका के लिये अन्य नगरों, रियासतों में जाकर बसना पड़ा। यहाँ मथुरा-वृन्दावन जैसी संगीत-प्रधान उपासना-पद्धति वाले मन्दिरों की संख्या अधिक नहीं रही है। प्रयाग के कलाकारों ने सांस्कृतिक-दूत के रूप में देश के कोने-कोने को आलोकित किया है। इसके साथ प्रयाग के संगीत-प्रेमी पारखी श्रोताओं की महत्वपूर्ण भूमिका ने देश के समस्त व श्रेष्ठ कलाकारों को सदैव आकर्षित किया। यह प्रयाग की राग 'संगीत' परम्परा की अनूठी विशेषता है।

इलाहाबाद की तहसील हँडिया के अन्तर्गत छिनरपुरवा ग्राम में नटवरी कत्थक नृत्य के प्रवर्तक ठाकुर प्रसाद तथा कालिका प्रसाद का जन्म हुआ। जीविका चलाने के लिये ये दोनों क्रमशः लखनऊ और वाराणसी जाकर बस गये। आगे चलकर ठाकुर प्रसाद की परम्परा में पंडित बिन्दादीन, अच्छन्त महराज, शम्भु महराज, लच्छू महराज, बिरजू महराज आदि ने देश में प्रयाग का मान बढ़ाया। इसी प्रकार पंडित सुखदेव महराज को भी हँडिया का मूल निवासी माना जाता है, अपनी जीविका के लिए वह नेपाल और फिर वाराणसी जा कर बस गये, उनकी शिष्य परम्परा में पुत्रियों अलखनन्दा, तारा, सितारा और दौहित्र गोपीकृष्ण ने प्रयाग के महत्वपूर्ण

योगदान को रेखांकित किया। बनारस बाज के प्रवर्तक पंडित राम सहाय के पूर्वजों को प्रयाग का मूल निवासी माना जाता है। उस्ताद अमान अली से सीखने के बाद पंडित जय लाल अपने भाई सुन्दर लाल के साथ जयपुर जा कर बस गये और कत्थक के जयपुर घराने का शुभारम्भ किया। अतः प्रयाग को वर्तमान कत्थक नृत्य की गंगोत्री कहना न अनुचित होगा और न अतिश्योक्तिपूर्ण।

प्रयाग की वाद्य संगीत परम्परा की अनेक शाखाएँ हैं। सरोदिये उस्ताद करामत उल्ला खाँ के तीन शिष्य प्रमुख थे—पुत्र उस्ताद इस्तियाक अहमद, उस्ताद चुन्ने खाँ सितारनेवाज, तथा वायलिन वादक मुनीम जी। उस्ताद चुन्ने खाँ के शिष्यों में सर्वश्री बैजनाथ तथा बनवारी लाल प्रमुख हैं। मुनीम जी के शिष्यों में प्रमुख थे वायलिन कलाकार श्री गगन चन्द्र चटर्जी तथा श्रेष्ठ हारमोनियम वादक कलाकार नीलू बाबू नाम से प्रसिद्ध श्री किरण कुमार मुखर्जी। गगन बाबू के शिष्य श्री श्रीराम स्वर माधुरी में अद्वितीय थे। इसी प्रकार लयकारी में श्री जोई श्रीवास्तव का जवाब नहीं था। नीलू बाबू के लिए कहा जाता था कि हारमोनियम पर अत्यधिक अभ्यास के कारण उनके हाथ की अँगुलियां स्थायी रूप से टेढ़ी हो गयी थीं। हाजी विलायत अली फर्रूखाबादी के पुत्र और शिष्य उस्ताद अमान अली इलाहाबाद में रहने लगे। तबला और कत्थक के आचार्य उस्ताद अमान अली ने पंडित जय लाल और उनके भाई पंडित सुंदर लाल को शिक्षा दी। ये दोनों जयपुर जा कर बस गये और कत्थक के जयपुर घराने का सूत्रपात किया। पंडित जय लाल के शिष्यों पंडित राम गोपाल, सर्व श्री मोहन लाल, सोहन लाल, हरि लाल, श्रीमती झरना साह और सुन्दर लाल की शिष्य परम्परा में दुर्गालाल तथा रोशन कुमारी ने प्रयाग की महत्वपूर्ण भूमिका को रेखांकित किया। इसी प्रकार ठाकुर प्रसाद, कालिका प्रसाद और पण्डित जयपाल के माध्यम से कत्थक के लखनऊ, बनारस तथा जयपुर घरानों के प्रवर्तन का श्रेय प्रयाग की संगीत परम्परा को है। छतरपुर से इलाहाबाद आ कर बस गये ख्याति प्राप्त तबला वादक उस्ताद युसुफ खाँ, उस्ताद अमान अली, पंडित श्याम लाल के पटशिष्य श्री उदयभान किशोर उर्फ प्रोफेसर लाल जी ने अपनी कला साधना और उपलब्धि से प्रयाग की संगीत परम्परा को समृद्ध किया।

नगर के कतिपय भट्ट परिवारों ने प्रयाग की संगीत परम्परा को समृद्ध किया है। दरभंगा दरबार के विख्यात ध्रुपद, धमार गायक पंडित साधोलाल भट्ट के सुपुत्र पंडित गंगादीन भट्ट और पौत्र पंडित भोलानाथ भट्ट ने प्रयाग में रहकर संगीत को महत्वपूर्ण योगदान दिया। भट्ट जी के पास ध्रुपद, धमार, टप्पा, ठुमरी, ख्याल की दुर्लभ बन्दिशों का बड़ा भण्डार था जिसे उन्होंने उस्ताद वजीर खाँ, उस्ताद मिट्ठू खाँ, दतिया के विलास खाँ, मोहिउद्दीन खाँ, भैया गनपत राव से प्राप्त किया था। भोलानाथ जी के अनेक शिष्यों में उल्लेखनीय हैं—श्रीमती मणिक वर्मा, पंडित शंकर लाल मिश्र, पंडित रामाश्रय झा, श्री वी. आर. देवधर, महेश नारायण सक्सेना। भट्ट परिवार के अन्य कलाकारों में तबला वादकों किशोरी महराज, साजित खाँ, राजित राम भट्ट, राधेश्याम भट्ट के नाम लिये जा सकते हैं। श्याम सुंदर भट्ट, पुरुषोत्तम कत्थक की अन्य विधाओं में थे।

पंडित विष्णु दिगम्बर पलुहकर द्वारा संगीत प्रचार तथा प्रेरणा से उनके अनेक शिष्य तथा महाराष्ट्र के अनेक कलाकार संगीत प्रचार, अध्यापन के निमित्त प्रयाग में बस गये और उन्होंने अपनी कला से प्रयाग की धरती को अर्थात् यहाँ की संगीत परम्परा को समृद्ध किया। इनमें उल्लेखनीय हैं—सर्व श्री वी. ए. कशालकर, वी. एन. ठकार, आर. के. पटवर्द्धन, रघुनाथ राव, एकनाथ पंडित, एन. आर. जोशी, बी. एस. पाठक, ग्वालियर घराने के पंडित कृष्णराव गोपाल दाते तथा राजा भैया पूँछ वाले के शिष्य एन. एल. गुणे, सितार एवं सुर बहार वादक एस. आर. मावलंकर। नगर के प्रमुख संगीतज्ञों में उस्ताद इनायत खाँ के शिष्य पंडित गणेश प्रसाद द्विवेदी उल्लेखनीय हैं जो श्रेष्ठ सितार सुरबहार वादक होने के साथ संगीत शास्त्र, हिन्दी साहित्य के जाने माने विद्वान थे। बाँसुरी

वादक पंडित हरिप्रसाद चौरसिया ने देश-विदेश में प्रयाग की संगीत परम्परा का मान बढ़ाया। परम्परा को समृद्ध करने वाले अन्य संगीतज्ञों में सितार वादक अमिलियादीन, तबला वादक पंडित शंकर तिवारी, शकूर खाँ के मित्र गफूर खाँ, उस्ताद वाजिद हुसैन खाँ, किराने के नाटे महमूद खाँ, हबीब खाँ, शहनाई वादक भोलानाथ, सारंगी वादक उस्ताद नजीर खाँ के नाम लिए जा सकते हैं।

प्रयाग की गायकियों में बड़ी राजेश्वरी, शान्ती देवी, रसूलन बाई तथा जानकी बाई को संगीत प्रेमी आज भी याद करते हैं। रसूलन बाई का जन्मस्थान मिरजापुर था परन्तु जीवन का उत्तरार्ध उन्होंने प्रयाग में बिताया। जानकी बाई किसी व्यक्ति द्वारा चाकू से छप्पन घाव झेल लेन के कारण 'छप्पन छुरी' नाम से प्रसिद्ध थीं। उनका जन्म वाराणसी के वरुणापुल मुहल्ले में उन्नीसवीं शताब्दी के मध्य में हुआ था, परन्तु वह इलाहाबाद आ कर बस गयीं। लखनऊ के हस्सू खाँ की शिष्या जानकी बाई ने अपने सुरीले कंठ, मन्त्रमुग्ध करने वाली गायकी तैयारी के कारण अपने समकालीन कलाकारों में न केवल सबसे अधिक सम्मान और लोकप्रियता प्राप्त की बल्कि प्रयाग की समृद्ध परम्परा की पर्याय बन गयीं। हिज मास्टर्स वायस तथा अन्य कम्पनियों ने जानकी बाई के गायन के लगभग 100 रेकार्ड बनाये। प्रत्येक गायन के आरम्भ में 'मेरा नाम जानकी मुकाम इलाहाबाद' बड़े गर्व से रेकार्ड कराती थीं। शायरा होने के कारण अनेक बंदिशें वह स्वयं बनाती थीं। जानकी बाई वास्तव में बेजोड़ थीं।

संगीत के प्रचार-प्रसार-प्रतिष्ठा के प्रति समर्पित तथा संगीत प्रेमी पारखी संभ्रान्त परिवारों और रईसों की बहुलता के कारण प्रयाग की संगीत परम्परा की भूमिका कला-आन्दोलन में निर्णायक रही है। राजदरबारों तथा रईसों की हवेलियों में और शास्त्रीय संगीत, आश्रयदाताओं तथा वैसे ही कलाकारों की विलासिता तथा अश्लीलता में आकंठ डूबा था। जनता के जीवन में संगीत कोठों मुजरों की तवायफों में सिमट गया था। कलाकार का सामान्य प्रचलित अर्थ था—तवायफ, धाड़ी भिरासी, सभ्य समाज के लिए अछूत और उनकी हैसियत फर्शी सलाम बजाने, जी हुजूरी करने वाले अनुचरों, दरबारियों जैसी थी। प्रयाग के संगीत प्रेमियों ने कला एवं कलाकारों को इस दयनीय स्थिति से मुक्त करके सम्मानित स्थान दिलाने का बीड़ा उठाया। इन लोगों ने साप्ताहिक से लेकर विशेष पर्वों अवसरों पर मैहर के उस्ताद अलाउद्दीन खाँ, ग्वालियर के नारायण दामोदर केलकर, दरभंगा के रामेश्वर पाठक, कलकत्ता के करामत उल्ला जैसे संगीतज्ञों की संगीत गोष्ठियों के साथ विशाल सम्मेलनों का क्रम आरम्भ किया।

इन संगीत-सम्मेलनों का उद्देश्य था संगीतज्ञों तथा उनके शिष्यों को संकीर्णता और कूप मण्डूक वृत्ति से मुक्त करके परस्पर मिलने-जुलने, विचार-विमर्श करने, संगीत-प्रेमी समाज से जुड़ने का अवसर देना, सम्भ्रान्त परिवारों, श्रोताओं द्वारा सम्मान दिये जाने से कला तथा कलाकारों की प्रतिष्ठा। अब तक शास्त्रीय संगीत से वंचित समाज को शास्त्रीय संगीत के मूर्धन्य कलाकारों के संगीत का आनन्द लेने का सुअवसर प्रदान करना, संगीत के विद्यार्थियों के सामने श्रेष्ठ कलाकारों द्वारा मॉडल के रूप में संगीत का मंच प्रदर्शन, सम्मेलनों में सुलझे शिक्षित कलाकारों, सम्मानित परिवारों के लड़के-लड़कियों द्वारा मंच पर कला प्रदर्शन से संगीत तथा कलाकारों के सम्बन्ध में भ्रान्ति निवारण। मूर्धन्य कलाकार भी इसी सेवा भाव से यात्रा किराया लेकर आते। सात-आठ दिनों के सम्मेलनों में आरम्भ से अन्त तक उपस्थित रहते। उभरते कलाकारों को दुआ, शाबासी देते। श्रोता ऐसे पारखी कि सात-आठ दिन चलने वाले संगीत-सम्मेलनों में टस से मस नहीं होते।

इलाहाबाद के संगीत सम्मेलन में भाग लेना और यहाँ की वाहवाही का प्रमाणपत्र प्रतिष्ठा का विषय माना जाता था। उस्ताद बिस्मिल्ला खाँ, उस्ताद विलायत खाँ जैसे कलाकारों ने मंचप्रदर्शन इलाहाबाद से प्रारम्भ किया था। जिसे यहाँ कि दुआ और वाह-वाही मिल गयी वह विश्व-प्रसिद्ध कलाकार बन गया। यहाँ का माहौल ही दूसरा था। रईस लोग बड़ी प्रसन्नता से एक-एक, दो-दो संगीतज्ञों

को अपने घर में मेहमान बना लेते। शामियाने पण्डाल वाले मुफ्त में पण्डाल बना देते तो दूसरे प्रकाश-लाउडस्पीकर की व्यवस्था भी कर देते थे। यह सम्मेलन अपने उद्देश्य में पूरी तरह सफल रहे।

संगीत की बढ़ती लोकप्रियता, कला सीखने की उत्कण्ठा को सृजनात्मक रूप देने तथा परम्परागत् उस्ताद शागिर्द पद्धति की व्यावहारिक कठिनाई को देखते हुए मेजर रंजीत सिंह, बैजनाथ सहाय, सत्यानन्द जोशी ने महाशिवरात्रि के दिन 11 फरवरी सन् 1926 को श्रोता क्लब के रूप में प्रयाग संगीत समिति का शुभारम्भ किया।

सन् 1927 में प्रयाग के मुट्ठीगंज स्थित रामप्रसाद बाग में प्रथम सार्वजनिक सम्मेलन सम्पन्न हुआ। पंडित विष्णु दिगम्बर पलुस्कर द्वारा प्रस्तुत आध्यात्मिक एवं राष्ट्रीय भावना प्रधान परिष्कृत संगीत ने जन साधारण में शायद पहली बार संगीत एवं कलाकारों के प्रति श्रद्धा का भाव उत्पन्न किया, यह बहुत बड़ी उपलब्धि थी। सन् 1930 में प्रयाग विश्व विद्यालय में डॉ. डी. आर. भट्टाचार्य के प्रयास से संगीत सम्मेलन आरम्भ हुआ। 28 सितम्बर 1932 ई. से 1 अक्टूबर सन् 1932 द्वितीय तथा सन् 1935 में तीसरा अखिल भारतीय सम्मेलन आयोजित किया गया। क्रमशः 35 तथा 49 मूर्धन्य कलाकारों ने भाग लिया। इन कलाकारों में प्रमुख थे—पंडित ओंकार नाथ ठाकुर, उस्ताद फैयाज़ खाँ, उस्ताद नासिरुद्दीन खाँ, उस्ताद हाफिज अली खाँ, अब्दुल अजीज खाँ, मोहन लाल, बिन्दू खाँ, इनायत खाँ, अच्छन्न महराज, अब्दुल शकूर खाँ, नत्थू खाँ, सखाराम आदि। सन् 1939 से यह सम्मेलन प्रति वर्ष होने लगा।

इधर प्रयाग संगीत समिति भी वार्षिक संगीत सम्मेलन करती थी। सन् 1942 से प्रयाग संगीत समिति द्वारा प्रत्येक दूसरे वर्ष संगीत-सम्मेलन आयोजित किये जाने लगे जिससे एक वर्ष विश्व विद्यालय संगीत सम्मेलन हो और दूसरे वर्ष प्रयाग संगीत समिति की ओर से। बाद में इनका क्रम पुनः वार्षिक हो गया। श्री भट्टाचार्य के पश्चात् विश्व विद्यालय की संगीत परम्परा आगे न चल सकी। प्रयाग संगीत समिति द्वारा आयोजित संगीत सम्मेलनों के सम्बन्ध में सर्व श्री मेजर आर. डी. रंजीत सिंह, बैजनाथ सहाय, सत्यानन्द जोशी, मुंशी कन्हैया लाल, गोपाल जी मेहरोत्रा, रामेश्वर सहाय आदि का नाम सदैव कृतज्ञता पूर्वक स्मरण किया जायेगा। इन्हीं लोगों ने विभिन्न आयु वर्ग के बच्चों के लिए संगीत प्रतियोगिता की वार्षिक परम्परा की शुरुआत की।

सन् 1936 ई. तक यह संगीत सम्मेलन वर्तमान के.पी. इंटर कालेज हॉल, सी.एम.पी. डिग्री कॉलेज हॉल में होते थे। सन् 1936 ई. से प्रयाग संगीत समिति के साउथ मलाका स्थित हॉल में, बाद में आजाद पार्क स्थित मेहता प्रेक्षालय में संगीत सम्मेलन होते रहे। इसी प्रकार विश्वविद्यालय में पहले विजयानगरम् हॉल और फिर सीनेट हॉल में संगीत सम्मेलन आयोजित किये जाते रहे।

संगीत शिक्षा देने के लिए सन् 1928 में विष्णु दिगम्बर एकेडमी ऑफ म्यूजिक आरम्भ की गई, प्रथम प्रधानाचार्य थे—आर. के. पटवर्द्धन। लगभग आठ वर्ष चार कमरों के किराये के भवन में चलने के पश्चात् एकेडमी साउथ मलाका स्थित अपने विशाल भवन में आ गई। सन् 1955 में समिति का चन्द्रशेखर आजाद पार्क में नवीनतम विशाल दो मंजिला भवन, कलात्मक मुक्ताँगन बन कर तैयार हुआ। तीन हजार से अधिक दर्शकों के लिए विशाल कलात्मक मेहता प्रेक्षागृह, संबद्ध दो बड़े हाल, प्रयाग संगीत परम्परा की अनूठी भेंट हैं। अर्थपूर्ण संचालन, पाठ्यक्रम परीक्षा निर्धारण, स्तरीय पाठ्य सामग्री लेखन की दिशा में संगीत समिति ने महत्वपूर्ण योगदान दिया। देश में योग्यता सम्पन्न संगीत-अध्यापकों को तैयार करने का महत्वपूर्ण कार्य संगीत समिति ने किया। इलाहाबाद के संगीत प्रेमियों के प्रभाव और प्रयत्नों से जूनियर कक्षा से लेकर माध्यमिक, स्नातकोत्तर, शोध स्तर तक संगीत को स्वतन्त्र विषय की मान्यता मिली। संगीत समिति ने जूनियर डिप्लोमा, संगीत प्रभाकर (छः वर्षीय) एवं प्रवीण (आठ वर्षीय) के अतिरिक्त संगीत अध्यापन

प्रशिक्षण की भी व्यवस्था की है। इसका अपना पुस्तकालय, कैसेट पुस्तकालय शोध कक्ष है। समिति के क्रमिक विकास में संस्थापकों—स्वर्गीय श्री रामेश्वर सहाय के अतिरिक्त संचालकों सर्वश्री महेश नारायण सक्सेना, बी. ए. कशालकर, प्रो. लालजी तथा रजिस्ट्रार पं. जगदीश नारायण पाठक एवं श्री बनवारी लाल का अपना योगदान रहा है।

आज समिति के 500 से अधिक सम्बद्ध केन्द्र काश्मीर से कन्याकुमारी, गुजरात से आसाम, बंगाल के अतिरिक्त नेपाल, मॉरिशस, इंग्लैण्ड आदि में फैले हैं जिनके 50000 से भी अधिक परीक्षार्थी प्रतिवर्ष परीक्षाएं देते हैं। आज इन्हें आर्थिक सुरक्षा, जीविका के अनेक साधन, अन्य विषयों के बराबर वेतनमान, अन्य सुख सुविधायें प्राप्त हैं उसका अधिकांश श्रेय प्रयाग की समृद्ध एवं समर्पित संगीत परम्परा को है।

स्वतंत्रता आंदोलन का केंद्र एवं इंदिरा गांधी का जन्मस्थल–स्वराज भवन।

पंडित मोतीलाल नेहरू द्वारा राष्ट्र को समर्पित आनंद भवन।

चंद्रशेखर आजाद शहीद स्थल पर स्थापित आजाद की प्रतिमा।

चौक स्थित ऐतिहासिक नीम का पेड़ जहाँ सन् 1857 में अंग्रेजों ने 800 निर्दोष भारतीयों को फांसी पर लटका दिया था।

इलाहाबाद विश्वविद्यालय का विजयनगर हॉल।

प्रयाग संगीत समिति भवन।

अमिताभ बच्चन क्रीड़ा संकुल, पूर्व नाम मेयो हॉल।

महीयसी महादेवी की सृजन भूमि।

नाट्य परम्परा में प्रयाग का योगदान

• शान्ति स्वरूप प्रधान

संसार की किसी भाषा में लिखे साहित्य की शक्ति, उपादेयता और पारदर्शिता को देख कर ही, अक्सर एक वाक्य कहा जाता रहा है 'साहित्य समाज का दर्पण होता है।' अर्थात् किसी भी समाज का सामाजिक, आर्थिक, धार्मिक, राजनैतिक, आध्यात्मिक और सांस्कृतिक स्वरूप अपने असली रूप में, उस के साहित्य के माध्यम से देखा, जाना जा सकता है। साहित्य अर्थात् कहानी, कविता, उपन्यास, आलोचना, समालोचना, संस्मरण आदि। साहित्य की इन विधाओं के लिए, समाज का शिक्षित व प्रबुद्ध होना एक अनिवार्यता हो सकती है, परन्तु साहित्य की जिस विधा के लिए इस प्रकार की, किसी भी अनिवार्यता की आवश्यकता नहीं होती, जो सीधे, समाज के किसी भी वर्ग से जा जुड़ता है, वह 'नाटक' है। इसके लिए केवल एक अंग की अनिवार्यता है—आँख। आँख—जिसमें सुख-दुख, ईर्ष्या-द्वेष, प्रेम-घृणा, ममता-पीड़ा, सुन्दरता-विद्रूपता सबको ग्रहण करने और प्रेषित करने की अपार क्षमता होती है और वह भी बिना कहे-चीखे-चिल्लाए। केवल दृश्य रूप में। आँखों द्वारा देखा गया दृश्य-नाटक। 'नाटक' की उसी अपार शक्ति के संबंध में जयशंकर प्रसाद जी ने सन् 1910 में कहा था कि—"हिन्दी साहित्य का यथार्थ सम्मेलन तभी संभव होगा जब जन समाज उसमें सुख पायेगा और इस लक्ष्य सिद्धि के लिए—नाटक में जितनी शिक्षा हो सकती है, उतनी प्रायः किसी में भी नहीं हो सकती।" और शायद यही कारण है कि हर युग में भारतीय समाज में चाहे नाटक का विकसित स्वरूप रहा हो या न रहा हो परन्तु नाटक का वह रूप अवश्य रहा है जिसे लोक नाट्य की संज्ञा दी जाती है।

भारतीय नाट्य-परम्परा बहुत प्राचीन है। संस्कृत में नाटकों का विकास अपनी चरम सीमा पर था, और इसका प्रत्यक्ष प्रमाण भरतमुनि का नाट्य शास्त्र है। क्योंकि किसी भी साहित्य विधा का शास्त्र तब तक निर्मित नहीं किया जा सकता जब तक वह विधा अपनी चरम सीमा को न छू ले। कालिदास, भवभूति, शूद्रक और ऐसे अनेक नाटककारों के नाम लिए जा सकते हैं जो सदैव नाट्य साहित्य के दीप स्तम्भ बने रहे हैं और बने रहेंगे। और इनकी कृतियाँ 'अभिज्ञान शाकुन्तलम्', 'मृच्छकटिकम्', 'उत्तर रामचरित', 'मालती माधव', 'मालविकाग्नि मित्र' आदि कालजयी रचनाएँ हैं और सदैव रहेंगी।

परन्तु दुख की बात यह है कि हिन्दी में नाटकों की ऐसी कोई परम्परा नहीं मिलती। उसका विकास उपन्यास साहित्य की तरह आधुनिक काल में ही आकर हुआ। उन्नीसवीं शताब्दी में ऐसी परिस्थिति उत्पन्न हो गई थी जो नाटकों के विकास के लिए उपयुक्त थी। कलकत्ता, बम्बई आदि बड़े बड़े शहरों में अंग्रेजी नाटक कम्पनियाँ स्थापित हो गई थीं। उनसे देसी रंगमंच के स्थापित होने में प्रोत्साहन मिला। अंग्रेजी के पठन पाठन के साथ ही भारतीय लेखकों के सामने अंग्रेजी नाट्य साहित्य आया, जिसके आधार पर बंगला में नाटकों का विकास पहले ही हो चुका था। इधर अंग्रेजी विद्वानों ने भारतीयों का ध्यान संस्कृत की ओर आकर्षित किया

जिससे उनके सामने संस्कृत नाटकों का महत्व स्पष्ट हुआ। इसी समय समाज सुधार, धर्म सुधार, राष्ट्रीयता का विकास आदि अनेक प्रवृत्तियों का भी जन्म हुआ जिनमें निहित भावना की अभिव्यक्ति नाटक जैसे सशक्त माध्यम द्वारा ही संभव थी। इन्हीं सब कारणों से नवीन नाट्य साहित्य का जन्म हुआ।

हिन्दी प्रदेश में, बीसवीं शताब्दी के पहले दशक में, पारसी थियेटर हिन्दी रंगमंच के लिए अपनी अप्रत्याशित लोकप्रियता और सफलता के कारण दुर्वह चुनौती बन चुका था। काशी उसका केन्द्र बन रहा था। नाट्य साहित्य के इसी संक्रमण काल में काशी में एक ऐसे कलाकार लेखक और नाटककार या कहें साहित्यकार ने जन्म लिया जिसने न केवल साहित्य की अन्य विधाओं को अपने युग के अन्तर्विरोधों को तोड़ सार्थक दिशा दी वरन् नाटक नाट्य-लेखन और रंगकर्म को समकालीन यथार्थ से जोड़ भारतीय मानस को एक नई दिशा की ओर मोड़ दिया।

इस सर्वतोन्मुखी प्रतिभा का नाम था – भारतेन्दु हरिश्चन्द्र। चाहे भाषा के स्वरूप की बात हो या विषय की, चाहे कहानी की बात हो या कविता की, भारतेन्दु ने उसे समृद्ध करने में कोई कसर नहीं छोड़ी और देश के कोने कोने से लाकर और जाकर हिन्दी लेखक तैयार किए। नाटक को तो न केवल उन्होंने समृद्ध किया वरन रंगकर्म को नव जागरण की प्रक्रिया का अंग बनाकर युग द्रष्टा की प्रतिष्ठा अर्जित की। इसका प्रत्यक्ष प्रमाण है पं. शीतला प्रसाद त्रिपाठी कृत 'जानकी मंगल' नाटक जिसमें भारतेन्दु जी ने अभिनय भी किया था। उनके नाटकों में 'विषस्य विषमौधम', 'चन्द्रावली', 'भारत दुर्दशा', 'नील देवी', 'वैदिकी हिंसा हिंसा न भवति' प्रमुख हैं, परन्तु जिस नाटक को सबसे अधिक ख्याति प्राप्त हुई और कम से कम भारत के लिए जो आज भी प्रासंगिक है वह 'अन्धेर नगरी' है। भारतेन्दु जी के बाद यों तो नाट्य लेखन से देवकी नन्दन त्रिपाठी, दामोदर शास्त्री, प्रताप नारायण मिश्र, ज्वाला प्रसाद मिश्र, बलदेव प्रसाद मिश्र एवं तोताराम वर्मा जैसे अनेक नाटककार जुड़े रहे परन्तु कोई ऐसा व्यक्तित्व नहीं आ पाया जो नाटकों को अपने विचारों की अभिव्यक्ति का साधन बनाता।

आगे का युग अपनी नवीन विचारधारा और स्वतंत्र विकास मार्ग लेकर आया। नाटकों के बाहरी रूप रंग, अवयव विन्यास और आकार प्रकार में भी परिवर्तन हुए। इन परिवर्तनों की पृष्ठभूमि में अधिकतर योरोप के नाटक ही थे जिनके अनुसार नाटकों में वातावरण, समय, स्थान, पात्रों का रूप रंग, वेश भूषा आदि का सूक्ष्म व्योरे के साथ लेखक ही वर्णन कर देता है। प्राचीन स्वगत भाषण की प्रथा उठ चली, पात्रों के भाषण छोटे हुए, उनकी भाषा पर ध्यान दिया गया और इस प्रकार स्वाभाविकता की ओर अधिक दृष्टि रखी गई। नाटकों को छोटा करने की भी प्रवृत्ति चली। सात अंकों से उतर कर पाँच अंकों और अन्त में तीन अंकों में ही नाटक समाप्त होने लगा। परन्तु फिर भी पारसी थियेटर इस समय का ज्वलंत प्रश्न बन चुका था जो बाद में भी रहा और जिसके कारण हिन्दी नाटककार सदा आशंकित रहा। इस विवाद का यह दुष्परिणाम निकला कि रंगमंच के प्रति पूर्वाग्रह भाव बढ़ने लगा।

रंगमंच की इस पृष्ठभूमि में श्री जयशंकर प्रसाद जी ने नाट्य जगत में पदार्पण किया। यद्यपि राधेश्याम कथावाचक आदि ने पारसी नाटक कम्पनियों के लिए नाटक लिखे परन्तु वे साहित्यिक बिल्कुल भी नहीं थे। प्रसाद जी ने जहाँ अपने नाटकों को विशुद्ध साहित्यिक स्वरूप दिया वहीं इतिहास को अपने ढंग से प्रस्तुत करने का प्रयत्न किया। परन्तु, मात्र इतिहास का प्रस्तुतीकरण उनका उद्देश्य नहीं था। वस्तुतः वे इतिहास को परिसंस्कारित कर, उसे माध्यम बना, नाटक को नव जागरण की प्रक्रिया से जोड़ने का प्रयत्न

कर रहे थे, और अपने इस प्रयत्न में पूर्ण रूप से सफल हुए। भारतेन्दु जी ने जिस उद्देश्य से नाटक को अपना माध्यम बनाया था, उनके बाद, प्रसाद और श्री हरिकृष्ण प्रेमी, ये दो ही ऐसे नाटककार दिखाई देते हैं जिन्होंने भारतेन्दु जी के उद्देश्य की पूर्ति अपने नाट्य साहित्य के माध्यम से की। प्रसाद जी भारतेन्दु जी से अत्यधिक प्रभावित थे, क्योंकि नवोत्थान का विकास नाटक और रंगमंच के कारण हुआ, जिसका श्रेय एक ऐसे कलाकार को जाता है जो उन्हीं के नगर, जाति और वर्ग का हो तो ऐसी आत्मीय स्थिति में प्रसाद का भारतेन्दु को निकट पाना अपेक्षित और स्वाभाविक ही है।

जयशंकर प्रसाद और हरिकृष्ण प्रेमी, ये दोनों ही ऐतिहासिक कला की ओर दृष्टि रखकर चले। प्रसाद जी प्राचीन हिन्दू काल के भीतर और प्रेमी जी मुस्लिम काल के भीतर जा, पात्रों को चुन, आधुनिक आदर्शों और भावनाओं को प्रचारित करते रहे और नाटक को सार्थक बनाते रहे। प्रसाद जी मूलतः कवि थे अतः स्वभावतः ही उनके नाटकों में चित्रमयी कल्पना और भावुकता का प्राधान्य रहा। यही कारण है कि उनके पात्रों के सम्भाषण कई स्थानों पर कथोप-कथन मात्र न रह कर आधुनिक गद्य काव्य हो गए। परन्तु प्रेमी जी के नाटकों में ये प्रसाद जी से अधिक नाटकोपयुक्त हैं। वैसे तो प्रसाद जी ने अनेक छोटे बड़े नाटक लिखे पर जिन नाटकों को श्रेष्ठता के अनुसार गिना गया उनमें 'चन्द्रगुप्त', 'स्कन्दगुप्त' और 'ध्रुव स्वामिनी' हैं। और प्रेमी जी के नाटकों में 'रक्षा बंधन' है।

– और फिर प्रयाग –

प्रयाग जो सदैव से अपने विद्रोही और जिज्ञासु चरित्र के कारण अत्यधिक संवेदनशील हो, प्रत्येक स्थिति की संकल्पात्मक संवेदना का वाहक रहा हो, जो राजनीतिक और सामाजिक क्षेत्र में बड़े क्रान्तिकारी निश्चयों का प्रतीक बन उसके बौद्धिक एवं वैचारिक स्तर का अन्वेषी रहा हो, और साहित्य के क्षेत्र में द्विवेदी युग से नयी कविता तक की यात्रा को सहजता, संवेदना और क्रियाशीलता के बल पर काटने का संकल्पी हो – वह प्रयाग, काशी में चल रही नाट्य आन्दोलन की आँधी से कैसे अछूता रह सकता था।

जिस तीव्र अनुभूति के साथ यहाँ राजनीतिक व सामाजिक आन्दोलन संयोजित होते रहे उसी तीव्रता के साथ कला संगीत विज्ञान की आँधी भी आती रही।

काशी में जब भारतेन्दु जी नाट्य आन्दोलन का परचम फहरा हिन्दी जगत की नींद तोड़ने में लगे थे, प्रयाग तब तक अपने समस्त अस्त्रों के साथ उठकर खड़ा हो चुका था, परन्तु तभी नाट्याकाश पर चमकने वाला वह सूर्य अचानक काल के मेघों में विलीन हो गया। साहित्य और विशेषकर नाटक की धरती पर अन्धकार छा गया।

तभी विद्रोही, चुनौतियों को स्वीकारने वाले संस्कारों वाला प्रयाग का युवक तीव्रता से उठ खड़ा हुआ और भारतेन्दु जी द्वारा उठाए नाट्य आन्दोलन के झंडे को थाम आगे बढ़ चला। नवयुवकों के ऐसे ही एक समूह ने यहाँ 1898 ई. में 'राम लीला' नाटक-मण्डली की स्थापना की। इनमें प्रमुख रूप से महादेव भट्ट और एक अत्यधिक प्रतिभावान व्यक्ति माधव शुक्ल सबसे अधिक सक्रिय थे। पं. बाल कृष्ण भट्ट इनके मार्ग दर्शक व प्रेरणा स्रोत थे। इस मण्डली द्वारा खेले गए नाटकों की एक विशेषता अनायास ही उजागर होती थी। और वह था विद्रोही स्वर – वर्तमान अंग्रेजी शासन के प्रति विद्रोह। और साथ ही राजनीतिक स्थितियों पर करारा

व्यंग्य। जिसका प्रत्यक्ष उदाहरण था माधव शुक्ल का नाटक – सिया-स्वयंवर। कल्पना कीजिए उस राजनीतिक वातावरण में यदि धनुष न उठा पाने पर जनक के मुख से राक्षसों और देवताओं को सम्बोधित कर यह वाक्य कहलाया गया हो कि – "इतने भारतीय वीर एक साथ लगे हैं : फिर भी ब्रिटिश कूटनीति के समान कठोर इस शिव धनुष को तोड़ना तो दूर रहा, वीर भारतीय युवक इसे टस से मस भी न कर सके। यह अत्यन्त दुख का विषय है। हाय!'' तो एक ओर भारतीय युवा अन्दर ही अन्दर आहत हुआ होगा और दूसरी ओर ब्रिटिश शासन की आँखों से अंगारे अवश्य निकले होंगे। पर उस विद्रोही मण्डली को इसकी क्या चिन्ता। यह अवश्य देखा गया कि होम रूल के समर्थक नेता एवं मण्डली के संरक्षक हाल छोड़ कर चले गए। इस नाटक की प्रतिक्रिया क्या हुई, इसे श्री शिव पूजन सहाय के इन शब्दों से समझा जा सकता है : "फिर क्या था। आफत मच गई। मालवीय जी महराज उन दिनों पूरे माडरेट थे। उठ खड़े हुए। ड्राप सीन गिरवा दिया गया। भट्ट जी आदि ने उन्हें बहुत समझाया किन्तु वह शान्त न हुए। आखिर उस दृश्य को बन्द ही कर देना पड़ा। फिर भी अभिनेताओं और मण्डली संचालकों का उत्साह कम न हुआ।"

इसके बाद अपने अन्तर्विरोधों के कारण मण्डली निष्क्रिय हो गई। अब आन्दोलन का झण्डा माधव शुक्ल ने अपने हाथ में लिया और 1908 में 'हिन्दी नाट्य समिति' नाम की संस्था को जन्म दिया। इन पर भारतेन्दु जी की शैली और संप्रेषण शक्ति का प्रभाव था अतः इन्होंने सबसे पहले, अपना पहला नाटक श्री राधाकृष्ण दास रचित 'महाराणा प्रताप' खेला और स्वयं महाराणा प्रताप का अभिनय किया। दूसरा नाटक माधव शुक्ल ने अपना लिखा खेला 'महाभारत पूर्वार्ध' और स्वयं भीम का अभिनय भी किया। इस समिति ने 1930 तक कार्य किया और ख्याति अर्जित की।

काशी में 'श्री नागरी नाट्य-कला प्रवर्तक मंडली' के विभाजन के बाद 'भारतेन्दु नाटक मंडली' तथा 'नागरी नाटक मंडली' बनीं। इन दोनों ही मंडलियों ने काशी में स्वस्थ और साहित्यिक नाटकों के मंचन में प्रमुख भूमिका निभाई थी। बिल्कुल वैसी ही भूमिका प्रयाग में 'हिन्दी नाट्य-समिति' निभा रही थी। लेकिन प्रयाग मुख्यतः राजनीतिक आन्दोलनों का केन्द्र था, वातावरण में वह गर्मी थी कि किसी भी संवेदनशील व्यक्ति का उससे बच पाना संभव न था, माधव शुक्ल भी उससे न बच सके, असहयोग आन्दोलन में जेल गए और यह समिति भी 1930 के आसपास समाप्त हो गई।

वास्तव में माधव शुक्ल राष्ट्रीय चेतना को जाग्रत करने के लिए रंगमंच का प्रयोग करना चाहते थे। साथ ही उसके कलात्मक तत्वों को भी सुरक्षित रखना चाहते थे और इस तरह वे सही अर्थों में रंगमंच आन्दोलन को स्वस्थ रूप और दिशा देना चाहते थे। इसके लिए उन्होंने अथक प्रयास भी किया। इलाहाबाद के आसपास के जिलों में जा-जाकर कलाकारों को इकट्ठा करके नाट्य समितियों की स्थापना की। उनकी प्रेरणा से मिर्जापुर, कानपुर, जौनपुर, फतेहपुर आदि में नाट्य मण्डलियाँ बनीं और उन्होंने खूब कार्य किया। परन्तु वास्तव में जिन व्यक्तियों का संरक्षण उस वातावरण में रंगमंच आन्दोलन को बढ़ाने में, शुक्ल जी को मिलना चाहिए था, नहीं मिला। हार कर हिन्दी साहित्य सम्मेलन के माध्यम से पुनः रंगमंच आन्दोलन को जीवित रखने का प्रयत्न किया लेकिन वह भी प्रचार और परीक्षा में इतना डूबा था कि उसके लिए भी यह संभव नहीं हो सका। परिणाम स्वरूप माधव शुक्ल कलकत्ते चले गए और वहाँ 'हिन्दी नाट्य-परिषद' की स्थापना की।

शुक्ल जी स्वयं तो कलकत्ता चले गए परन्तु प्रयाग के रंगमंच आन्दोलन में एक गम्भीर शून्य भर गए। राजनीतिक परिदृश्य तेजी से बदल रहा था, परन्तु एक शब्दहीन अनिश्चितता के साथ। स्वतंत्रता आन्दोलन का कुछ भी परिणाम हो सकता था। ऐसे माहौल में सबसे अधिक सांसत होती है सम्पन्न वर्ग की जो दोनों पाले में पैर रखे होता है। इलाहाबाद के ऐसे ही सम्पन्न वर्ग ने सन् 1939 में 'कल्चर सेंटर' नाम की एक संस्था बनाई जिसमें रंगमंच भी एक अंग था। इस संस्था में श्रीमती सादिका सरन, श्रीमती तेजी बच्चन, गोपाल कौल आदि कई लोग थे। इस संस्था के पास पैसा तथा अन्य सुविधाएँ तो थीं परन्तु वह दृष्टि नहीं थी। और शायद जानबूझ कर वह दृष्टि रखना भी नहीं चाहते थे। इस संस्था ने 'अनारकली' जैसे दो-एक नाटक किए और ढीली पड़ गई। शायद रंगमंच जैसी पथरीली जमीन पर चलने की शक्ति इनके पैरों में न थी।

बंगाली रंगमंच प्रयाग में अवश्य दृढ़ था क्योंकि दुर्गापूजा के अवसर पर मुहल्ले-मुहल्ले नाटकों की धूम रहती थी और कभी कभी इन्हीं मंचों पर हिन्दी के नाटक भी जगह पा जाते थे। 1943 में आदर्श कला मंदिर नाम की एक संस्था का उदय हुआ जिसने अपने नाटकों को अपने समय से जोड़ने का प्रयत्न किया। इसने श्री लक्ष्मीकान्त वर्मा द्वारा लिखित बंगाल के अकाल पर आधारित 'भूख' और 'रात की मंजिल' नाटकों का मंचन प्रयाग-संगीत समिति के हाल में किया। इसके संस्थापकों में रामचन्द्र शुक्ल, अमर वर्मा और अमरेश बनर्जी जैसे विश्वविद्यालय के छात्र अधिक थे। कालान्तर में आर्थिक अभावों के कारण यह संस्था भी शिथिल पड़ गई।

लगभग इसी समय प्रयाग के क्षितिज पर एक और संस्था अपनी पूरी शक्ति के साथ उदित हुई, जिसने 'इप्टा' नाम से प्रसिद्धि पाई। इप्टा अर्थात् 'इण्डियन प्यूपिल्स थियेटर'। इसने 1943 से लेकर 1950 तक रंगमंच आन्दोलन को काफी गतिशील रखा। इसकी समस्त नाट्य प्रस्तुतियाँ सार्थक, सटीक व साफ सुथरी होती थीं। परन्तु रंगमंच आन्दोलन का दुर्भाग्य, कम्युनिस्ट पार्टी के कार्यक्रमों से जुड़े होने के कारण रेखा जैन व नेमिचन्द्र जैन जैसे व्यक्ति इसे अधिक समय तक जीवित न रख सके। इप्टा की ही तर्ज पर प्रयाग के कुछ उत्साही युवकों ने, जो राष्ट्रीय चेतना से ओतप्रोत थे, 'इण्टा' – 'इण्डियन नेशनल थियेटर्स' नाम की संस्था की स्थापना की। यह संस्था 'इप्टा' से भिन्न राष्ट्रीय आवश्यताओं और भारतीय संस्कृति की पृष्ठभूमि में रंगमंच की स्थापना करना चाहती थी। अखिल भारतीय स्तर पर इसके संचालक कमला देवी चट्टोपाध्याय और कर्नल गुप्ते थे। प्रयाग में अमलेन्दु घोष के नेतृत्व में इसकी शाखा ने जन्म लिया, जिसमें सर्वेश्वर दयाल सक्सेना लिखित 'एकालाप' और कुछ अन्य नाटकों का मंचन हुआ।

इप्टा और इण्टा के आन्दोलन 1950 तक प्रयाग में समाप्त हो गए। लेकिन इसी बीच भारतीय इतिहास में एक अभूतपूर्व घटना घट गई जिसने देश का दृश्य ही बदल दिया। इस भारत की पवित्र भूमि पर स्वतन्त्रता का सूर्य अपनी पूरी आद्रता के साथ चमक उठा। फिर क्या था, अनेक कारणों से छुपे दुबके लोग जो अपनी समस्त प्रतिभा के साथ निर्जीव पड़े थे, अचानक सक्रिय हो उठे। नाट्य संस्थाओं की प्रयाग में बाढ़ सी आ गई और वास्तव में यह प्रयाग देश का सांस्कृतिक केन्द्र बन गया।

श्री नेमिचन्द्र जैन ने इप्टा छोड़ ए. एच. व्हीलर के संचालक अनुकूल बनर्जी के साथ मिल एक नई संस्था बनाई और शरत् के उपन्यासों का नाटकीकरण कर उसे प्रस्तुत किया। इन प्रस्तुतियों को सादिका सरन, बिजय बोस, रेखा जैन और गोपाल कौल जैसे कलाकारों ने जीवन्त बनाया।

1950 के आसपास श्री उपेन्द्रनाथ अश्क और विजय बोस ने 'नार्दन इण्डिया थियेटर्स' की स्थापना की और 'अश्क' जी के कई नाटकों का सफल मंचन किया किन्तु शीघ्र ही यह भी शिथिल पड़ गई। 1952 में प्रयाग की साहित्यिक संस्था 'परिमल' के सदस्यों ने पहली बार एक साहित्यिक रंगमंच की कल्पना कर 'परिमल पर्व' के अवसर पर चन्द्रधर शर्मा गुलेरी की कहानी 'उसने कहा था' का मंचन किया। डॉ. धर्मवीर भारती ने इसका नाट्य रूपान्तरण कर इसमें अभिनय भी किया। इसमें केवल साहित्यकारों ने ही भाग लिया जिनमें डॉ. रघुवंश, विजय देव नारायण साही और गोपेश जी थे। इसे प्रयाग विश्वविद्यालय के हाल में खेला गया था। 1955-56 में आकाशवाणी की नाट्य निर्देशिका श्रीमती विमला रैना ने 'रंगशाला' नाम की संस्था की स्थापना की जिसमें प्रायः इन्हीं के लिखे नाटक किए जाते थे। 1957 में इस संस्था ने 'बहादुर शाह जफर' नामक नाटक 1857 की शताब्दी के अवसर पर खेला जिसकी भूरिभूरि प्रशंसा हुई। परन्तु इस संस्था के अन्य नाटक एक सीमित प्रेक्षक वर्ग तक ही सिमट कर रह गए। और इसका कारण था शासन का समर्थन और उसकी योजनाओं का प्रचार स्वर।

साहित्यिक रंगमंच की खोज में लगे परिमल के सदस्यों ने 1955-56 में श्रीमती महादेवी वर्मा की अध्यक्षता में 'रंग वाणी' नाम की संस्था की स्थापना की, जिसके संयोजक डॉ. धर्मवीर भारती थे। श्री बालकृष्ण राव, श्रीमती उमा राव, डॉ. लक्ष्मी नारायण लाल जैसे सदस्यों के होते हुए भी यह संस्था मात्र एक नाटक कर शिथिल हो गई।

संस्थाओं के इस प्रकार उदित और अस्त होने से धीरे-धीरे यह स्पष्ट होने लगा कि इन स्फुट प्रयासों से हिन्दी रंगमंच की स्थापना नहीं होगी। इसके लिए सुनियोजित व्यवस्थित और अनवरत प्रयास की आवश्यकता है। इस दृष्टि से 1956 में विश्वविद्यालय के संगीत विभाग के अध्यक्ष श्री उमाशंकर कोचक की अध्यक्षता में एक नई संस्था 'इलाहाबाद आर्टिस्ट्स एसोसिएशन' की स्थापना हुई और इसकी गतिविधियाँ श्री के. बी. चन्द्रा के निर्देशन में प्रारम्भ हुईं। इस संस्था ने डॉ. लक्ष्मीनारायण लाल, अश्क, श्री जगदीश चन्द्र माथुर और अन्य अनेक हिन्दी नाटककारों के नाटकों के सफल मंचन किए और एक लम्बे समय तक रंगमंच को शक्ति देकर स्थापित करने का प्रयास किया। इसी प्रकार का कार्य एक अन्य संस्था 'श्री आर्ट सेन्टर' ने तब तक किया जब तक दूरदर्शन की आँधी ने उसके पैर उखाड़ नहीं दिए।

सन् 1957 में बड़ी धूमधाम के साथ श्री सुमित्रानन्दन पंत की अध्यक्षता में नाट्य-केन्द्र के नाम से एक और संस्था की स्थापना हुई और डॉ. लक्ष्मीनारायण लाल और उनके दो शिष्यों—जीवन लाल गुप्त और शान्ति स्वरूप प्रधान के सहयोग और प्रयास से पहली बार प्रयाग के लब्ध प्रतिष्ठित साहित्यकारों और लेखकों ने इस संस्था को अपना सहयोग दिया। डॉ. धीरेन्द्र वर्मा, डॉ. राम कुमार वर्मा, डॉ. भारती, डॉ. जगदीश गुप्त, डॉ. रघुवंश, डॉ. सत्यव्रत सिन्हा, डॉ. राम स्वरूप चतुर्वेदी, श्री वाचस्पति पाठक इसके संस्थापक सदस्यों में से थे। हिन्दी रंगमंच को एक दृढ़ आधार देने के उद्देश्य से पहली बार इस संस्था ने नाटक-शिक्षण सम्बन्धी एक विद्यालय चलाने का प्रयास किया। यह संस्था बड़ी आशाओं और कल्पनाओं को लेकर स्थापित की गई थी परन्तु यह लम्बा सफर तय न कर पाई, और दो तीन वर्षों में ही 'सुन्दर रस', 'मृच्छ कटिकम्', 'शारदीया', 'आषाढ़ का एक दिन' और 'इन्द्राणी' जैसे नाटकों का ऐसा मंचन कर खामोश हो गई जिसे वर्षों तक प्रयाग वासियों ने याद रखा। उन्हें आशा बंधी थी कि निश्चय ही यह संस्था हिन्दी रंगमंच को सशक्त कर स्थापित करेगी। लेकिन ऐसा न हुआ।

सन् 1959-60 में 'सेतुमंच' नाम की संस्था ने जन्म लिया। इस संस्था ने 'चन्द्रगुप्त', 'अंधायुग', 'सीमान्त के बादल', 'नीली झील' आदि अनेक नाटक प्रस्तुत किए परन्तु प्रयाग वासियों की निराशा को आशा में परिवर्तित करने में सफल नहीं हुई।

इन्हीं सन् 1960-61 के वर्षों में प्रयाग में कई और नाट्य संस्थाओं ने जन्म लिया और बहुत से नाटकों का मंचन किया जिनमें कुछ नाटकों का प्रदर्शन, प्रस्तुतीकरण, अभिनय, मंच सज्जा आदि की दृष्टि से बहुत अच्छा था, परन्तु रंगमंच आन्दोलन को एक दृढ़ आधार और दिशा देने की दृष्टि का अभाव होने के कारण बहुत समय तक जीवित नहीं रह पायीं। इनमें प्रमुख थी 'इलाहाबाद ड्रैमेटिक क्लब' जो प्रयाग के रंगमंच और आकाशवाणी के अच्छे कलाकार श्री विपिन टंडन और ओ. डी. एम. शर्मा के सहयोग से जन्मी थी। लोक भाषाओं का सहारा ले जन जन तक हिन्दी रंगमंच को ले जाने के उद्देश्य से लोक-रंगमंच नाम से एक संस्था बनी जिसने अवधी और भोजपुरी भाषा में कई नाटक मंचित किए जिसे एक विशिष्ट आंचलिक वर्ग ने बड़े उत्साह से देखा और सराहा। लोक भाषा के कई लेखक भी इस संस्था से सम्बद्ध रहे। कश्यप जी के 'लोहा सिंह' का मंचन भी इसी संस्था ने प्रस्तुत किया। छोटी आयु से ही रंगमंच के प्रति अभिरुचि पैदा कर, रंगमंच को निरन्तरता देने के उद्देश्य से, बच्चों को तैयार करने के लिए 'किशलय मंच' नामक संस्था का निर्माण किया गया जिसने कमलेश्वर का नाटक 'जेब खर्च' और कुछ हितोपदेश की कथाओं का मंचन किया। इसके अतिरिक्त 'कर्मचारी रंगमंच', 'शिक्षक-मंच' नाम की छुटपुट संस्थाएँ जन्मीं पर जीवित न रह पाईं और न कुछ विशेष वातावरण ही बना पाईं। श्रीनरेश मेहता जी ने भी 'अभिनय' नाम की एक संस्था को जन्म दिया और अपना नाटक 'खण्डित यात्राएँ' अभिनीत भी किया, लेकिन इससे आगे कुछ न हो सका। हाँ, इसी समय 'प्रयाग नाट्य-संघ' नाम की एक संस्था श्री श्यामनाथ कक्कड़ जी के सहयोग से स्थापित की गई जिसका उद्देश्य हिन्दी रंगमंच आन्दोलन को गति देने के लिए प्रयाग की नाट्य संस्थाओं को संघबद्ध करना था और रंगमंच आन्दोलन को राष्ट्रीय बनाने के लिए क्षेत्रीय भाषाओं और विभिन्न प्रदेशों के रंगमंच के आदान प्रदान की नियत से नाट्य उत्सवों का निरन्तर आयोजन करना था। इसके तत्वावधान में शेक्सपियर शताब्दी मनाई गई और विश्व 'रंगमंच-दिवस' के अवसर पर 'प्रयाग रंगमंच' और 'सेतुमंच' ने दो नाट्य प्रस्तुतियाँ भी कीं। यह संस्था प्रयाग की गम्भीर चिन्तन के साथ नाट्य आन्दोलन में भागी संस्थाओं को संघ रूप में बाँध तो न सकी पर राष्ट्रीय स्तर पर नाट्य समारोहों का आयोजन अभी तक कर रही है। दृष्टि की कमी के कारण निरन्तर नाट्य समारोह का आयोजन करने के बाद भी यह रंगमंच को दृढ़ भूमि और गति नहीं दे पाई है और नाट्य-समारोह मात्र वार्षिक उत्सव होकर रह गया है जो प्रयाग जैसे संवेदनशील शहर में तनिक भी सिहरन पैदा नहीं कर पाता।

सन् 1960-61 के वर्ष में एक और संस्था ने जन्म लिया, जो काफी लम्बे समय तक प्रयाग में सक्रिय रूप से जीवित रही। जिसने वास्तव में अपने जन्मते ही प्रयाग के रंगमंच को रंगमंच आन्दोलन से जोड़ दिया और प्रयाग की जनता में नाट्य अभिरुचि पैदा कर नाटक को एक स्तर दिया। यह संस्था थी 'प्रयाग रंगमंच'। नाट्य कला, अभिनय, निदेशन, मंच सज्जा, संगठन आदि स्तरों पर तो इस संस्था ने प्रयाग की अन्य संस्थाओं के सामने आदर्श उपस्थित किया ही लेकिन सबसे महत्वपूर्ण चीज, जो एक आन्दोलन के लिए आवश्यक होती है – वैचारिक पक्ष, इसे बड़े ही व्यवस्थित ढंग से रखा। प्रयाग में आन्दोलन का माहौल, इतनी रंगमंचीय गतिविधियों के बाद भी जो नहीं बन पाया था उसका कारण ही था – वैचारिक स्तर पर दृष्टि की कमी – सोच की कमी–दिशाहीनता। इसे

संस्था के संस्थापकों ने भली भाँति काशी और प्रयाग के पिछले रंगमंच आन्दोलन के इतिहास से समझ लिया था।

वैसे तो 'प्रयाग रंगमंच' की स्थापना प्रयाग विश्वविद्यालय के रसायन विभाग के प्रोफेसर—डॉ. कृष्ण बहादुर की अध्यक्षता में हुई थी, परन्तु इस संस्था की परिकल्पना मुख्य रूप से हिन्दुस्तानी एकेडमी के मुख्य सचिव डॉ. सत्यव्रत सिन्हा ने अपने प्रमुख सहयोगियों डॉ. जीवन लाल गुप्त, शान्ति स्वरूप प्रधान, राम चन्द्र गुप्त, जगदीश जायसवाल, राम बाबू अग्रवाल और श्री राजाराम सिंह के सहयोग और गम्भीर विचार के बाद की थी। वास्तव में इन में से अधिकतर लोग 'नाट्य केन्द्र' से जुड़े थे और यह कहना गलत न होगा कि डॉ. लक्ष्मीनारायण लाल का नाम ऊपर के नामों के साथ जोड़ दिया जाय तो यह 'प्रयाग रंगमंच' नहीं 'नाट्य केन्द्र' हो जाता है।

'प्रयाग रंगमंच' के इन संचालकों के सामने संस्था को चलाने का उद्देश्य बिल्कुल स्पष्ट था—हिन्दी रंगमंच की स्थापना। बिल्कुल महाराष्ट्र के मराठी रंगमंच और बगांल के 'बंगला रंगमंच' की तरह। इस के लिए दो आयामों पर कार्य करना आवश्यक था — दर्शक तैयार करना और इस प्रकार के अनुशासित कलाकार तैयार करना जो रंगमंच को स्वयं की उन्नति का सोपान मात्र समझ रंगमंच से न जुड़ें। रंगमंच के पिछले इतिहास से एक बात और उनके सामने स्पष्ट हो गई थी कि यदि हिन्दी रंगमंच को 'आन्दोलन' के स्तर पर ग्रहण करना है, तो जैसे किसी भी आन्दोलन के लिए कर्मठ, त्यागी, दृढ़ निश्चयी और निस्वार्थी कार्यकर्ता की आवश्यकता होती है वैसे ही कर्मठ, त्यागी, निस्वार्थी और प्रबुद्ध कार्यकर्ताओं को हमें रंगमंच के लिए भी तैयार करना है। हमें कार्यकर्ता चाहिए—कलाकार या साहित्यकारों का समूह नहीं। और यह कार्य 'प्रयाग रंगमंच' ने बड़े व्यवस्थित ढंग से किया। कलाकारों को नहीं, अपनी संस्था से जुड़े कार्यकर्ताओं को 'संस्कार' दिए, दिशा दी, भारतीय रंगमंच और पाश्चात्य रंग परम्पराओं का ज्ञान दिया। इसके लिए एक नाट्य लाइब्रेरी की व्यवस्था की, जिसमें नियमित पुस्तकों का क्रय किया गया और हिन्दी तथा अन्य भाषाओं के नाटकों का संचय कर पठन पाठन की व्यवस्था की। नाट्य समारोह और विचार गोष्ठियाँ कीं। सन् 1961 में जन्मी इस संस्था से जुड़े इसके संचालकों की हिन्दी रंगमंच आन्दोलन के लिए 'व्यक्ति निर्माण' के प्रति निष्ठा और प्रतिबद्धता का अनुमान इससे सहज ही लगाया जा सकता है कि सन् 1961 से लेकर सन् 1980 तक मंचित इनके नाटकों की स्मारिका में चाहे संस्था का उद्देश्य, उपलब्धियाँ, योजनाएँ शीर्षक से कुछ भी लिखा गया हो या न लिखा गया हो परन्तु 'प्रस्तुति स्तम्भ' में यह अवश्य लिखा जाता था :

"किन्तु कैसी विडम्बना है यह कि ऐसे तमाम आयोजनों के पीछे जिन हाथों, जिन प्रतिभाओं का श्रम लगा होता है, वे व्यक्ति (कार्यकता) प्रेक्षकों द्वारा न तो सराहना पाते हैं और न ही जाने जाते हैं। जबकि मंच के पीछे कार्यरत ये रंगकर्मी ही सफलता के वास्तविक स्तम्भ होते हैं....... संस्था के ये स्तम्भ, नाटक का पूर्वाभ्यास आरंभ होने के पहले से लेकर नाटक समाप्त हो जाने के बाद तक, सतत् एकजुट होकर लगे रहते हैं — उत्साहपूर्वक अपने-अपने दायित्वों को निवाहने में — ताकि संस्था का सफलता का भव्य प्रासाद खड़ा हो सके।"

'आन्दोलन के लिए निष्ठावान कार्यकर्ता के महत्व' का इससे अच्छा उदाहरण क्या हो सकता है, और ऐसी संस्था को अपने उद्देश्य तक पहुँचने से कौन रोक सकता है। नाट्य प्रस्तुतियों के समय नाट्य चयन, पात्र चयन, निदेशक चयन और प्रस्तुति से सम्बंधित अन्य कार्यों के लिए व्यक्तियों के चयन की जो प्रणाली इस संस्था ने अपनाई थी, वह अपने ही समय की अन्य संस्थाओं के

लिए आदर्श बन गई थी। प्रख्यात साहित्यकार श्री लक्ष्मीकान्त वर्मा ने इस संस्था की कार्यप्रणाली के सम्बन्ध में इन शब्दों में अपने विचार व्यक्त किए हैं – "अल्पकाल ही में इस संस्था ने अपने संगठन और प्रस्तुतीकरण की कुशलता से हिन्दी रंगमंच आन्दोलन को दृढ़ किया है।" दर्शक तैयार करने के लिए इसने लगभग पाँच सौ प्रेक्षक सदस्य तैयार किए और इसी के आसपास 'साधारण सदस्य'। इस संस्था ने अपनी नाट्य प्रस्तुतियाँ वैसे तो आफीसर्स ट्रेनिंग स्कूल के हाल, संगीत समिति, सी. ए. वी. कालेज हाल आदि में भी कीं परन्तु अपने अधिक नाटक सिविल लाइन्स के पैलेस थियेटर के मंच पर किए। इस संस्था ने अपने लगभग बीस वर्ष के जीवन काल में तैंतीस नाटकों के त्रेसठ प्रदर्शन किए, जिन में गोरा, कस्तूरी मृग, तीन अपाहिज, प्रेम तेरा रंग कैसा, लहरों के राजहंस, पहला राजा, काँच के खिलौने, पंछी ऐसे आते हैं, गोडो के इन्तजार में, अंधेर नगरी और सखाराम वाइण्डर, कुछ ऐसे नाटक हैं जिन्हें प्रयाग की रंग प्रेमी जनता इनके प्रस्तुतीकरण, रंग सज्जा, निदेशन और अर्थवत्ता के कारण काफी समय तक भूल नहीं पाई और पुराने रंगकर्मियों के मस्तिष्क में आज भी कौंध जाती है। परन्तु नियति का खेल, देश में 'आपात् काल' घोषित हो गया और तत्कालीन राजनीति की चपेट में आ इस संस्था के संस्थापक, उपाध्यक्ष, अभिनेता, निदेशक, नाटककार और समग्रता में हिन्दी रंगमंच आन्दोलन के लिए समर्पित रंगकर्मी डॉ. सत्यव्रत सिन्हा मीसा की बलिवेदी पर चढ़ा दिए गए और 7 नवम्बर 1976 को हिन्दी रंगमंच आन्दोलन के यज्ञ में उन्होंने अपनी पूर्णाहुति दे दी।

डॉ. सत्यव्रत सिन्हा की मृत्यु ने प्रयाग के रंगमंच आन्दोलन की कमर तोड़ दी। 'प्रयाग रंगमंच' के शेष कार्यकर्ताओं ने कुछ समय तक आन्दोलन की पताका को थामे रहने का प्रयत्न किया भी लेकिन उचित व्यक्तियों के अभाव में अधिक समय तक उठाए न रख सके। अन्ततः यह भी निष्क्रिय हो गई। इसके अन्य, शेष कार्यकर्ता और अनुशासन के आदी रंगकर्मी फिर अपने को प्रयाग की छोटी मोटी संस्थाओं से जोड़ नहीं पाए। एक प्रकार से प्रयाग का रंगमंच आन्दोलन 'प्रयाग रंगमंच' के साथ ही समाप्त हो गया।

प्रयाग की नाट्य परम्परा और रंगकर्म के लिए अस्सी का दशक अत्यधिक घातक सिद्ध हुआ। 1980 और उसके आगे के भी दो एक वर्षों में नाट्य आन्दोलन का वातावरण भले ही समाप्त हो गया हो पर नाट्य कर्म समाप्त नहीं हुआ था। हिन्दी के छोटे मोटे नाटक शौकिया स्तर पर छोटे छोटे समूह करते रहते थे जिनका उद्देश्य अपने कलाकार को उजागर कर शान्त करना था। हाँ, बंगला मंच से अवश्य कुछ जरूरी प्रस्तुतियाँ देखने को मिल जाती थीं। निरन्तरता की दृष्टि से प्रयाग नाट्य संघ अभी भी अपने नाट्य-समारोह को नियमित रूप से कर रहा था और थोड़े समय के लिए ही सही, पर प्रयाग नगर में रंग कर्म की गर्मी पैदा कर ही जाता था।

प्रयाग के रंगकर्म को सबसे अधिक आघात पहुँचाया 1983 में दूरदर्शन के प्रवेश ने। अधिक श्रम और धन खर्च कर रंगशाला तक आकर नाटक देखने वाला दर्शक वर्ग घरों में दुबक गया और पैर फैलाकर, मूँगफली चबाते हुए, टी. वी. के सामने बैठना, उसे अधिक भाया। उधर सरकार की ओर से खुले सांस्कृतिक केन्द्र ने नाटक के बदले पैसे देने का, जो खून रंगकर्मियों के मुँह लगाया, तो सारा रंगकर्म केन्द्र की चारदीवारी में सिमट कर रह गया। शहर के मंच और प्रेक्षागृह सूने हो गए। और आज भी सूने पड़े, दर्शक और रंगकर्मी की बाट जोह रहे हैं – कि शायद कभी लौटें ये लोग.....

.....और मुझे विश्वास है कि लौटेंगे ये लोग.....

प्रयाग के रोचक खेल

• धनंजय चोपड़ा

प्रयाग की धरती में न जाने क्या बात है कि जीवन का हर पहलू यहाँ अत्यन्त सहजता के साथ उपलब्ध होता नजर आता है। इस धरती पर गंगा, यमुना और सरस्वती का ही संगम नहीं होता, बल्कि भाषा, साहित्य, संस्कृति, कला, राजनीति और सामाजिक चिंतन की कई-कई धाराओं का संगम भी यहाँ उपलब्ध है। सच तो यह है कि जिस धरती पर विश्व का सबसे बड़ा धार्मिक-सांस्कृतिक मेला 'कुम्भ' आयोजित होता हो, वहाँ कुछ छूटा रह जाये यह असम्भव है।

यह कहना भी गलत न होगा कि यहाँ पग-पग पर रचनायें हैं, तो कण-कण में रोचकता रची-बसी है। परम्पराओं के इस शहर में सब कुछ गंगा-यमुना की कल-कल छल-छल की तरह निरंतरता लिए हुए है। यह बात और है कि प्रयाग की चर्चा करते समय यहाँ की साहित्यिक, सांस्कृतिक और राजनीतिक संचेतनायें ही उभर कर सामने आती हैं और 'बहुत कुछ' बिना चर्चा के ही छूटा रह जाता है। ऐसा ही हुआ है प्रयाग के परम्परागत खेलों के साथ, जिन पर शायद ही कभी विस्तृत चर्चा हुई है।

हो सकता है प्रयाग के परम्परागत खेल देश में किसी अन्य भाग में भी खेले जाते हों। लेकिन जितनी रोचकता इन खेलों में यहाँ की धरती पर आती है शायद ही और कहीं आती हो। कुछ खेल प्रयाग के अपने हैं तो कुछ यहाँ आकर यहीं रच-बस गये। सृजनशील प्रयागवासियों ने अपनी गंगा-जमुनी संस्कृति के अनुसार इन खेलों को ढाला और नये ढंग से विकसित किया। प्रयाग के इन रोचक-रोमांचक खेलों में शारीरिक, मानसिक विकास के साथ-साथ सामाजिक सौहार्द्र को मजबूत करने की व्यवस्थायें भी की गयीं। यही वजह है कि ये खेल हार-जीत की तर्ज पर नहीं बल्कि शुद्ध मनोरंजन पाने की ललक के साथ खेले जाते हैं।

प्रयाग के रोचक व परम्परागत खेलों में कुश्ती, पतंगबाजी, कबूतरबाजी, बुलबुल लड़ाना आदि शामिल हैं। इन खेलों में हर आयु वर्ग के लोग भाग लेते हैं। कुछ ऐसे खेल भी प्रयाग की पहचान हैं, जिन्हें बच्चों की मानसिक क्षमता के विकास को ध्यान में रखकर विकसित किया गया। इन खेलों में किल-किल-काटा, गिल्ली डण्डा, गुट्टी फुड़ौव्वल और कंचों के विभिन्न खेल शामिल हैं। लगभग इन सभी खेलों की प्रतियोगितायें यहाँ आयोजित होती रहती हैं और यही वजह है कि साहित्यिक और सांस्कृतिक संस्थाओं के साथ-साथ प्रयाग में खेलकूद की बहुत पुरानी-पुरानी संस्थाओं की भरमार है। इनमें से कई तो अपने 100 वर्ष भी पूरे कर चुकी हैं।

एक समय था जब प्रयाग ने देश को कई चोटी के पहलवान दिये। यहाँ के नादिर पहलवान, महेश पहलवान, बच्चू पहलवान, छेदी पहलवान, चुलबुलिया पहलवान, जानी पहलवान, विद्यासागर पहलवान, मुस्तफा पहलवान आदि ने न केवल राष्ट्रीय स्तर पर अपनी पहचान बनायी बल्कि कुश्ती विद्या को निरन्तर विकसित करने और उसे दिशा देने का भी दायित्व निभाया। इस क्रम में भोला पहलवान, कन्ने पहलवान, राम खिलावन गुरू, भोंदू पहलवान, के.पी. राय, रामजी पाठक, अंजनी राय, बच्चई व नरोत्तम आदि पहलवानों और उनके द्वारा कुश्ती में स्थापित कीर्तिमानों को भी भुलाया नहीं जा सकता।

एक समय ऐसा भी था कि शहर के लगभग हर प्रमुख मोहल्ले में एक अखाड़ा था। इन अखाड़ों को स्वयं पहलवान ही विकसित करते थे और संचालित करते थे। यही वजह है कि अधिकतर अखाड़ों का नाम उसकी स्थापना करने वाले पहलवान या फिर अखाड़ा संचालित करने वाले पहलवान के नाम पर हुआ करता था। इन अखाड़ों में पंचमुखी स्थित महेश पहलवान का अखाड़ा, कल्याणी देवी स्थित केदार गुरू का अखाड़ा, शीशमहल स्थित नब्बू पहलवान व चट्टू पहलवान का अखाड़ा, सुलेम सराय स्थित नादिर पहलवान का अखाड़ा, भारद्वाज आश्रम स्थित वीरनाथ का अखाड़ा, लोकनाथ स्थित लोकनाथ व्यायामशाला, कटरा स्थित रियाज पहलवान का अखाड़ा, खलीफा मण्डी स्थित साधो पहलवान का अखाड़ा, त्रिपोलिया स्थित सीताराम का अखाड़ा, घुस्सा स्थित मियां जी का अखाड़ा, स्टेशन स्थित बड़ा अखाड़ा, दारागंज स्थित गौरीशंकर पहलवान का अखाड़ा, कीडगंज स्थित ननकू पहलवान का अखाड़ा प्रमुख हैं। कई व्यायामशालायें भी संचालित की जाती रहीं। आज इन अखाड़ों में से कुछ तो अपना अस्तित्व बखूबी बचाये हुए हैं, जबकि बहुतेरे जीर्ण शीर्ण हो चुके हैं। अखाड़ों का स्थान जिमनेजियम क्लब ले रहे हैं।

प्रयाग के रोचक खेलों में कबूतरबाजी का स्थान भी प्रमुख है। आज भी शहर के पुराने इलाकों के कई घरों में छतों पर कबूतर के अड्डे देखे जा सकते हैं। हालांकि इलाहाबाद में कबूतरबाजी का कोई बुना-बुनाया इतिहास तो नहीं है, लेकिन इतना तय है कि यह खेल मुगल काल में यहाँ पहुँचा। पुराने कबूतरबाजों से जो कुछ पता चलता है, उसके अनुसार इस खेल को नवाबों ने शुरू किया था। यहाँ संगम के तट पर विशाल भूखण्ड पर नवाबी शान शौकत के डेरे डलते थे और कबूतर रेस हुआ करती थी। इस रेस के दौरान संगम तट पर कबूतर उड़ा दिये जाते थे और देखा जाता था कि किसका कबूतर देर तक उड़ान पर रहता है। इलाहाबाद के एक अज्ञात अंग्रेज अफसर की भी चर्चा कबूतरबाज करते हैं, जिसने एक बार इलाहाबाद में पिजन फ्लाइंग स्पोर्ट्स के नाम से आयोजन किया था।

वर्तमान में प्रयाग की धरती पर कई संस्थायें कबूतरबाजी को समर्पित हैं। इनमें सबसे प्रमुख पूर्वांचल पिजेन फ्लाइंग क्लब है, जिसकी स्थापना 1983 में प्रख्यात कबूतरबाज देवाशीष मुखर्जी उर्फ देबू दादा ने की थी। इससे पहले कबूतर उड़ान पर बाजी लगाने की प्रथा इस शहर में महज निजी स्तर पर थी। लोग असंगठित थे और सुविधानुसार कबूतरबाजी का आनंद उठाते थे। देबू दादा ने उक्त क्लब की स्थापना कर कबूतरबाजों को संगठित करने का प्रयास किया। देबू दादा ने 1968 में आल इण्डिया पिजन फ्लाइंग क्लब की स्थापना में भी महत्वपूर्ण भूमिका निभाई थी। आज शहर में बहुत से पण्डे परिवार भी कबूतरबाजी में बढ़-चढ़ कर हिस्सा लेते हैं। मुस्लिम समुदाय ने तो खेल को विरासत समझकर अपना रखा है।

कबूतर उड़ान प्रतियोगिता का आयोजन वर्ष में दो बार होता है। एक बार मई में और दूसरी बार नवम्बर में। ऐसा माना जाता है कि इन माह में कबूतर सबसे अधिक स्वस्थ रहते हैं। कबूतरबाज वर्ष भर कबूतरों को इस उड़ान प्रतियोगिता के लिये तैयार करते रहते हैं। कबूतरों के लिये विशेष भोजन तैयार किया जाता है। सऊदी अरब से एक विशेष प्रकार की अकरहा नामक लकड़ी मंगायी जाती है और उसे कबूतरों को चुगाया जाता है। इसी तरह कबूतरों को फिटकरी एवं पोटेशियम परमैगनेट को पानी में मिलाकर नहलाया जाता है। यह मिश्रण इन्हें रोग व गंदगी से बचाता है। कबूतरों की किस्में इस उड़ान खेल में मायने रखती हैं। इन किस्मों में काला, सफेद व सुर्ख प्रमुख हैं। इन किस्मों के क्रास से कई अन्य किस्में भी प्रचलन में आयी हैं। इनमें छपका, कलमुहाँ, जालदार, अंवरसिरा, ताजदार, लक्का, लोटन और शिराजी प्रमुख हैं।

कबूतरबाजों का कहना है कि कबूतर पालना और उनकी उड़ान के खेल में भाग लेना स्वास्थ्य की दृष्टि से अत्यन्त महत्वपूर्ण है। कबूतरबाजों को न तो कभी लकवा मारता है और न ही उनकी आँख जल्दी खराब होती है। यहाँ तक कि कई खराब आँख वालों की कबूतरबाजी के चलते आँखें भी ठीक हो जाती हैं।

पतंगबाजी भी प्रयाग के खेलों में महत्वपूर्ण है। यहाँ पतंग वर्ष भर उड़ायी जाती है। बदी, यानी प्रतियोगिताओं का भी आयोजन वर्ष भर चलता रहता है। ऐसा माना जाता है कि पतंगों को उड़ाने का शौक यहाँ मुगल शासन के पहले से ही था लेकिन इसे विस्तार मुगल शासन काल में मिला। प्रयाग में पतंगें लखनऊ, मुरादाबाद व कलकत्ता से बनकर आती हैं लेकिन यहाँ उन्हें स्थानीय नाम दे दिया जाता है। मसलन चाँदतारा, छुरीबाज, द्विबाज, तौकिया, मत्थेदारा, कलीदारा, अधरंगा व परपदार प्रमुख हैं। प्रयाग में भी अब पतंगें बननी शुरू हो गयी हैं। संतोष, बच्चे भाई, शमीम और छोटे कई पतंगबाज 30-30 वर्ष से पतंग बनाने का काम कर रहे हैं।

यूं तो लगभग पूरे वर्ष यहाँ पतंगें आसमान में कुलांचें मारती देखी जा सकती हैं, लेकिन मकर संक्रांति, बसन्त, होली, दशहरा, दीवाली, बड़ा दिन आदि त्योहारों पर लोग बढ़-चढ़ कर पतंगें उड़ाते हैं। शहर में अब स्थानीय व राष्ट्रीय स्तर की पतंगबाजी प्रतियोगितायें भी आयोजित होने लगी हैं। 1979 में सालिग्राम काइट क्लब के तत्वावधान में एक राष्ट्रीय स्तर का पतंगबाजी टूर्नामेंट आयोजित किया गया था। वास्तव में अब शहर के पतंगबाज संगठन बना कर अत्यंत तैयारी के साथ पतंगबाजी की प्रतियोगिताओं में देश-विदेश में भाग लेने जाते हैं। इस समय शहर में सालिग्राम काइट क्लब चौक, इलाहाबाद काइट एसोसिएशन, नेशनल काइट क्लब, यंग काइट क्लब, कल्याणी काइट क्लब, डायमण्ड काइट क्लब, रॉयल चैलेंज काइट क्लब, टाइगर काइट क्लब, स्टार काइट क्लब, महावीर काइट क्लब आदि संस्थायें सक्रिय रूप से पतंगबाजी से जुड़ी हुई हैं।

पतंग उड़ाना, पेंच लड़ाना और कटी पतंग लूटना यह अत्यन्त रोमांचकारी होता है। सब कुछ तकनीकी पर आधारित भी होता है। नियम-कानून भी लागू होते हैं और खेल के अनुशासन भी। मसलन पतंग कटने पर मांझा लूट लिया जाता है और सद्दी पतंगबाज को लौटा दी जाती है। प्रयाग के जिन पतंगबाजों ने देश विदेश में नाम रौशन किया है उनमें मोती बाबू कपूर, हीरा लाल सेठ, प्रताप बाबू जैन, स्वराज बाबू, मुशर्रफ, जुल्ले, विंध्यवासिन प्रसाद ओझा, के.के. भार्गव, जगदीश प्रसाद वर्मा, आजाद उस्ताद, दीपू खन्ना, राजेश मिश्र, राज नारायण कपूर आदि प्रमुख हैं।

प्रयाग में बटेरबाजी, बुलबुल लड़ाना, तीतर लड़ाना और मुर्गा लड़ाना भी रोचक खेलों में शामिल है। यहाँ पुराने मोहल्लों में हाथ में अड्डा लिये और कंधे पर बुलबुल बैठाये लोग मिल जाते हैं। बुलबुलों को भूखा रखकर लड़ाने की परम्परा है। बुलबुल लड़ाने की कई प्रतियोगितायें भी आयोजित होती हैं। लोकनाथ व्यायामशाला और सत्ती चौरा स्थित मुरारी धर्मशाला में आज भी राष्ट्रीय स्तर की प्रतियोगितायें हो रही हैं। बादशाहपुर व प्रतापगढ़ में भी बुलबुल लड़ाने के प्रतिष्ठित टूर्नामेंट होते हैं। ये प्रतियोगितायें जाड़े के दिनों में खासकर दीपावली से लेकर 26 जनवरी तक के दिनों में आयोजित होती हैं। ऐसा माना जाता है कि इस समय बुलबुल मद में होती है और काफी मजबूती से सामने वाली बुलबुल को टक्कर देती है। बटेर, तीतर और मुर्गा लड़ाना अब बीते समय की बात होती जा रही है। अब इन चिड़ियों को पालने वाले भी कम हैं और ये चिड़ियाँ भी दिखनी कम हो गयी हैं। हाँ मुर्गा जरूर दिखता है लेकिन मुर्गों की लड़ाई की परम्परा समाप्त प्राय है। इक्का-दुक्का लोग शौकिया मुर्गा लड़ाई का आनन्द प्राप्त करते दिखते हैं।

प्रयाग में बच्चों के लिये भी कई परम्परागत खेल अलग से रहे, जिनमें बड़ों का दखल नहीं के बराबर रहा। इन खेलों में किलकिल काटा, गिल्ली डण्डा, गुट्टी फुड़ौव्वल और कंचों के विभिन्न खेल शामिल हैं। हालांकि गिल्ली डण्डा, गुट्टी फुड़ौव्वल और कंचों के खेल अन्य शहरों में किसी न किसी रूप में मिल ही जाते हैं लेकिन किलकिल काटा प्रयाग का अपना परम्परागत खेल है।

किलकिल काटा बच्चों में गणितीय क्षमता बढ़ाने वाला खेल होता है। इसमें दो टीम बनती हैं। खिलाड़ियों की कोई निश्चित संख्या नहीं होती। प्रत्येक टीम का क्षेत्र निर्धारित कर दिया जाता है। दोनों टीम अपने-अपने क्षेत्र में कागज पर या फिर पत्थरों पर अधिक से अधिक छोटी-छोटी लकीरें खींच कर छिपा देते हैं। एक समय के बाद विपक्षी टीमें एक दूसरे की लकीरों वाले कागज और पत्थर को खोजती हैं। जिसे खोजा नहीं जा पाता उसे निकाल कर लकीरें गिनी जाती हैं। जिस भी टीम के पक्ष में ज्यादा लकीरें निकलती हैं, उसे विजयी घोषित किया जाता है। यह खेल न केवल सस्ता है बल्कि मानसिक क्षमता को बढ़ाने वाला भी है। दुर्भाग्य यह है कि यह खेल अब लुप्त होता जा रहा है। न तो इस खेल की कोई प्रतियोगिता ही आयोजित होती है और न इसे बच्चों में बढ़ावा दिया जाता है।

प्रयाग ऐसा शहर है, जिसने परिवर्तन को सहर्ष स्वीकार किया है। यही वजह है कि यहाँ परम्परागत खेलों के साथ-साथ आधुनिक खेलों का भी विकास हुआ। अंग्रेज अफसरों ने न केवल इन खेलों को यहाँ उपलब्ध कराया बल्कि सुविधायें भी मुहैय्या करायीं। यहाँ खेल का प्रसिद्ध स्थान मेयो हाल, जिसका नया नाम अमिताभ बच्चन क्रीडा संकुल है, अंग्रेज अधिकारी लार्ड मेयो की स्मृति में उसकी पत्नी ने बनवाया था। आज से लगभग दो सौ वर्ष पूर्व बना मेयो हाल विश्व के सबसे बड़े इंडोर स्टेडियम के रूप में माना जाता है। यहाँ आजकल सात खेलों का प्रशिक्षण दिया जाता है। इनमें बैडमिंटन, जिमनास्टिक, टेबुल टेनिस, वालीबाल, स्क्वैस, लान टेनिस और हॉकी खेल शामिल हैं। 80 के दशक में यहाँ अन्तर्राष्ट्रीय जिमनास्टिक खिलाड़ी डॉ. यू. के. मिश्र की पहल पर ब्वायज हाई स्कूल के प्रांगण में विश्व मानकों पर आधारित जिम्नास्टिक हाल बनाया गया। इस हाल में दक्षेस देशों की जिम्नास्टिक प्रतियोगिता का आयोजन भी हो चुका है।

यही नहीं, शहर में मदन मोहन मालवीय स्टेडियम में क्षेत्रीय क्रीडा अधिकारी का कार्यालय है, जहाँ से खेल-कूद की अनेकों गतिविधियाँ संचालित होती हैं। विश्वविद्यालय स्थित म्योर सेंटर कालेज मैदान भी खेलकूद की गतिविधियों का केन्द्र बना रहता है। वर्तमान में क्रिकेट, बैडमिंटन, ब्रिज, हॉकी, फुटबाल, कैरम, स्क्वैस तथा कई अन्य खेलों से जुड़े दर्जनों संगठन हैं, जो समय-समय पर स्थानीय व राष्ट्रीय स्तर के टूर्नामेण्ट आयोजित करते रहते हैं। जल क्रीडा की व्यवस्थायें भी यहाँ उपलब्ध हैं। इलाहाबाद विकास प्राधिकरण द्वारा यमुना तट पर स्थित सरस्वती घाट पर बोट क्लब की स्थापना की गयी है। यहाँ कई राष्ट्रीय अन्तर्राष्ट्रीय स्तर की प्रतियोगितायें भी आयोजित की जा चुकी हैं।

भविष्य में प्रयाग यानी इलाहाबाद का नाम विश्व के खेल नक्शे पर स्थायी रूप से आने वाला है। यहाँ झलवा नामक स्थान पर 30 एकड़ भूमि पर खेलगांव स्थापित किया जा रहा है। इस खेलगांव में नेशलन स्पोर्ट्स एकेडेमी स्थापित की गयी है। साथ ही यहाँ तीन करोड़ रुपये की लागत से इन्डोर जिमनास्टिक हाल निर्मित हो रहा है। यह हाल ओलम्पिक स्तर की सुविधाओं व आवश्यकताओं से युक्त होगा। गंगा-यमुना-सरस्वती की इस त्रिवेणी भूमि में खेलों की रोचकता व उनका रोमांच सदैव से रहा है और शायद यही यहाँ गंगा-जमुनी संस्कृति का आधार भी रहा है। 'खेल-भावना' से अपने जीवन के हर पहलू को सहर्ष स्वीकार कर लेने की प्रकृति ने इस शहर को अलग पहचान भी दी है।

प्रयाग में पर्यटन की संभावनाएं

• देश दीपक वर्मा

प्रयाग अथवा इलाहाबाद और 'पर्यटन' वस्तुतः दो ऐसी विशिष्टताओं का 'संगम' है जिनके माध्यम से अनादिकाल से जिज्ञासुजन आध्यात्मिक-सांस्कृतिक परम्परा में अवगाहन करते आ रहे हैं।

यह भी एक संयोग ही कहा जाएगा कि इन दोनों से ही मेरा भावनात्मक संबंध रहा है। उत्तर भारत के कैम्ब्रिज के नाम से बहुप्रसिद्ध इलाहाबाद विश्वविद्यालय से पूर्व में शैक्षणिक दृष्टि से तो वर्तमान में प्रशासनिक दृष्टि से उत्तर प्रदेश के पर्यटन विभाग से जुड़े रहने के कारण मैं इन दोनों के महत्व और संभावनाओं से भलीभाँति विज्ञ हूँ।

प्रयाग में पर्यटन संभावनाओं पर विचार करने के पूर्व प्रयाग तथा पर्यटन के महत्व पर पृथक-पृथक रूप से विचार करना उचित होगा।

गंगा-यमुना एवं अदृश्य सरस्वती के पावन संगम तट पर अवस्थित प्रयाग जनमानस में अपने महनीय योगदान और आकर्षणों के कारण एक बहुआयामी महत्व वाले नगर के रूप में समादृत रहा है। आध्यात्मिक, ऐतिहासिक, शैक्षणिक, सांस्कृतिक-साहित्यिक, औद्योगिक... सभी क्षेत्रों में इस नगर ने अपनी महत्वपूर्ण एवं विशिष्ट उपस्थिति का भान कराया है। पौराणिक दृष्टि से जहाँ यह नगरी तीर्थराज, प्रयाग अथवा प्रयागराज आदि नामों से अपना महत्व स्वतः ही स्पष्ट करती है तो वहीं ऐतिहासिक-साहित्यिक-शैक्षणिक अग्रता के कारण यह एक दिशा-निर्धारक नगर के रूप में भी प्रसिद्ध रही है। संभवतः प्रयाग जैसे कम नगर अथवा स्थान होंगे जहाँ इतिहास की जीवन्तता तथा अतीत, वर्तमान और भविष्य की निरन्तरता इतनी स्पष्टता के साथ परिलक्षित होती हो। यही कारण है कि प्रयाग राष्ट्रीय-अन्तर्राष्ट्रीय मानचित्र पर अतीत-वर्तमान-भविष्य की त्रिवेणी की संवाहक नगरी के रूप में यशस्वी है।

प्रयाग के महत्वपूर्ण दर्शनीय स्थलों पर दृष्टिपात करने से इसके विविधतापूर्ण आकर्षण स्वतः ही मानस पटल पर खिंच उठते हैं। यहाँ यदि भारत की सनातन संस्कृति के साक्षी व प्रेरणादायक आस्था के केन्द्र हैं तो वहीं अतीत के वैभव से रूबरू कराने वाले काल-प्रवाह के साक्षी ऐतिहासिक-पुरातात्विक भवन, स्मारक एवं स्थल भी हैं। पुनः एक ओर जहाँ गंगा-यमुना नदियों की प्रचुर जलराशि है तो वहीं यहाँ सम्पन्न होते हैं कुम्भ, अर्द्धकुम्भ, माघ मेला, दशहरा जैसे प्रसिद्ध व अनूठे मेले-पर्व। संक्षेप में, यदि विश्व के विशालतम् श्रद्धालु समागम—कुम्भ महापर्व, अद्वितीय अक्षयवट, गंगा-यमुना और अदृश्य सरस्वती के अद्भुत संगम एवं ज्ञानदान के विश्वश्रुत केन्द्रों को देखना है तो जिज्ञासु व्यक्ति प्रयाग के अतिरिक्त भला और कहाँ जाएगा?

इसी प्रकार यहाँ स्थित अनेकानेक प्राचीन और दुर्लभ मन्दिर, आश्रम, भवन-स्मारक इस नगर के महत्व एवं प्राचीनता के साक्षी हैं। प्रयाग नगर के साथ ही जनपद में स्थित ऐतिहासिक प्रतिष्ठानपुर (झूंसी), अरैल, शृंग्वेरपुर, कौशाम्बी, कड़ा, भीटा, लाक्षागृह, सीतामढ़ी, पड़िला महादेव, दुर्वासा आश्रम, ऐन्द्रीदेवी, सुजावनदेव, उपरदहा, मसुरियादेवी, गढ़वा, प्रभाषगिरि-पबोसा आदि जैसे स्थानों

ने प्रयाग को आध्यात्मिक, ऐतिहासिक-पुरातात्विक दृष्टि से महिमामण्डित कर दिया है।

प्रयाग की धरा को इस बात का भी गौरव प्राप्त रहा है कि यहाँ मर्यादा पुरुषोत्तम भगवान श्रीराम, महर्षि भरद्वाज, महर्षि दुर्वासा, आदिशंकराचार्य तथा अन्य अनेक युग-पुरुषों के श्रीचरण भी पड़े। पुनः प्राचीन ग्रन्थों में प्रयाग का एक प्रमुख शक्तिपीठ के रूप में भी श्रद्धासिक्त स्मरण किया गया है — "प्रयागे तु ललिता।"

निश्चय ही अध्यात्म, संस्कृति, इतिहास-पुरातत्व, साहित्य, स्वतंत्रता संग्राम की दृष्टि से अग्रणी एवं अत्यन्त महत्वपूर्ण योगदान वाले इस नगर के माहात्म्य को द्विगुणित कर देता है पावन संगम तट पर अनादिकाल से कुम्भ महापर्व के रूप में आयोजित होने वाला विश्व का अद्भुत विशालतम श्रद्धालु-समागम। यह कुम्भ जहाँ 12 वर्षों के अन्तराल के बाद सम्पन्न होता है तो वहीं अर्द्धकुम्भ 6 वर्षों के उपरान्त जबकि प्रतिवर्ष आयोजित होता है माघ मेला जिसे लघु कुम्भ भी कहा जा सकता है।

वस्तुतः कुम्भ मेला भारत की अनूठी देशाटन अथवा पर्यटन-परम्परा में रचा-बसा एक ऐसा दर्शनीय विराट-समागम अथवा आयोजन है जो अनादिकाल से ही राष्ट्रीय-अन्तर्राष्ट्रीय जिज्ञासुओं, पर्यटकों, साधु-सन्तों, यात्रा-लेखकों, आस्थावान नागरिकों के आकर्षण, उत्सुकता एवं जिज्ञासा का केन्द्र रहा है। इस प्रकार कहा जा सकता है कि तीर्थराज प्रयाग कुम्भ महापर्व के इस महिमामण्डित आयोजन के माध्यम से प्राचीनकाल से ही पर्यटन-परम्परा के प्रचार-प्रसार का एक महत्वपूर्ण केन्द्र अथवा साधन भी रहा है।

पर्यटन वर्तमानकाल का विश्व का ऐसा बहुआयामी और विशिष्ट उद्योग है जिसके माध्यम से जहाँ एक ओर आध्यात्मिक, सांस्कृतिक, ऐतिहासिक एवं प्राकृतिक पक्ष उजागर होते हैं और व्यक्ति स्थानों को भलीभाँति देखने-समझने में समर्थ होता है, तो वहीं दूसरी ओर मनोरंजन, पर्यावरण-संरक्षण, ज्ञात-अल्पज्ञात स्थानों का प्रचार व विकास, जन-सामान्य की आर्थिक समृद्धि में सहायता, प्रत्यक्ष अथवा अप्रत्यक्ष रूप से रोजगार के साधनों का सृजन, अविकसित क्षेत्रों का उन्नयन, निजी उद्यमियों को पर्यटन उद्योग में भागीदारी के अपरिमित अवसर, पारम्परिक आकर्षणों के अतिरिक्त साहसिक पर्यटन व योग, आयुर्वेद, ज्योतिष जैसी भारत की बहुमूल्य विधाओं का प्रचार-प्रसार, राष्ट्रीय-अन्तर्राष्ट्रीय पर्यटकों के माध्यम से विभिन्न संस्कृतियों व रीति-रिवाजों को देखने-समझने के अवसर, विश्वबन्धुत्व व राष्ट्रीय एकीकरण की भावना को प्रगाढ़ता तथा बहुमूल्य विदेशी मुद्रा के अर्जन जैसे महत्वपूर्ण उल्लेखनीय कार्य भी सम्पादित होते हैं। उक्त तथ्यों से पर्यटन उद्योग के महत्व और योगदान का दिग्दर्शन सहज ही हो जाता है।

पर्यटन की दृष्टि से यदि तीर्थराज प्रयाग पर दृष्टिपात किया जाय तो यह स्वतः ही स्पष्ट हो जाता है कि महिमामण्डित सुविख्यात आध्यात्मिक, सांस्कृतिक, ऐतिहासिक एवं प्राकृतिक धरोहरों वाला यह नगर और जनपद पर्यटकों के लिए एक आदर्श पर्यटक केन्द्र है।

एक दृष्टि में यदि देखें तो प्रयाग नगर/जनपद को पर्यटक आकर्षणों की दृष्टि से निम्नानुसार वर्गीकृत किया जा सकता है :

(क) आध्यात्मिक आकर्षण।

(ख) ऐतिहासिक-पुरातात्विक आकर्षण।

(ग) सांस्कृतिक-साहित्यिक-शैक्षणिक आकर्षण।

(घ) नैसर्गिक आकर्षण।

(च) साहसिक, योग, आयुर्वेद, ज्योतिष जैसे पर्यटनजनित आकर्षण।

(छ) औद्योगिक आकर्षण।

(ज) व्यावसायिक/अन्य आकर्षण।

प्रयाग के उक्त आकर्षणों को दृष्टिगत रखकर ही पर्यटन विभाग, उत्तर प्रदेश द्वारा यहाँ पर्यटन संभावनाओं के अधिकाधिक दोहन तथा पर्यटन विकास हेतु विशेष रूप से प्रयास करवाये जा रहे हैं ताकि जहाँ यहाँ बड़ी संख्या में हर आयु, वर्ग और रुचि के पर्यटक आएं, वहीं निजी उद्यमियों की यहाँ उपलब्ध पर्यटन संभावनाओं में बड़ी संख्या में भागीदारी भी हो सके।

प्रयाग में सम्पन्न होने वाले कुम्भ मेला, अर्द्धकुम्भ मेला, वार्षिक माघ मेला, अवस्थित प्रेरक व श्रद्धास्पद स्थान, नैसर्गिक सौन्दर्य-सम्पन्न गंगा-यमुना एवं अदृश्य सरस्वती का संगम स्थल प्रयाग के सनातनकालीन आकर्षण रहे हैं, तो वहीं साहसिक पर्यटन की दृष्टि से उत्तर प्रदेश की प्रमुख गतिविधि—गंगा वाटर रैली (इलाहाबाद-मिर्जापुर-चुनार-वाराणसी) जिसने अल्पावधि में ही राष्ट्रीय-अन्तर्राष्ट्रीय पर्यटन मानचित्र पर अपना विशिष्ट स्थान बना लिया है, प्रयाग में उपलब्ध विपुल जल-स्रोत को जलक्रीड़ा प्रेमीजनों के लिये उपयोगी बनाने के उद्देश्य से पर्यटन विभाग, उत्तर प्रदेश द्वारा सुलभ कराया गया एक उल्लेखनीय नवीन आकर्षण है। इसी प्रकार जिला प्रशासन के माध्यम से त्रिवेणी महोत्सव का शुभारम्भ प्रयाग-उत्तर प्रदेश के सांस्कृतिक आकर्षणों को पर्यटकों में प्रचारित-प्रसारित कराने के उद्देश्य से कराया गया है।

इस परिप्रेक्ष्य में निम्नलिखित आकर्षण/गतिविधियाँ भी प्रयाग की पर्यटन संभावनाओं की दृष्टि से महत्वपूर्ण हो सकती हैं :

1. कुम्भ मेला, अर्द्धकुम्भ मेला और वार्षिक माघ मेला को जनपद के सीमावर्ती विन्ध्याचल, वाराणसी, चित्रकूट, अयोध्या जैसे महिमामण्डित स्थानों से विशेष पैकेज के द्वारा जोड़ना।
2. प्रयाग में दशहरा पर्व अनूठे और भव्य रूप में मनाया जाता है। उस समय नवरात्र पर्व भी आयोजित होता है। अतः नवरात्र-दशहरा पर्व को ध्यान में रखकर प्रयाग के दशहरा, विन्ध्याचल के नवरात्र मेला तथा वाराणसी-रामनगर के विशिष्ट आयोजनों—रामलीला को जोड़ते हुए एक विशेष पर्यटक पैकेज योजना उपयोगी हो सकती है।
3. मर्यादा पुरुषोत्तम भगवान श्रीराम के श्रीचरणों से पावन हुए प्रयागराज के शृंग्वेरपुर एवं भरद्वाज आश्रम पर रामायण मेले का आयोजन महत्वपूर्ण हो सकता है।
4. श्रीराम-वन-गमन मार्ग के अन्तर्गत अयोध्या-शृंग्वेरपुर-भरद्वाज आश्रम-चित्रकूट का एक विशेष पैकेज उपयोगी हो सकता है।
5. गंगा-यमुना जहाँ आध्यात्मिक-नैसर्गिक दृष्टि से तीर्थराज प्रयाग के महत्व को बढ़ाती हैं, वहीं इन नदियों की विपुल जलराशि यहाँ जलक्रीड़ा की दृष्टि से भी अत्यन्त उपयोगी है। गंगा-यमुना के आदर्श जल-मार्ग को दृष्टि में रखकर ही पर्यटन विभाग, उत्तर प्रदेश द्वारा प्रतिवर्ष प्रयाग-सिरसा-मिर्जापुर-चुनार-वाराणसी के मध्य गंगा वाटर रैली आयोजित कराई जाती है।

उल्लेखनीय है कि विगत वर्ष इस रैली में न केवल राष्ट्रीय-अन्तर्राष्ट्रीय प्रतिभागियों ने भाग लिया वरन् इसका अन्तर्राष्ट्रीय जलक्रीड़ा कैलेण्डर में एक महत्वपूर्ण गतिविधि के रूप में भी समावेश हुआ। इसके अतिरिक्त यमुना के तट पर (सरस्वती घाट-नेहरू घाट) जलक्रीड़ा प्रेमीजनों के उपयोगार्थ बोट-क्लब भी स्थापित कराया गया है जिसमें प्रशिक्षण की सुविधा सुलभ है। इसी प्रकार

पर्यटकों को नदी-विहार के माध्यम से प्रयाग के नदी क्षेत्र के नयनाभिराम सौन्दर्य का आनन्द उठाने के उद्देश्य से पर्यटन विभाग, उत्तर प्रदेश द्वारा एक क्रूज बोट का क्रय करवाकर इलाहाबाद विकास प्राधिकरण के माध्यम से संचालित करवाया जा रहा है। इस क्रूज बोट के माध्यम से पर्यटकों को नगर एवं समीप के नदी तटवर्ती दर्शनीय स्थलों का भ्रमण कराया जा सकता है।

6. प्रयाग का लाल अमरूद व समोसा-नमकीन देश-विदेश में प्रसिद्ध है। अतः इनको भी पर्यटक आकर्षण के रूप में प्रचारित करवाया जाना पर्यटन व व्यवसाय की दृष्टि से उपयोगी हो सकता है।

प्रयाग की पर्यटन संभावनाओं को विस्तृत फलक पर प्रचारित-प्रसारित करवाने हेतु पर्यटन विभाग द्वारा यहाँ प्राचीन और महत्वपूर्ण स्थानों के विकास/सौन्दर्यीकरण की ओर तो ध्यान दिया ही जा रहा है, साथ ही नदी तटों को भी योजनाबद्ध और आकर्षक रूप से विकसित कर प्राचीन-नवीन आकर्षणों को एक सूत्र में पिरोने के भी प्रयास कराये जा रहे हैं। इसके साथ ही शैक्षणिक, विशेषरूप से आधुनिक तकनीकी शिक्षा—कम्प्यूटर के क्षेत्र में भी इलाहाबाद देश के प्रमुख केन्द्र के रूप में विकसित हो रहा है। पुनः जल-नौपरिवहन, औद्योगिक विकास की दृष्टि से भी इलाहाबाद में अनेक क्रान्तिकारी कार्य हो रहे हैं।

यहाँ विशेषरूप से उल्लेखनीय है कि पर्यटन विभाग की पर्यटन नीति में द्रुत पर्यटन विकास के उद्देश्य से जो परिपथ बनाये गये हैं उनमें प्रयाग अपनी अवस्थिति एवं विविधतापूर्ण आकर्षणों के कारण बौद्ध परिपथ, साहसिक क्रीड़ा परिपथ, जल-विहार परिपथ, अवध परिपथ एवं विन्ध्य परिपथ से न्यूनाधिक रूप से जुड़ा हुआ है जो न केवल प्रयाग के बहुआयामी महत्व को सिद्ध करता है, वरन् यहाँ उपलब्ध अपरिमित पर्यटन संभावनाओं का भी द्योतक है।

एक बात मैं विशेष रूप से कहना चाहूँगा कि कोई भी कार्य मात्र शासकीय-स्रोत एवं स्तर से ही हो पाना संभव नहीं है। सरकार के साथ-साथ जन-सामान्य, संस्थाओं, निजी उद्यमियों का सहयोग ही किसी उद्देश्य अथवा कार्य को जन-जन तक पहुँचाने में सक्षम हो पाता है। यह तथ्य प्रयाग की पर्यटन संभावनाओं के क्रम में भी अपवाद नहीं है।

प्रयाग में उपलब्ध पर्यटन संभावनाओं का अधिकाधिक दोहन व्यापक दृष्टि और योजनाबद्ध विकास कार्यक्रमों के माध्यम से ही संभव है। नगर व जनपद के वैविध्यपूर्ण आकर्षणों, विन्ध्याचल, वाराणसी, चित्रकूट, अयोध्या जैसे महिमान्वित प्रेरणादायी स्थानों का सामीप्य एवं देश के प्रमुख स्थानों से सहज जुड़ाव के कारण प्रयाग पर्यटन विकास, पर्यटन संभावनाओं, पर्यटन गतिविधियों, पर्यटक गमनागमन और पर्यटन उद्योग के लिए एक आदर्श पर्यटक केन्द्र है। ऐसे महत्वपूर्ण केन्द्र प्रयाग में पर्यटन संभावनाओं के दोहन से जहाँ तीर्थराज प्रयाग में पर्यटन उद्योग को विशेष बल मिल सकता है, वहीं उन्नत पर्यटन उद्योग के माध्यम से यहाँ सांस्कृतिक-जागरण, स्थानों का विकास, पर्यावरण-संरक्षण, ज्ञात-अल्पज्ञात स्थानों का प्रचार, नागरिकों की आर्थिक समृद्धि में सहायता, प्रत्यक्ष-अप्रत्यक्ष रूप से रोजगार के साधनों का सृजन, स्थानीय निजी उद्यमियों को पर्यटन उद्योग में भागीदारी के अवसर, पर्यटन गतिविधियों के अन्तर्गत जलक्रीड़ा तथा योग, आयुर्वेद, ज्योतिष जैसी बहुमूल्य विधाओं का प्रचार-प्रसार, पर्यटक गमनागमन के द्वारा विश्वबन्धुत्व की भावना को प्रवाहित करते हुए देश को विदेशी मुद्रा के अर्जन में भी सहायता मिल सकती है और तब गोस्वामी तुलसीदास जी की अमर उक्ति – "को कहि सकई प्रयाग प्रभाऊ" प्रयागराज में पग-पग पर मूर्तरूप में परिलक्षित हो सकेगी।

प्रयाग की महान विभूतियाँ (कला संदर्भ)

• डॉ. रामकुमार विश्वकर्मा

प्रयाग की कला और कलाकारों का भारतीय संस्कृति के विकास में महत्वपूर्ण योगदान रहा है। प्राचीन काल में भरद्वाज आश्रम, कौशाम्बी तथा प्रतिष्ठानपुरी आदि शिक्षा के प्रमुख केन्द्र थे। शिक्षा की यह परम्परा आधुनिक युग में इलाहाबाद विश्वविद्यलाय और अन्य प्रमुख शिक्षा संस्थान, सांस्कृतिक केन्द्र, ललितकला विभाग, कला केन्द्र, इलाहाबाद संग्रहालय आदि संस्थानों के अध्यापक, कलाकार, चित्रकार, मूर्तिकार तथा अन्य रंगकर्मियों के द्वारा सुदृढ़ रूप से अग्रसर है।

प्रयाग में कला की थाती दो तरह से आगे बढ़ी। इसका एक स्वरूप तो शास्त्रीय है जो भारत की पुनरुत्थान शैली (बंगाल शैली) मानी जाती है जिसके प्रवर्तक स्व. अवनीन्द्रनाथ टैगोर थे। दूसरा लोक कलाकारों का। इनके मुख्य शिल्प कलागुरु क्षितीन्द्रनाथ मजूमदार रहे जिन्होंने 1942 में ललितकला विभाग, इलाहाबाद विश्वविद्यालय में कला की शिक्षा प्रारम्भ की। इसी समय से प्रयाग में कला के विकास का वातावरण बनने लगा और भारत के कोने-कोने से चित्रकार यहाँ आने लगे। इस शृंखला में स्व. छैल बिहारी बरतरिया ने बिल्बिडियर प्रेस बिल्डिंग में कला शिक्षा प्रारम्भ की थी, दूसरे चित्रकार थे सुखबीर सिंह सिंघल, जिन्होंने कला भारती संस्था के माध्यम से बंगाल शैली में प्रयाग में शिक्षा प्रारम्भ की थी। लारेंसगंज (कर्नलगंज) में पद्मश्री रामगोपाल विजयवर्गीय, बी.के. मित्रा, स्व. शैलेन्द्र नाथ डे आदि चित्रकारों ने भी कुछ समय रुककर कला साधना की थी। स्वतंत्रता आन्दोलन में कलाकारों ने कला के माध्यम से उनका सहयोग किया था। यही कारण है कि प्रयाग में कला का विकास उत्तरोत्तर हो रहा है। 1943 में स्व. द्वारका प्रसाद धूलिया और 1945 में स्व. विमला नियोगी कला शिक्षा हेतु इलाहाबाद विश्वविद्यालय में नियुक्त हुई थीं। बंगाल शैली की परम्परा को आगे बढ़ाने में 1957 में पं. शम्भुनाथ मिश्र का महत्वपूर्ण योगदान रहा। इनके साथ महीयसी महादेवी वर्मा, प्रो. राम चन्द्र शुक्ल, डॉ. जगदीश गुप्त, श्री हरिमोहन मालवीय एवं अमरेश कुमार बनर्जी, कुंवर संग्राम सिंह, प्रभात कुमार मण्डल, आदि चित्रकारों ने कई प्रदर्शनियाँ आयोजित की थीं। इन प्रदर्शनियों के आयोजन में तत्कालीन कुलपति, प्रो. अमरनाथ झा साहब बड़ी रुचि लेते थे। उन्होंने बंगाल शैली के कई चित्र खरीदे और वे चित्र वर्तमान में 'दृश्यकला विभाग' इलाहाबाद विश्वविद्यालय में संग्रहीत हैं। प्रयाग नगर के मनमोहन दास टण्डन ने भी बंगाल शैली के अनेक चित्र खरीदे थे और उससे कलाकारों को बहुत प्रोत्साहन मिला था। 1968 में डॉ. श्याम बिहारी अग्रवाल, 1976 में डॉ. रामकुमार विश्वकर्मा, 1983 में डॉ. मंजू अग्रवाल, 1987 में डॉ. अजय जैतली, 1989 में डॉ. अभिनव गुप्त और 1998 में डॉ. चित्रा चन्द्रा, चित्रकला की शिक्षा हेतु इलाहाबाद विश्वविद्यालय में नियुक्त होते रहे हैं। 1994 में प्रयाग की कला में अभूतपूर्व प्रगति हुई और इलाहाबाद विश्वविद्यालय में दृश्यकला विभाग, चित्रकला, मूर्तिकला, ग्राफिककला, व्यावहारिक कला की शिक्षा हेतु स्थापित हुआ संगीत एवं मंचकला की शिक्षा हेतु प्रदर्शनकला एवं संगीत विभाग। इस प्रकार आप देखेंगे कि प्रयाग की कला सर्वप्रथम इलाहाबाद विश्वविद्यालय और उसके शिक्षकों पर केन्द्रित थी। आज स्थिति बिल्कुल अलग है।

प्रमुखतः प्रो. रामचन्द्र शुक्ल, डॉ. रामकुमार विश्वकर्मा, श्री बालादत्त पाण्डेय, डॉ. अजय जैतली, डॉ. अभिनव गुप्त, आदि कई चित्रकार आधुनिक शैली के चित्र तैयार कर रहे हैं। इस शृंखला में कई और नाम जिन्होंने बंगाल शैली में शिक्षा नहीं ली, लेकिन वे बहुत पहले से आधुनिक शैली में चित्ररचना करते रहे हैं जैसे—डॉ. विपिन कुमार अग्रवाल, डॉ. जगदीश गुप्त, श्रीपत राय, सत्य सेवक मुखर्जी, प्रकाश कर्मकार, भूपेन्द्र शुक्ल, श्री विश्वनाथ प्रताप सिंह, शांताराम विनायक महादाणे, शिवगोविन्द पाण्डेय, इन्दु रस्तोगी, सलेहा काजमी, राधेश्याम अग्रवाल, डॉ. संतोष खन्ना, शान्तनु मुखर्जी, नीता श्रीवास्तव, प्रकाश नाराण सिंह, सुशील त्रिपाठी, रुचि मित्तल, ज्ञानेन्द्र मिश्र आदि। एक वर्ग चित्रकारों का प्रयाग में और है, वह है इलाहाबाद विश्वविद्यालय के सहयुक्त महाविद्यालयों में कला शिक्षा देने वाले अध्यापकों का। इनमें प्रमुखतः डॉ. अम्बिका सोती, डॉ. शहला हसन और डॉ. रामकिशोर शुक्ल, सुश्री जूही शुक्ल तथा श्री पवन कुमार शुक्ल आदि चित्रकारों का। चौथे वर्ग के अन्तर्गत आनेवाले प्रयाग के वे चित्रकार हैं जो माध्यमिक विद्यालयों में शिक्षा दे रहे हैं। इनमें कुछ बहुत अच्छा कार्य कर रहे हैं।

वर्तमान कला का तात्पर्य है आधुनिक कला, नये जमाने की कला, अथवा 20वीं शताब्दी की कला अर्थात् कला का वह रूप जो समाज में प्रचलित है, चल रहा है, जैसी कला आज हम देख रहे हैं, इससे भी आधुनिक कला का अर्थ स्पष्ट नहीं होता क्योंकि आज हमारे बीच कई तरह की कलायें दृष्टिगोचर होती हैं, सभी को हम आधुनिक नहीं कह सकते। जैसे आज हमारे बीच ऐसे भी चित्रकार हैं जो अजंता, राजस्थानी आदि चित्रों की हूबहू नकल उतार रहे हैं, ऐसे चित्रकारों को हम आधुनिक नहीं कह सकते उन्हें पुरानी परिपाटी का चित्रकार ही कहा जायेगा। इसी प्रकार आदिम जातियों में परम्परागत रूप से जो कला की परिपाटी चली आ रही है — यह भी आधुनिक कला नहीं है। अर्थात् जो भी कला के रूप आज के जमाने से पूर्व की कला की परम्परा में बनते आ रहे हैं उन्हें हम पारम्परिक कला ही कह सकते हैं आधुनिक नहीं। आधुनिक कला, परम्परागत कला से भिन्न होती है, इसका स्वरूप नया होता है, नये दृष्टिकोण से प्रभावित होकर सृजित होती है, नई मान्यताओं पर आधारित होती है। नई मान्यतायें तभी बनती हैं जब नये आविष्कार, नई खोजें, नये तथ्य उपस्थित कर जीवन और समाज को प्रभावित करने लगती है। नये अनुसंधान का आधार नये प्रयोग होते हैं। नया प्रयोग व्यक्ति तभी करता है जब उसे परम्परागत तरीकों में कोई कमी महसूस होती है और नई समस्यायें भी खड़ी होती हैं, तब उन्हें सुलझाने के प्रयास में मानव नये प्रयोगों में रत होता है, अनुसंधान करता है। जब तक जीवन साधारण गति से चलता रहता है, नई समस्यायें उपस्थित नहीं होती, नये आविष्कार नहीं होते, इसलिए कहा गया है "आवश्यकता आविष्कार की जननी है।" 19वीं तथा 20वीं शताब्दियों में विज्ञान का अतिशय विकास हुआ और कला का भी अतिशय विकास हुआ। सार्यान ने कहा है कि कोई युग, विज्ञान युग नहीं होता न कला-युग होता है, दोनों का मिला जुला रूप होता है, दोनों एक दूसरे की पूर्ति करते हैं, इसी प्रकार कोई युग भौतिकवादी भी नहीं हो सकता क्योंकि आध्यात्मिक चेतना कभी सुप्त नहीं होती। बिना आध्यात्मिक चेतना के साहचर्य के मानव न तो कल्याणकारी हो सकता है न वास्तविक प्रगति। इसलिए यह मानकर चलना कि पश्चिम में भौतिकवाद को अतिशय महत्व दिया गया है और वहाँ की कला उसी की छाया में प्रगति करती है, इसलिए जो भी आधुनिक बनना चाहता है उसके लिए पश्चिमी रास्ते पर चलना नितान्त आवश्यक है, यह भयंकर भूल होगी। युगबोध अथवा आधुनिकता हमेशा अपनी परिस्थितियों, समस्याओं, वास्तविकताओं, आवश्यकताओं तथा जीवन-मूल्यों से जुड़ी होती है, यह दूसरों से न तो उधार ली जाती है न नकल की जाती है। वह समाजगत, देशगत, संस्कृतिगत होती है और जब मूल्यवान होती है तभी वही युगबोध बन जाती है, सम्पूर्ण मानव

समाज को प्रभावित करने में समर्थ होती है। आधुनिक कला वही है जो आज के मानव के लिए उपयोगी, कल्याणकारी और प्रगतिसूचक हो। इस भावनादृष्टि में प्रयाग के कुछ चित्रकारों का संक्षिप्त परिचय दिया जा रहा है।

क्षितीन्द्रनाथ मजूमदार

भारतीय पुनरुत्थान शैली (बंगाल शैली) के प्रमुख प्रवर्तकों में मजूमदार जी का नाम लिया जाता है। इन्हें शुद्ध भारतीय आधुनिक पुनरुत्थान शैली के लिए क्रान्ति तथा समग्रता का प्रतीक माना गया है। परम वैष्णव भक्त और ईश्वर के तात्विक सम्बन्धों व सामाजिक जीवन के परिपक्व चितेरे थे। इनका महान व्यक्तित्व और सृजनात्मक ऊर्जाशक्ति युवा पीढ़ी के लिए आदर्श है। आचार्य अवनीन्द्र नाथ टैगोर के सुयोग्य शिष्य क्षितीन्द्रनाथ मजूमदार की कला में धार्मिक विचारों की प्रमुखता है। भौतिक जीवन की त्रासदी के बावजूद रूपांकनों का व्यावसायिकता से समझौता नहीं किया। उनका कहना था "मेरे लिए कला किन्हीं रेखाओं, शैली का विदेशी प्रचलन का प्रारूप नहीं है, बल्कि मन्दिरों से पायी गयी सशक्त अनुभूति है। कला की आराधना और भगवान की उपासना मेरे जीवन से जुड़ी वे शक्तियाँ हैं, जहाँ मैं समर्पित और जीवित हूँ।"

मजूमदार जी ने जीवन में जितने भी चित्र बनाये तीन चौथाई चित्र राधाकृष्ण व चैतन्य विषयक हैं। इसका प्रमुख कारण था इनके पिताजी परम वैष्णव थे और इनकी शिक्षा-दीक्षा कीर्तन, धार्मिक अनुष्ठानों व उपासनाओं के द्वारा हुई। कलकत्ता में अपने लम्बे वास के बावजूद मजूमदार जी को वहाँ का आधुनिक जीवन लेशमात्र भी प्रभावित नहीं कर सका।

यदि आपके सम्पूर्ण जीवन का विश्लेषण किया जाय तो प्रारम्भिक और प्रौढ़ावस्था के मध्य विकास की एक स्पष्ट प्रवृत्ति दृष्टिगत होती है। अचानक या अप्रत्याशित परिवर्तन का कोई संकेत नहीं है। एक पूर्व निर्धारित गतिशीलता की खोज है।

सौन्दर्य निरूपण में वर्ण-विधान एवं चित्र संयोजन की मौलिकता दर्शनीय है। रंगों की सूक्ष्मता एवं लयात्मकता, अपारदर्शी पतला वाश जिसे आचार्य टैगोर से कला दीक्षा में प्राप्त किया था, भारतीय चित्रकला के पुनरुत्थान में विशेष सहायक सिद्ध हुआ।

आपका जन्म 30.07.1891, नीमतिता, गाँव, जमताई, जिला मुर्शिदाबाद, पश्चिम बंगाल में हुआ था। 1908 में राजकीय कला एवं शिल्पकला महाविद्यालय में भर्ती हो गये और अवनीबाबू की कृति 'रामचन्द्र जी का मायामृग बध' की अनुकृति से इनकी प्रतिभा का परिचय मिलता है। इण्डियन सोसायटी आफ ओरियन्टल आर्ट कलकत्ता में लगभग 20 वर्ष चित्रकला शिक्षण में लगे रहे। 1942 में इलाहाबाद विश्वविद्यालय में नियुक्त हुए और 1965 में अवकाश ग्रहण किया। भारत के प्रख्यात चित्रकार चिन्तामणि कार इनके प्रमुख शिष्य रहे हैं। प्रयाग में इनके प्रमुख शिष्य रामचन्द्र शुक्ल, जगदीश गुप्त, अमरेश बनर्जी, श्याम बिहारी अग्रवाल हैं। मजूमदार जी की 'चित्रे गीत गोविन्द' प्रसिद्ध पुस्तक है।

कलागुरु मजूमदार एक युगविशेष के चित्रकार थे। आधुनिक भारतीय चित्रकला के पुनर्जागरण में जिन कलाकारों का योगदान रहा है उनमें मजूमदार जी का नाम प्रमुख है। प्रयाग में आपका समय बड़े कष्ट में बीता। अनेकों प्रयासों के बावजूद 9 फरवरी, 1975 को यह अभूतपूर्व नक्षत्र सदैव के लिए अस्त हो गया।

महादेवी वर्मा

महीयसी महादेवी वर्मा का चित्रकला और साहित्य पर समान अधिकार था। इनके रचना-संसार में गांधी और महात्मा बुद्ध दोनों

की करुणा देखने को मिलती है। अधिकांश चित्रों में कोमलता के साथ-साथ नैसर्गिक वियोग का भाव दर्शित है। प्राकृतिक सौन्दर्य और मानवीय विषमता, दरिद्रता आदि इनको यात्राओं में देखने को मिला। इनके चित्रों में भावाभिव्यक्ति सशक्त और सजीव है। कवि लक्ष्मीकान्त वर्मा ने लिखा है – "महादेवी की रचना बुद्ध की करुणा में आबिष्ट थ्येरी गाथा की समग्र वेदना, बौद्ध अभिप्रायों और पारम्परिक प्रतीकों को एक साथ लेकर चलती है। इसीलिए महादेवी की रचनाओं में जरा सी निरीहता नहीं है। दीपशिखा का दीप इसी सूक्ष्म वेदना का प्रकाश है।"[1] यामा और दीपशिखा में इनके चित्र प्रदर्शित हैं।

महादेवी जी के चित्र बंगाल शैली की तर्ज पर हैं लेकिन बंगाल शैली की तकनीक में नहीं हैं। बंगाल शैली की वाश विधा बिल्कुल अलग है। लयात्मक रेखांकन, अपारदर्शी पतला वाश इनके चित्रों में भी मिलता है लेकिन सफेद रंग का प्रयोग बंगाल स्कूल से अलग कर देता है। महादेवी जी के चित्रों में पीला (जोगिया), हल्का गुलाबी और नीला रंग सर्वाधिक प्रयुक्त हुआ है। भारत सरकार ने पद्मभूषण से सम्मानित किया। 1983 में भारत भारती पुरस्कार, ज्ञानपीठ पुरस्कार पाया।

महीयसी महादेवी वर्मा का जन्म फर्रुखाबाद (उ.प्र.) में 1907 में हुआ था। प्रयाग महिला विद्यापीठ पर सर्वाधिकार था। प्रयाग के आस-पास गाँवों में जाकर उनके रहन-सहन में सुधार लाने का प्रयास करती थीं। सामान्य व्यक्तियों के प्रति असीम करुणा और सहानुभूति इन्होंने दिखाई। छायावादी कवियों की शृंखला में सर्वोच्च स्थान पर थीं। 1987 में इनका देहावसान हुआ।

रामचन्द्र शुक्ल

देश-विदेश के जाने-माने इलाहाबाद के प्रमुख समीक्षावादी चित्रकार रामचन्द्र शुक्ल स्व. मजूमदार जी के द्वारा प्रशिक्षित हुए, बी. एच.यू. वाराणसी को अपनी कार्यस्थली बनाया। वहाँ प्रोफेसर एवं विभागाध्यक्ष पद ग्रहण किया। आरम्भ में बंगाल शैली के आपके कई चित्र प्रसिद्ध हुए हैं। आपके दो चित्र दृश्यकला विभाग, इलाहाबाद विश्वविद्यालय में संग्रहीत हैं। इन चित्रों को देखने से इनकी शैली आसानी से पहचानी जा सकती है। पहला चित्र गंगाजली का है जिसमें मजूमदार जी का प्रभाव झलकता है, दूसरा चित्र राधा-कृष्ण का है जिसमें प्रवाहमयी मोटी रेखायें, गहराई आदि का प्रयोग, प्रगतिवादी कला की ओर ले जाता है।

आपका जन्म बस्ती जिले में 1 मार्च, 1925 में हुआ। पिताश्री इलाहाबाद के शिक्षा विभाग में सेवारत थे। वाराणसी में लम्बे वास के बावजूद प्रयाग वापस आने पर पुनः प्रयाग की चित्रकला को उभारने, विकसित करने और प्रयोगवादी प्रवृत्ति को विकसित करने में सारा समय दे रहे हैं।

आजकल आप प्रयागवासी हैं और यहाँ कला की हलचल में पूरी तरह सम्मिलित हैं। आधुनिकता से सम्बन्धित आज के नये प्रयोगों और नवीन तकनीक के खोजी प्रोफेसर रामचन्द्र शुक्ल प्रयाग में ही नहीं पूरे भारत में अपना स्थान कला जगत में बनाये हुए हैं। राज्य ललित कला अकादमी उ.प्र. ने अभिसदस्यता सम्मान से सम्मानित किया है।

बंगाल शैली की शिक्षा के बाद शुक्ल जी ने काशी शैली और आधुनिक चित्र शैलियों का अध्ययन किया और कई चित्र बनाये, इनकी प्रदर्शनी भी हुई। चित्र लोकप्रिय भी हुए लेकिन शुक्ल जी की अंतरात्मा ने स्वीकार नहीं किया कि वे अपनी अभिव्यक्ति विदेशी पाश्चात्य कला शैलियों में करें। कई कला समीक्षकों ने कहा भी कि ये चित्र आपके नहीं हैं भले आपके द्वारा तैयार किये गये हैं। शुक्ल जी पर इसका बड़ा प्रभाव पड़ा और इन्होंने पाश्चात्य कला शैलियों पर कार्य करना बन्द कर दिया और स्वदेशी कला की

धाराओं का अध्ययन एवं शोध किया। तत्पश्चात 'समीक्षावादी कला शैली' का विकास उभर कर आया जिसमें भारतीय विषय और रूपाकार दोनों को आत्मसात् करके चित्र तैयार किये गये हैं। 1984 में दरभंगा हाल में आपके समीक्षावादी चित्रों की प्रदर्शनी हुई जिसमें सामाजिक समस्याओं को भारतीय शैली में तैल माध्यम से चित्रित किया गया है। यह प्रदर्शनी प्रसिद्ध रही और दो चित्र एक विदेशी विद्वान ने खरीदे। इसी घटना से अनुमान लगाया जा सकता है कि अपनी स्वदेशी कला शैली में कितना दम है।

शुक्ल जी आधुनिक कला को पाश्चात्य चित्रकला का नितान्त अनावश्यक अनुकरण मानते हैं क्योंकि पाश्चात्य चित्रकला मूलतः व्यक्तिवादी है। उसमें समष्टिवादी संवेदना को ग्रहण करने की क्षमता नहीं है, जबकि भारतीय चित्रकला मूलतः समष्टिवादी है। शुक्ल जी ने भारतीय चित्रकला के राजनैतिक और सामाजिक विषयों को चित्र के माध्यम से अभिव्यक्ति देने के लिए एक नया नाम 'समीक्षा' चुना है और इस तरह के चित्रों की बम्बई, कलकत्ता, दिल्ली में प्रदर्शनियाँ हो चुकी हैं। शुक्ल जी रेखावली, कलादर्शन, आधुनिक कला की मूल प्रवृत्तियाँ आदि कई पुस्तकों के निर्माता हैं।

डॉ. जगदीश गुप्त

भारतीय कला और साहित्य पर समान अधिकार रखने वाले डॉ. जगदीश गुप्त का जन्म 5 जुलाई 1926, शाहाबाद जिला हरदोई उ.प्र. में हुआ। इलाहाबाद विश्वविद्यालय से एम.ए., डी.फिल्. (हिन्दी) तथा चित्रकला की शिक्षा बंगाल शैली के मूर्धन्य विद्वान कलागुरु क्षितीन्द्रनाथ मजूमदार से प्राप्त की। बंगाल शैली के चित्र और प्रयोगवादी चित्रों की एकल प्रदर्शनियाँ भारत के कोने-कोने में हो चुकी हैं। आपकी प्रागैतिहासिक भारतीय चित्रकला-1967 जगत प्रसिद्ध पुस्तक है। भारतीय कला की रूपरेखा तथा युग्म रेखाचित्रों की महत्वपूर्ण पुस्तकें हैं। तूलिका, रूपशिल्प, कलासंगम, प्रयाग कला समिति, केन्द्रीय सांस्कृतिक समिति के प्रमुख पदाधिकारी रहे। लगभग आधा दर्जन एकल प्रदर्शनियाँ 1959, 1973, 1976 व 1983 में हो चुकी हैं। कई महत्वपूर्ण पुरस्कारों से पुरस्कृत हुए।

प्रयाग के आधुनिक चित्रकारों में सर्वप्रथम आधुनिक शैली में चित्र रचना आरम्भ की थी। हिन्दुस्तानी अकादमी व प्रयाग संग्रहालय में कई चित्र प्रदर्शनियों में डॉ. जगदीश गुप्त के चित्र प्रसिद्ध हुए हैं। एक जमाना था कि प्रयाग में बंगाल शैली के अलावा दूसरे चित्र लोकप्रियता नहीं पाते थे। उन्हीं दिनों मात्र जगदीश गुप्त के चित्र आधुनिक चित्र शैली के सूक्ष्मवादी, अमूर्तन के आकारों का बोध कराते थे और उनको सराहा जाता था। कहने का भाव है कि 1960 से 1970 के दशक में प्रयाग में आधुनिक कला की लोकप्रियता डॉ. जगदीश गुप्त के चित्रों से आरम्भ होती है। आगे चलकर यह आधुनिक शैली प्रयाग में निरन्तर चलती रही है।

प्रसिद्ध साहित्यकार लक्ष्मीकान्त वर्मा ने डॉ. जगदीश गुप्त की सम्पूर्ण कला-यात्रा को छः चरणों में विभाजित किया है - पहले चरण में प्रकृति में मानव आकृतियों का आरोपण मिलता है। दूसरे चरण में हमें दीप शृंखला के वाश शैली के चित्र दिखते हैं, जिसमें मानवीय सौन्दर्य की करुणा, अवसाद और सौम्य उदात्तता के दर्शन होते हैं। तीसरा चरण स्वप्नकर्म है। इस शृंखला में हमें इन्द्रधनुष के सतरंगी अर्द्धवृत्त में एक पक्षी के उड़ने का अंकन मोहित कर लेता है। चौथे हरा कोटा प्रधान तैल चित्रों की भी एक शृंखला है। पाँचवे क्रम में उनके शैल चित्र आते हैं। छठा दौर वह है जिसमें सैकड़ों रेखा चित्रों में मानव मूड गीत और लय के साथ-साथ आस्था, विश्वास, थकान, आदि को केवल रेखाओं के माध्यम से व्यंजित करने का प्रयास किया गया है। शायद रेखाओं के माध्यम से मानवीय जीवन की गति अधिक सफल अभिव्यक्ति पा सकी है।

डॉ. जगदीश गुप्त रचनाकार व प्रयोगधर्मी कलाकार थे। निरन्तर नयी खोज व नये प्रयोगों में व्यस्त रहते थे। इनके अनुसार सृजनशीलता मानव संस्कृति का आधारभूत तत्व है। मनुष्य अपने में जिस व्यापक चेतना का अनेक स्वरीय अनुभव करता है वह मूलतः सृजनधर्मी है। सृष्टि और स्रष्टा परक अनेक अवधारणायें मानवमन की दीप्त प्रतिध्वनियाँ दिखाई देती हैं। सत् से चित् की वरीयता माने बिना और चित्र में आनन्दांश की प्रतीति का स्वानुभाव किये बिना जीवन के विषय में खण्ड-दृष्टि ही उत्पन्न हो पाती है, सत्य का पूर्ण साक्षात्कार सम्भव नहीं होता। मानव अस्तित्व की तात्विक स्वीकृति के बिना वस्तुतः सत्य का एकांगी साक्षात्कार भी सुलभ नहीं होता। प्रकृति से मानव की श्रेष्ठता के अनेक आयाम हैं जिनमें रचनात्मकता, शिवता और सुन्दरता प्रमुख हैं जो सदा अन्योन्याश्रित रूप से लक्षित होते हैं। लीला का भाव आनन्दांश को पूर्णता देता है और ऊपर से निरर्थक लगने वाले कर्मों को बहुत गहरी सार्थकता प्रदान कर देता है। 'लोकवत्तु लीला कैवल्यम्' के द्वारा ब्रह्मसूत्र में इसे अद्वैतवादी दर्शन ने स्वीकार किया है। एक ओर नाट्यशास्त्र में दूसरी ओर भागवत पुराण में लीला की भूमि पर 'रंग' और 'रस' को लौकिक-अलौकिक दोनों रूपों में चिन्तन का विषय बनाया गया है। भारतीय दृष्टि में रचना को भौतिक और आध्यात्मिक दोनों भूमिकाओं में इस तरह प्रस्तुत किया गया है कि जीवन का कोई भी पक्ष उससे पृथक दिखाई नहीं देता।

शम्भुनाथ मिश्र

बंगाल शैली के प्रमुख चित्रकार पं. शम्भुनाथ मिश्र अद्भुत प्रतिभा के चित्रकार एवं कलागुरु शैलेन्द्रनाथ डे के प्रिय शिष्य थे। महाराजा स्कूल ऑफ आर्ट्स, जयपुर से पाँच वर्षीय चित्रकला डिप्लोमा, कलागुरु शैलेन्द्रनाथ डे के निर्देशन में प्राप्त किया था। चित्रकला विभाग, इलाहाबाद विश्वविद्यालय में दो वर्षीय चित्रकला डिप्लोमा के अध्यापन हेतु 1958 में नियुक्त हुए थे। 1975 में रिटायर होने के बाद अवकाश ग्रहण किया तथा प्रयाग महिला विद्यापीठ डिग्री कालेज में चित्रकला की शिक्षा हेतु वहाँ भी पार्ट-टाइम अध्यापक नियुक्त थे। मिश्र जी बड़े मौजी स्वभाव के थे। उन्होंने अपने विद्यार्थियों को कहा था, "कला का आह्वान कोई नई चीज नहीं है, विश्वविद्यालय में कला संकाय की आत्मा का आर्तनाद एवं इसमें आत्म स्वतन्त्र का सिद्धान्त सन्निहित है। कला की परिभाषा कर्म और उसकी युक्ति उपाय तथा योग का प्रतीक है, अतएव कर्मयोग का सिद्धान्त शिल्प या कला का आह्वान है।"[2] चित्र, शिल्प की साधना एक महान कर्म है और यह कर्मयोग केवल मौखिक नहीं, अपितु एक रचनात्मक कार्य है और इस महान पथ पर चलने के लिए प्रत्येक कलाकार को अपने कर्मयोग का जाल अपने हाथों से ही बुनकर तैयार कर लेना चाहिए। उसके साधन हैं पेंसिल, चारकोल, पेस्टल, तूलिका, रंग और चित्रपट। इन्हें लेकर विद्यार्थी को एक कोने में चुपचाप बैठकर इस चलाचल जगत का दर्शन करना चाहिए और इसका स्केच करना चाहिए। यह शिल्पी के आह्वान की पहली कड़ी का प्रथम प्रयास है। यही कला का उत्कृष्ट योग मार्ग है।

स्व. श्री शम्भुनाथ मिश्र व्यक्तिचित्र, दृश्यचित्र, टेम्परा, वाश तकनीकि एवं रेखांकन के महारथी चित्रकार थे। रेखांकन में उनके जैसा बहुत कम लोगों को प्राप्त है। हिन्दी साहित्य सम्मेलन व गंगा नाथ झा केन्द्रीय संस्कृत विद्यापीठ, इलाहाबाद तथा हरिमोहन दास टंडन के निजी संग्रह में उनके चित्र देखे जा सकते हैं।

स्व. श्री शम्भुनाथ मिश्र एक अद्भुत प्रतिभा के चित्रकार थे। उनके पास जो अभ्यास और संतुलन, अनुशासन का

अनुपातात्मक बोध था वह शायद ही प्रयाग के किसी चित्रकार में हो।[3] इनके प्रमुख शिष्यों में डॉ. रामकुमार विश्वकर्मा, सत्यानारायण नन्दा, रामकिशोर शुक्ल, राजिन्दर कपूर, कांती खरे आदि हैं।

डॉ. विपिन कुमार अग्रवाल

डॉ. विपिन कुमार अग्रवाल भौतिकी वैज्ञानिक, कलाकार एवं साहित्यकार थे। प्रयाग के सांस्कृतिक जीवन में विपिन अग्रवाल एक धूमकेतु की तरह चौथे दशक में सहसा आ गये और नवें दशक के आते-आते हमारे बीच से उठ गये। विपिन अग्रवाल की कला प्रयोगवादी और अमूर्त शैली पर आधारित थी। 'एब्स्ट्रेक्ट कला' में काम करने वाले प्रयाग में बहुत कम चित्रकार थे। गिने-चुने चित्रकार अमूर्त आकारों को सृजित करने का साहस उन दिनों कर पाते थे क्योंकि प्रयाग में 'बंगाल शैली' का वर्चस्व व्याप्त था। अधिकांश छात्र-छात्रायें 'वाश तकनीकि' में चित्रण करते थे। इलाहाबाद विश्वविद्यालय में काफी अर्से तक अमूर्तकला के बारे में विद्यार्थियों को जानकारी भी नहीं दी जाती थी, चित्र करना तो दूर रहा।

इलाहाबाद के सांस्कृतिक जीवन में विपिन अग्रवाल ने कई स्तर से कार्य किया। वे केन्द्रीय सांस्कृतिक समिति के शताब्दी समारोहों के उपाध्यक्ष थे।

अमूर्तन के बारे में विपिन जी का विचार था कि दो आकार एक दूसरे में प्रवेश करके निराकार का बोध कराते हैं और निराकार को साकार रूप में प्रकट भी करते हैं। इस प्रक्रिया में ही वह एक आकार को अनेक आकारों के साथ घुलते-मिलते रहते और जुड़ते देखता है और उस नौबुलस स्थिति से ग्रह उपग्रह भी छिटकते—बनते देखता है। उस अरूप और रूप और विद्रूप की प्रक्रिया में जो कुछ अनुभव के स्तर पर व्यक्त होता है वही चित्रित करना विपिन का अभीष्ट था। यही भिन्नता विपिन जी की पहचान थी।

विपिन कुमार अग्रवाल का जन्म फतेहपुर (उ.प्र.) में 2 अप्रैल 1931 को हुआ था। इलाहाबाद में ही इनकी शिक्षा हुई। 1952 से इलाहाबाद विश्वविद्यालय में भौतिक शास्त्र के आचार्य एवं विभागाध्यक्ष पद तक पहुँचे थे। 1957 अमेरिका, 1959 दिल्ली, 1962, 1990, 1949 इलाहाबाद, 1993 लखनऊ, 1976 इटली, में इनके चित्र प्रदर्शित हुए।

8 जुलाई 1989 को अमेरिका में दिवंगत हुए, मरणोपरान्त 1990 में 'भुवनेश्वर पुरस्कार' का सम्मान दिया गया। इनके चित्र संयोजन-7, परिवार-1, दफ्तर के अन्दर, अमूर्तन, आत्मचित्र-2, गंगा के किनारे, लेखक मित्र, दृश्यचित्र, गुलदस्ता, संयोजन आदि अधिक लोकप्रिय रहे हैं।

विपिन अग्रवाल का कहना है : "मनुष्य में भाषा का गुण है। यह भाषा कविता में, शब्दों में, संगीत स्वरों में, चित्रकला में, रेखाओं-रंगों में हो सकती है। जैसी और जितनी परिपक्व भाषा होती है वैसी ही और उतनी ही दुनिया दीखती है। अतः हर भाषा हमारे सामर्थ्य की परिचायक है। चित्रकला हमें आँखों से नहीं, हाथों से देखना सिखाती है। इस प्रकार वह हमारी संवेदनशीलता को बढ़ाती है। यह काम और कोई विधा नहीं कर सकती। ऊषाकालीन सौन्दर्य सभी देखते हैं। सदियों से उसे प्रतिदिन देखते हुए हम बर्बर बने रह सकते हैं। सभ्य होना उसी समय शुरू करते हैं, जब उसका अंकन करना शुरू करते हैं। देखना आसान है, बनाना सृजन करना है तब उस प्राकृतिक घटना से एक मानवीय तत्व जुड़ता है। इसलिए हमें चित्रकला में बराबर रुचि लेते रहना चाहिए यदि हम मानवीय गुणों को अपने अन्दर समाहित करते रहना चाहते हैं। साधना ही हमें मानव बनाती है।"

यमुना तट पर बना ऐतिहासिक अकबर का किला।

खुल्दाबाद स्थित खुशरो बाग।

सैय्यद मुनव्वर शाह बाबा की हिम्मत गंज स्थित दरगाह।

सामान्य में असामान्य : नगर की एक सार्वजनिक इमारत।

इलाहाबाद का कचहरी भवन।

अतीत उकेरती एक और ऐतिहासिक इमारत।

कंपनी बाग स्थित विक्टोरिया मेमोरियल।

चर्च लेन स्थित होली ट्रिनिटी चर्च।

बालादत्त पाण्डेय

श्री बालादत्त पाण्डेय का जन्म 1 मार्च, 1933, रानीखेत, अल्मोड़ा, उत्तरांचल में हुआ। श्री पाण्डेय ने राजकीय कला एवं शिल्प महाविद्यालय, लखनऊ से आर्ट मास्टर्स ट्रेनिंग दो वर्षीय पाठ्यक्रम से कला शिक्षा प्राप्त की, इसके बाद इन्होंने बी.ए. और एम.ए. चित्रकला की शिक्षा कानपुर विश्वविद्यालय, कानपुर से श्रेष्ठ अंकों में उत्तीर्ण की है। श्री बालादत्त पाण्डेय सेन्ट्रल पेडागाजिल इंस्टीट्यूट, इलाहाबाद में कई वर्षो तक चित्रकला शिक्षण में लगे रहे और वहीं से अवकाश ग्रहण किया है।

श्री बालादत्त पाण्डेय की चित्रण शैली प्रमुखतः आधुनिक चित्रशैली है। बिन्सेंट बागवाग की तकनीकि पर आनन्द कुमार स्वामी का एक व्यक्ति चित्र बिन्दु-बिन्दु लगाकर उत्तर प्रभाववादी चित्र शैली में चित्रित किया था जिसको देखकर यह प्रमाणित होता है कि श्री पाण्डेय आधुनिक चित्रकला शैलियों से काफी प्रभावित रहे हैं। प्राकृतिक दृश्यों का चित्रण भी बहुत ही खूबसूरत और आकर्षक ढंग से प्रस्तुत किया है।

श्री बालादत्त पाण्डेय की प्रसिद्ध कला प्रदर्शनी 1982 में दि थियोसोफिकल सोसाइटी ऑफ इलाहाबाद एवं प्रयाग कला समिति 'प्रकाश' ने मिलकर इलाहाबाद स्थित थियोसोफिकल सोसाइटी के हाल में आयोजित की थी जिसका उद्घाटन उ.प्र. लोक सेवा आयोग के अध्यक्ष श्री भट्टाचार्या ने किया था। श्री पाण्डेय ने 'सत्य' को अभिव्यक्त करने के उद्देश्य से लगभग 21 विशाल चित्रों का सृजन किया था। श्री पाण्डेय की 'इक्का' सिरीज लोकप्रिय हुई है।

श्री बालादत्त पाण्डेय प्रयाग कला समिति 'प्रकाश' के संस्थापक सदस्य, सचिव रहे और वर्तमान में अध्यक्ष का पद संभाल रहे हैं। इनके नेतृत्व में प्रयाग कला समिति, इलाहाबाद के रचनाकारों की प्रदर्शनी, चित्रकला कार्यशाला और व्याख्यान माला आदि का आयोजन करती है। श्री पाण्डेय राज्य ललित कला अकादमी के 6 वर्षो तक सदस्य रहे हैं। आपके अधिकांश चित्र सार्वजनिक महत्वपूर्ण चित्र संग्रहों में संग्रहीत हैं। जैसे इंग्लैण्ड, हालैण्ड, ललितकला अकादमी आदि। 1998 में राज्य ललित कला अकादमी उ.प्र. ने श्री बालादत्त पाण्डेय को बीस हजार रुपये से स्वतन्त्रता की स्वर्ण जयन्ती समारोह पर सम्मानित किया।

वर्तमान में श्री बालादत्त पाण्डेय की चित्र रचना आधुनिक चित्र शैली में आध्यात्मिक भावनाओं को अभिव्यक्त करने के उद्देश्य से चल रही है। इस शृंखला में 'ॐ' चित्रमाला बहुत ही आकर्षक और सम्प्रेषणीय है।

श्री बालादत्त पाण्डेय आधुनिक युग के प्रयाग के प्रमुख चित्रकार हैं। इनकी कला आधुनिक कला आन्दोलनों की बराबरी में श्रेष्ठ सिद्ध होती है।

डॉ. रामकुमार विश्वकर्मा

महान विचारक एमील ने कहा था कि "महान कलाकार वह है जो सत्य को सरल कर दे।" कहना न होगा कि यही सिफत है डॉ. रामकुमार विश्वकर्मा की। डॉ. विश्वकर्मा ने समसामयिक समाज की विसंगतियों और विषमताओं को चित्रित करने के लिए अपनी एक नई विशेष शैली विकसित कर ली है। वह शैली है पौराणिक मिथकों और सांस्कृतिक प्रतीकों की। उनके रूपकों में पुराणों और दंत कथाओं के नायक-नायिकाएं आधुनिक मूल्यों और जीवन शैली की ओर संकेत करते हुए दिखाई पड़ते हैं।

1 जनवरी, 1946 को जन्मे डॉ विश्वकर्मा इन दिनों इलाहाबाद विश्वविद्यालय के 'दृश्यकला विभाग' के विभागाध्यक्ष हैं। इनकी

शिक्षा गाँव से आरम्भ होकर इलाहाबाद विश्वविद्यालय तक हुई है। रोचक तथ्य यह है कि विज्ञान छोड़कर चित्रकला की शिक्षा में एम.ए. (चित्रकला), डी.फिल. और डिप्लोमा चित्रकला की शिक्षा ग्रहण की है।

डॉ. विश्वकर्मा को इस राह पर चलते हुए लम्बा अरसा गुजर चुका है और अब तो वह पूरी तरह कलाजगत के ही अभिन्न होकर रह गये हैं। कला, कला के लिए भी हो सकती है और समाज के लिए भी और यह कला के लिए होकर भी समाज के लिए हो सकती है। एक स्वान्तः सुखाय है दूसरी परांतः सुखाय। रचना जिस अंश तक समाज के लिए हो सकती है उसी अंश तक वह सफल है। रचनाकार का संवेदन समाज का संवेदन होना चाहिए। कला जिस सीमा तक संवेद्य है उसी सीमा तक सार्थक है।

डॉ. रामकुमार विश्वकर्मा के चित्रों को देखकर दो बातें आसानी से समझी जा सकती हैं। एक तो यह कि कलाकार ने पारम्परिक बंगाल चित्र शैली को तीन आयामी विस्तार देने की कोशिश की है और दूसरी ओर यह कि वह कुछ आत्मनिष्ठ है। पारम्परिक शैली में भावांकन को ज्यादा महत्व दिया जाता है, लेकिन चित्रकार ने इसे स्वीकार करते हुए पश्चिमी शैली का भी समावेश किया है और रेखाओं तथा रंगों के सहारे दिक्काल के तीनों आयामों को पकड़ने की कोशिश की है और इसमें सफलता भी मिली है। डॉ. विश्वकर्मा सधी हुई रेखाएं और नियंत्रित रंग, लम्बाई, चौड़ाई और ऊँचाई को पूरी तरह व्यक्त करते हैं। कलाकार की आंतरिक अपेक्षाकृत वृहत्तर निष्ठा को व्यक्त करते हैं। कहीं न कहीं वह इस देश की दार्शनिक विरासत के प्रति आग्रही हैं। कलाकार का यह आग्रह प्रकारान्तर से उसकी ईमानदारी और जीवन के मूल स्रोत की तलाश को व्यक्त करता है। कलाकार अपनी पूरी शक्ति के साथ कई चित्रों में भारतीय दर्शनों के इसी स्रोत की तलाश करता रहा है। जिन आर्थिक दबाओं और असुरक्षा की भावना के कारण हमारे मूल्यों एवं मान्यताओं में गिरावट आयी है कलाकार ने 'कालचक्र' जैसी कृतियों में उसे अभिव्यक्त करने की कोशिश की है।

बंगाल स्कूल के इस चित्रकार ने प्रयाग के ऐतिहासिक स्मारकों एवं उनकी वर्तमान स्थिति, भक्ति प्रधान चित्र तथा आधुनिक परिवेश में सांस्कृतिक पतन को भी अभिव्यक्त किया है।

डॉ. विश्वकर्मा की चार पुस्तकें चित्रकला के विभिन्न विषयों पर प्रकाशित हो चुकी हैं। राज्य ललित कला अकादमी उ.प्र. के 1991 से 1996 तक सामान्य सभा के सदस्य रहे हैं। प्रयाग कला समिति, चित्रकला परिषद, केन्द्रीय सांस्कृतिक समिति के सक्रिय सदस्य और पदाधिकारी हैं। दृश्यकला विभाग, इलाहाबाद विश्वविद्यालय की स्थापना, स्नातकोत्तर एवं शोधकार्य की सुविधा तथा बी. एफ.ए. व एम.एफ.ए. प्रोफेशनल कला पाठ्यक्रमों की योजनाओं में सक्रिय एवं क्रियाशील हैं।

डॉ. श्याम बिहारी अग्रवाल

डॉ. श्याम बिहारी अग्रवाल ने राजकीय कला एवं शिल्प कलकत्ता से डिप्लोमा, एम.ए., डी.फिल. चित्रकला की शिक्षा प्राप्त की है। इन्होंने भारतीय भित्ति चित्रकारी (म्यूरल) में विशेषता हासिल की है, वाश तकनीकि के अधिकांश चित्रों की सरल एवं सामूहिक प्रदर्शनियाँ आयोजित हो चुकी हैं। टेम्परा चित्रण में भी शिक्षा ग्रहण की है और खुद टेम्परा प्रविधि में चित्र भी तैयार किये हैं। ग्राफिक कला के एचिंग और लीनोकट की भी शिक्षा प्राप्त की है।

1 सितंबर, 1942 को सिरसा, इलाहाबाद में जन्मे डॉ. श्याम बिहारी अग्रवाल के चित्र सौन्दर्यात्मक अभिव्यक्ति की ओर उन्मुख

भारतीयता से ओत-प्रोत हैं। वाश टेक्निक में निर्मित चित्र और टेम्परा तकनीक में चित्रित कलाकृतियों में तकनीकि का भ्रम होता है। ग्रामीण जीवन पर आधारित चित्रों में कलाकार की सूक्ष्म निरीक्षण शक्ति का एहसास होता है। गाँव के लोगों की मनःस्थितियों, रुचियों, परिधानों, कार्य-व्यापारों तथा उनके परिवेश का अध्ययन और उनका चित्रण कुशलता से किया है।

लगभग आठ एकल चित्र प्रदर्शनी और प्रमुख राज्य ललित कला अकादमी, लखनऊ, इण्डियन सोसायटी ऑफ ओरियेंटल आर्ट, कलकत्ता, एकेडेमी ऑफ आर्ट एण्ड क्राफ्ट, कलकत्ता, ललित कला परिषद, इलाहाबाद विश्वविद्यालय, रोटरी क्लब आदि स्थानों में इनके चित्रों की प्रदर्शनियाँ आयोजित हो चुकी हैं। आजकल आप चित्रकला-प्राध्यापक दृश्यकला विभाग, इलाहाबाद विश्वविद्यालय में सेवारत हैं।

डॉ. अजय कुमार जैतली

24 दिसम्बर, 1964 को इलाहाबाद में जन्मे चित्रकला में कानपुर विश्वविद्यालय से एम.ए., पी-एच.डी. और वर्तमान में प्राध्यापक-चित्रकला, दृश्यकला विभाग, इलाहाबाद विश्वविद्यालय में सेवारत डॉ. जैतली लगभग आधा दर्जन एकल चित्र प्रदर्शनी एवं लगभग बीस सामूहिक कला प्रदर्शनियों में भाग ले चुके हैं। राज्य ललित कला अकादमी से पुरस्कृत हो चुके हैं तथा इसी संस्था की सामान्य सभा और कार्यकारिणी के सदस्य रह चुके हैं। ललित मोहन सेन के व्यक्तित्व एवं कृतित्व पर शोधकार्य सम्पन्न किया है। व्यक्तिचित्रण एवं दृश्यचित्रण के विशेषज्ञ हैं। कई व्यक्तिचित्र इलाहाबाद विश्वविद्यालय, उच्च न्यायालय इलाहाबाद तथा अन्य सार्वजनिक स्थानों में प्रदर्शित हैं।

डॉ. अभिनव गुप्त

2 फरवरी, 1963 को इलाहाबाद में जन्मे डॉ. अभिनव गुप्त ने डी.ए.वी. कालेज, कानपुर विश्वविद्यालय, कानपुर से शिक्षा प्राप्त की है। वर्तमान में अतिथि कलाकार के रूप में दृश्यकला विभाग, इलाहाबाद विश्वविद्यालय में सेवारत हैं। स्क्रेयरक्रो, कलर इन रिद्म, दृश्यचित्रण, तथा वाश विधा के कई चित्र प्रसिद्ध हो चुके हैं। लगभग 10 सामूहिक एवं दो एकल चित्र प्रदर्शनी का आयोजन कर चुके हैं। आजकल राज्य ललित कला अकादमी उ.प्र. की सामान्य सभा के सदस्य हैं। चित्रकार शिविरों में भाग ले चुके हैं। शिल्पी, कानपुर, डी.ए.वी. कालेज, कानपुर, हिन्दुस्तानी अकादमी, इलाहाबाद में चित्र संग्रहीत हैं। समाचार पत्रों में रेखाचित्र प्रकाशित हो चुके हैं।

संदर्भ

1. लक्ष्मीकान्त वर्मा, इलाहाबाद के चित्रकार, पृष्ठ 34
2. पंडित शंभुनाथ मिश्र का वक्तव्य, शिल्प सुषमा पत्रिका, पृष्ठ 3
3. इलाहाबाद के चित्रकार, पृष्ठ 37

प्रयाग में राम कथा

• डॉ. सुरेन्द्रसिंह चौहान

वैसे तो प्रत्येक माघ माह में प्रयाग स्थित त्रिवेणी के स्नान का महत्व है। परन्तु वर्ष 2001 में महाकुम्भ में स्नान का महात्म्य अवर्णनीय है। धर्मशास्त्रों और पौराणिक साहित्य में कुम्भ पर्व के महत्त्व के संदर्भ में कही बातें, कुम्भ का लाभ प्राप्त करने वाले को देवता उसी प्रकार नमन करते हैं, जैसे धनवान को भिखारी करता है। अथवा हजार गायों के दान के बराबर का फल कुम्भ में स्नान मात्र से मिलता है, अथवा कार्तिक महीने में एक हजार बार, माघ में सौ बार, बैसाख में अनेक बार स्नान करने से जो फल मिलता है उससे कहीं अधिक फल कुम्भ के एक स्नान मात्र से मिलता है। माघ के महीने में सूर्य जब मकर राशि पर होते हैं तब सब लोग तीर्थराज प्रयाग को आते हैं। बहुभाषी लोग, विभिन्न मत-मतान्तर के साधु-सन्त, संन्यासी तथा विश्व के कोने-कोने से गृहस्थों द्वारा भारत की विविधतामयी धर्म-संस्कृति एवं सांस्कृतिक एकता की त्रिवेणी का दर्शन लाभ करने के साथ ही परहित चिंतन और पारलौकिक सुख, इहलोक एवं परलोक संवारने की अभिलाषा को तृप्त करते हैं। प्राचीन काल से ही प्रयाग आस्था और विश्वास का जीवन्त केन्द्र रहा है। शुभ ग्रहों की शुभ युति में उनके नैसर्गिक प्रभाव क्षेत्र में प्रत्येक बारहवें वर्ष देश, विदेश के विभिन्न भागों से आस्थावान एवं जिज्ञासु ईश्वरानुभूति की लालसा लिए प्रयाग में एकत्र होते हैं तथा त्रिवेणी के पुण्य स्नान के साथ ही मनीषियों, ऋषि-मुनियों, तपस्वियों, संन्यासियों के अमृतमय प्रवचनों से लाभान्वित होते हैं। यहाँ पर विद्वानों, साधकों, आचार्यों, वेदान्तियों और वैदिकों के साहचर्य से अपनी शंकाओं का निवारण करते हुए इस जीवन और इस जीवन के बाद अगले जीवन के गूढ़ रहस्यों और आत्मलोचन से आत्मउत्कर्ष पर संधान करते हैं। प्रयाग उद्‌बुद्ध चेतना का सशक्त केन्द्र है। शताब्दियों से यह चेतना समृद्ध, विद्वानों, ऋषियों, महाऋषियों को आकृष्ट करती रही। गोस्वामी तुलसीदास के अनुसार माघ माह में देवता, दैत्य, किन्नर और मनुष्य के समूह सब आदर पूर्वक त्रिवेणी का स्नान करते हैं।

माघ मकरगत रवि जब होई।
तीरथ पतिहि आव सब कोई॥
देव दनुज किन्नर नर श्रेनी।
सादर मज्जहि सकल त्रिवेनी॥

समस्त तीर्थों के राजा प्रयागराज में इस वर्ष महाकुम्भ में तीन करोड़ लोगों ने एक दिन में स्नान किया। वर्तमान शताब्दियों का प्रथम महाकुम्भ होने के साथ ही इस प्रकार का संयोग भी 144 वर्ष बाद आया था। इतने बड़े जन समागम में संस्कृति विभाग द्वारा राम कथा विषयक चित्रों की प्रदर्शनी के साथ अयोध्या के प्रमुख मन्दिर एवं उनके विग्रह के रंगीन छायाचित्र लगाए गये। प्रदर्शनी इतनी भव्य लगी थी कि विशिष्ट जनों के साथ ही आमजन ने भी बड़े श्रद्धाभाव से देखा एवं सराहना की।

आयुक्त महोदय श्री सदाकान्त ने प्रदर्शनी का उद्‌घाटन किया और प्रदर्शनी को प्रासंगिक बताया। ठीक ही उन्होंने कहा क्योंकि

रामकथा जो प्रचलित हुई वह प्रथम बार याज्ञवल्क्य मुनि द्वारा प्रयाग में ही भारद्वाज मुनि को सुनाई गयी। वह माघ महीने में ही कही गयी थी। वही कथा का सन्देश जन-जन तक इस प्रदर्शनी से पहुँच रहा था। रामकथा तो जितनी बार कही सुनी जाय उतना लाभ होता है।

मंगल करनि कलि मल हरन, तुलसी कथा रघुनाथ की।
गति कूर कविता सरित की, ज्यों सरित पावन पाथ की॥
प्रभु सुजस संगति भनिति, भलि होइहि सुजन मन भावनी।
भवभोग भूति समान की, सुमिरत सुहावनि पावनी॥

रामकथा को लोकप्रिय बनाने में रामचरितमानस का महत्वपूर्ण योगदान रहा। गोस्वामी तुलसीदास जी ने जो रामकथा लिखी वह प्रयाग में कही गयी थी। उनके अनुसार भारद्वाज मुनि के आश्रम में प्रत्येक वर्ष मुनियों का आगमन माघ में होता था। वे सब माघ पर भगवत् चर्चा करके माह के अंत में अपने-अपने आश्रम को वापस जाते थे।

भारद्वाज आश्रम अति पावन।
परम रम्य मुनिवर मन भावन॥
तहा होई मुनि रिषय समाजा।
जाहिं ते भज्जन तीरथ राजा॥
मज्जहिं प्रात समेत उछाहा।
कहहि परसपर हरि गुन गाहा॥

इस प्रकार से प्रत्येक वर्ष मुनिजन आकर माघ में प्रातःकाल स्नान कर हरिगुण गाते थे। हर साल वहाँ बड़ा आनन्द होता था। मकर में स्नान कर मुनि लोग अपने-अपने आश्रम को चले जाते थे।

एहि, प्रकार माघ भरि नहाहीं।
मुनि सब निज-निज आश्रम जाहीं॥
प्रति संवत अति होई अनंदा।
मकर मज्जि गवनहिं मुनि वृंदा॥

एक वर्ष हमेशा की तरह मकर नहाने मुनि जन आए और भारद्वाज आश्रम में रहकर त्रिवेणी का स्नान और हरि चर्चा का आनंद लिया। माघ माह समाप्त होने पर अन्य मुनि जन तो अपने आश्रम को चले गये परन्तु भारद्वाज जी ने परम् विवेकी याज्ञवल्क्य मुनि के चरण पकड़ कर रोक लिया।

एक बार भरि मकर नहाए।
सब मुनीस आश्रमन्ह सिधाए॥
जागबलिक मुनि परम विवेकी।
भरद्वाज राखे पद टेकी॥

भारद्वाज मुनि ने याज्ञवल्क्य मुनि से भगवान राम की कथा सुनाने की प्रार्थना की तो याज्ञवल्क्य मुनि ने भारद्वाज मुनि को राम कथा सुनाई। इस प्रकार राम की कथा प्रयाग से ही उद्भूत हुई और जन-जन में व्याप्त हुई। वहीं रामकथा का वर्णन और चित्रण बाद में अनेक कवियों व कलाकारों द्वारा किया गया। भारतीय लघु चित्रकला के माध्यम से रामकथा को महाकुम्भ में पधारे लोगों को दिखाने हेतु प्रदर्शनी का आयोजन हुआ। जो प्रासंगिक तो थी ही, बड़ी रोचक भी थी।

मानव प्रागैतिहासिक काल से ही अपने मन की भावनाओं को विभिन्न माध्यमों से व्यक्त करता रहा है। मनोभावों को अंग-प्रत्यंग हिलाकर व्यक्त किया जाता है तो नृत्य, जब लेखनी के द्वारा मनोभाव व्यक्त किए जाते हैं, तो साहित्य का सृजन होता है। इसी प्रकार भावनाओं को व्यक्त करने का माध्यम जब तूलिका होती है तो वह चित्रकला का श्रोत बनता है।

चित्रों की रचना भारत में आदिकाल से होती रही है। लघुचित्र हमें 15वीं शताब्दी से मिलते हैं। यह शताब्दी समाज के प्रत्येक क्षेत्र में पुनर्जागरण का काल थी। भक्ति, संगीत, साहित्य में नये-नये प्रयोग हुए तो चित्रकला भी अछूती न रही। भारतीय चित्रकला में भी नये-नये प्रयोग हुए। मुगलों के आगमन से ईरानी कला का प्रभाव भारतीय चित्रकला पर पड़ना स्वाभाविक था। मुगल दरबार सजने तथा भारतीय राजाओं के उनके दरबार में आगमन से एक समय ऐसा आया कि राजस्थान आदि के प्रत्येक राजे-रजवाड़ों में लघुचित्र बनवाना दरबार का एक प्रमुख कार्य हो गया था।

भारतीय रजवाड़ों के दरबार में अनेक विषय वस्तु पर चित्र बने, लगभग प्रत्येक दरबार में रामकथा संबंधी चित्र बने। राम कथा संग्रहालय अयोध्या फैजाबाद द्वारा रामकथा विषयक कला सामग्री संजोयी जा रही है। उसी कला सामग्री में से लघु चित्रों को छांट कर उनके रंगीन बड़े छाया चित्र बनवाये गये। चित्रों को भगवान राम के जीवन चरित्र की कथाक्रमानुसार प्रदर्शनी में प्रदर्शित किया गया।

भगवान के जन्म से पूर्व की परिस्थितियों, पुत्रकायजग्य, रामजन्म, बालचरित, वाल्मीकि यज्ञ की रक्षा, धनुष जग्य, सीता राम विवाह, बनवास, ऋषियों, मुनियों से मिलन, सूपर्नखा प्रसंग, खर-दूषन उद्धार, सीताहरण, सुग्रीव मिलन, बालि उद्धार, सीता की वानरों द्वारा खोज, लंका दहन, सेतुबन्ध, लंका युद्ध, रावण वध, सीता की अग्नि परीक्षा, अयोध्या वापसी और राम का राजतिलक तक के प्रसंग से संबंधित सैकड़ों चित्र प्रदर्शित हुए जिनसे साक्षर एवं निरक्षर दोनों प्रकार के लोगों ने रामकथा से साक्षात्कार किया।

प्रदर्शनी के मण्डप में ही एक ओर अयोध्या के प्रमुख मन्दिरों एवं उनके विग्रह के रंगीन छायाचित्र भी बड़े आकार में लगाए गये थे जिन्हें दर्शकों ने बड़ी रुचि के साथ देखा और सराहना की। अनेक लोगों के मुँह से बरबस निकला कि पूरा अयोध्या दर्शन तो यहीं पर हो गया।

जनकपुरधाम के मंदिर एवं विग्रह के कुछ चित्र लगाए गये थे। बौआ हनुमान के चित्र को बहुत ही कौतुहलपूर्ण नजरों से लोगों ने देखा। बौआ हनुमान नामक एक बंदर था जिसकी दो वर्ष पूर्व मृत्यु हो गयी। बड़े आकार के इस बानर की विशेषता थी कि मंगलवार को कोई खाने-पीने की वस्तु देने पर वह ग्रहण नहीं करता था। इसलिए उसे बौआ हनुमान के रूप में मान्यता मिली। प्रदर्शनी में यह चित्र भी आकर्षण एवं श्रद्धा का केन्द्र था।

आस्था चैनल ने विशेष रूप से इस प्रदर्शनी का छायांकन किया तथा उसको प्रसारित किया। इस प्रकार प्रयाग से प्रसूत रामकथा महाकुंभ में संस्कृति विभाग, उत्तर प्रदेश द्वारा आयोजित प्रदर्शनी के माध्यम से लाखों लोगों तक पुनः पहुँची।

त्वदीयं वस्तु गोविन्दम्।
तुभ्यमेव समर्पियाम्॥

ऐतिहासिक संदर्भ में प्रयाग

• डॉ. ओमप्रकाशलाल श्रीवास्तव

ईसा पूर्व छठी शताब्दी के सोलह महाजनपदों में 'वत्स' एक महत्वपूर्ण जनपद के रूप में प्रतिष्ठित था जिसकी राजधानी कौशाम्बी थी। वर्तमान में यह इलाहाबाद मण्डल अर्थात् प्रयाग क्षेत्र के अन्तर्गत है। यह नगरी कुछ वर्ष पूर्व इलाहाबाद जनपद के मंझनपुर तहसील में स्थित थी। प्रसिद्ध ऐतिहासिक नगरी होने के कारण इसके नामानुरूप ही प्रशासनिक दृष्टि से कौशाम्बी जनपद का सृजन किया गया। कौशाम्बी नरेश उदयन तथा अवन्ति नरेश प्रद्योत की राजकुमारी वासवदत्ता की प्रेम-कथा प्रसिद्ध है। ईसा पूर्व द्वितीय शताब्दी में कालिदास[1] ने मेघदूत में कहा है कि उज्जयिनी में वृद्ध लोग उदयन और वासवदत्ता की कथा का वर्णन करते हैं। कालिदास के पूर्व भास ने इसी कथा को आधार बनाकर **'स्वप्न-वासवदत्ता'** नाटक लिखा है तथा वाद में श्री हर्ष ने **रत्नावली** नाटिका का प्रणयन किया है। लगभग द्वितीय शताब्दी ईसा पूर्व के भरहुत-शिल्प में भी इस कथा का अंकन है जिसमें उदयन-वासवदत्ता को हाथी पर सवार प्रदर्शित किया गया है। इस प्रकार साहित्य और कला दोनों में वत्स जनपद से सम्बन्धित इस कथा को महत्वपूर्ण स्थान दिया गया है।

यह क्षेत्र गौतम बुद्ध के जीवन की घटनाओं से सम्बन्धित होने के कारण भी महत्वपूर्ण है। महात्मा बुद्ध कई बार कौशाम्बी आये थे। उनके लिए यहाँ पर बिहारों का निर्माण किया गया था। कौशाम्बी के उत्खनन में घोषिताराम बिहार के अवशेष पाये गये हैं। इससे संबंधित अभिलेखीय साक्ष्य[2] भी उपलब्ध हुआ है। जैनधर्म के छठवें तीर्थंकर पद्मप्रभु का जन्म कौशाम्बी में ही हुआ था। कौशाम्बी के पश्चिम में स्थित पभोसा उनकी तपस्थली थी। अतः जैन धर्म की दृष्टि से भी इस क्षेत्र का महत्व है।

ईसा पूर्व छठी शताब्दी के अन्तिम चरण में कोशल, मगध, वत्स और अवन्ति के साम्राज्य-विस्तार की पारस्परिक स्पर्धा में अन्ततः मगध को पूर्ण सफलता मिली और वत्स जनपद का क्षेत्र भी मगध के अधीन हो गया। महापद्मनन्द के बाद इस क्षेत्र पर मौर्य साम्राज्य का आधिपत्य हुआ। अशोक के कौशाम्बी स्तम्भलेख[3] में कौशाम्बी का नाम 'कोसंबी' उल्लिखित है। यही नाम (कोसंबी) लगभग ईसा पूर्व तीसरी-दूसरी शताब्दी के नगर-सिक्कों[4] पर भी प्राप्त होता है। अशोक ने कौशाम्बी अभिलेख में कहा है कि जो भी भिक्षु या भिक्षुणी संघ में फूट डालेगा उसे सफेद वस्त्र पहनाकर संघ से बाहर कर दिया जायेगा। इससे पता चलता है कि उसके समय में बौद्ध-संघ में फूट पड़ने लगी थी। अशोक ने इस तरह की चेतावनी अपने सारनाथ[5] एवं साँची[6] अभिलेख में भी दी है। इस प्रकार बौद्ध धर्म की दृष्टि से कौशाम्बी का विशेष महत्व है। इसी कारण अशोक की द्वितीय रानी तीवर की माता कास्वाकी ने यहाँ पर आम्रवाटिका तथा आरामगृह आदि दान दिया था।[7]

अन्तिम मौर्य सम्राट बृहद्रथ की हत्या करने के बाद उसके सेनापति पुष्यमित्र ने मगध साम्राज्य पर अधिकार कर लिया था। अतः मौर्यों के बाद यह क्षेत्र बैम्बिक[8] वंशीय पुष्यमित्र के साम्राज्य का अंग बन गया। शासक बन जाने के बाद भी पुष्यमित्र को उसकी पूर्व उपाधि 'सेनापति' से संबोधित किया गया है, जैसा कालिदास के **मालविकाग्निमित्र**[9], धनदेव के अयोध्या अभिलेख[10] तथा बाण के हर्षचरित[11] से स्पष्ट है।

पुष्यमित्र के बाद इस क्षेत्र में कौशाम्बी के स्थानीय शासकों—बृहस्पतिमित्र प्रथम[12] बृहस्पतिमित्र द्वितीय[13] जेठमित्र[14] अश्वघोष[15] धनदेव[16] अग्निमित्र[17] ववघोष[18] राधमित्र[19] सुरमित्र[20] वरुणमित्र[21] प्रजापतिमित्र[22] राजमित्र[23] रजनीमित्र[24] पोठमित्र[25] सतमित्र[26] सर्पमित्र[27] नाविक[28] तथा अगराज[29] आदि की जानकारी उनके सिक्कों तथा अभिलेखों से प्राप्त होती है। कौशाम्बी के पार्श्व में स्थित पभोसा में ऊदक के दसवें वर्ष के अभिलेख[30] से कौशाम्बी और अहिच्छत्र के शासकों के पारस्परिक सम्बन्धों पर प्रकाश पड़ता है। इस अभिलेख में कहा गया है कि कौशाम्बी नरेश बृहस्पतिमित्र के मामा तथा अहिच्छत्र-शासक शोनकायन के वंशज आषाढ़सेन द्वारा गुहावास का निर्माण कराया गया।

इसके बाद कौशाम्बी में मघ शासकों का राज्य स्थापित हुआ जिनमें भद्रमघ[31] शिवमघ[32] वैश्रवण[33] भीमवर्मन[34] जयमघ[35] शतमघ[36] पुरमघ[37] युगमघ[38] तथा विजयमघ[39] के सिक्के प्राप्त हुए हैं। इस वंश के संस्थापक 'मघ' के सिक्के पर महाराजमघ[40] लेख पढ़ा गया है। भद्रमघ और विजयमघ की मृण्मुद्रांकों में उन्हें 'महाराज' **महाराजस्य कौत्सी पुत्रस्य श्री भद्रम**[41] तथा **महाराजस्य गौतमी पुत्रस्य श्री विजयमघस्य**[42] कहा गया है। विजयमघ का एक ऐसा ताम्र सिक्का भी मिला है जिस पर **'महाराजविजय**[43] अंकित है। मघ शासकों के बहुत से प्रस्तर अभिलेख भी कौशाम्बी एवं अन्य स्थलों से प्राप्त हुए हैं जिससे इस क्षेत्र में उनके आधिपत्य की पुष्टि होती है। **युवराजस्य नव्वस्य**[44] लेखांकित मृण्मुद्रांक से पता चलता है कि मघ राजवंश में युवराजों का भी महत्वपूर्ण योगदान था और उनकी स्वतन्त्र मुद्रायें होती थीं। शासक होने के उपरान्त **राज्ञः नव्वस्य**[45] लेखायुक्त उसकी मृण्मुद्रांक भी प्राप्त हुई है।

मघों के बाद संभवतः इस क्षेत्र पर नाग शासकों का आधिपत्य हो गया था[46] क्योंकि समुद्रगुप्त के इलाहाबाद स्तंभलेख[47] में मघों का कोई उल्लेख नही मिलता। उसका आर्यावर्त युद्ध सीधे नाग शासकों के साथ वर्णित है। अशोक के ही स्तंभ पर उत्कीर्ण समुद्रगुप्त के अभिलेख तथा गढ़वा (इलाहाबाद जनपद में स्थित प्राचीन भट्टग्राम) से प्राप्त चन्द्रगुप्त द्वितीय[48] एवं कुमारगुप्त[49] के अभिलेखों से इस क्षेत्र पर गुप्त सम्राटों के अधिकारों की पुष्टि होती है। यद्यपि समुद्रगुप्त के अभिलेख में कौशाम्बी नाम नहीं मिलता, परन्तु कौशाम्बी से प्राप्त गुप्तकालीन मृण्मुद्रांक (कौशाम्ब्यां घोषिताराम महाविहारे भिक्षु संघस्य[50]) में **'कौशाम्बी'** अंकित है, जिससे पता चलता है कि पुरातात्विक अभिलेखों में बाद में **'कोसंबी'** के स्थान पर 'कौशाम्बी' नाम प्रयुक्त होने लगा था। उत्तर गुप्त काल के आदित्यसेन के अफसढ़ अभिलेख[51] में उत्कीर्ण है कि कुमार गुप्त द्वितीय ने **'प्रयाग'** में जाकर धार्मिक अग्नि में अपना प्राणोत्सर्ग किया था। **'कौशाम्बी'** के स्थान पर 'प्रयाग' का उल्लेख करने वाला यह पहला अभिलेख है जो प्रयाग से काफी दूर प्राप्त हुआ था। आदित्यसेन के इस अभिलेखीय साक्ष्य से प्रयाग के धार्मिक महत्व की जानकारी प्राप्त होती है।

उत्तर गुप्तों के अनन्तर इस क्षेत्र पर क्रमशः मौखरी एवं वर्धन वंश का आधिपत्य ज्ञात होता है। श्रीहर्ष के द्वारा प्रयाग महोत्सव में अपना सर्वस्व दान देने की कथा अति प्रसिद्ध है जिसका वर्णन तत्कालीन चीनी यात्री ह्वेनसांग भी करता है। इसके बाद त्रिकोणात्मक संघर्ष में कभी राष्ट्रकूट, कभी पाल और कभी प्रतिहारों ने प्रयाग क्षेत्र पर अपना अधिकार स्थापित किया परन्तु राष्ट्रकूट और पालों का अधिकार क्षणिक ही रहा। फतेहपुर के पास कोराई से मिले मिहिरभोज के चाँदी के सिक्के[52] इस क्षेत्र पर उसके शासन की पुष्टि करते हैं। असनी से प्राप्त वि.सं. 974 का महीपालदेव का अभिलेख[53] भी इस पर गुर्जर प्रतिहारों के अधिकार का समर्थन करता है।

अतः ईसा पूर्व छठी शताब्दी से पूर्व मध्यकाल के बीच प्रयाग-क्षेत्र अनेक राजवंशों की उपलब्धियों से समृद्ध हुआ।

संदर्भ

1. श्रीवास्तव, ओमप्रकाशलाल, आर्कियोलॉजी आफ एरच : डिस्कवरी आफ न्यू डाइनेस्टीज, सुलभ प्रकाशन, वाराणसी, 1991, पृ. 27-28 कालिदास ईसापूर्व में पुरातात्विक साक्ष्य, विश्वज्योति, नवम्बर 1992, पृ 14-16, कालिदास बिफोर क्राइस्ट न्यूमिस्मैटिक एण्ड इपिग्रैफिकल इविडेन्सेज, जर्नल आफ न्यूमिस्मैटिक सोसाइटी आफ इण्डिया, जिल्द 55, (1993) पृ. 109-111, कालिदास की तिथि ईसापूर्व द्वितीय शताब्दी, जर्नल आफ गंगानाथ झा केन्द्रीय संस्कृत विद्यापीठ में शीघ्र प्रकाश्य।
2. भयंतस धरस अंते वासिस भिखुस फगुलस
बुधावासे घोषितारामे सव बुधानं पुजाये शिलाकारिता
3. सरकार, डी.सी. : सलेक्ट इन्स्क्रिप्शन्स, जिल्द 1, 1942, पृ. 73
4. एलन, जे. : कैटलॉग आफ द क्वायन्स आफ एशिएण्ट इण्डिया, इन्ट्रोडक्शन, पृ0 88-89
5. सरकार, डी.सी. : वही, पृ. 75
6. वही, पृ. 74
7. .... दुतीयाये देविये दाने अंबा वाडिका वा आलमे च दानगृहे – तीवल मातु कालुवाकिये, सरकार, डी.सी. : वही, पृ. 72
8. श्रीवास्तव, ओमप्रकाशलाल : फ्रेश लाइट आन पुष्यमित्राज डाइनेस्टिक नेम-बैम्बिक 'भारती' बुलेटिन आफ द डिपार्टमेंट आफ एशिएण्ट इण्डियन हिस्ट्री कल्चर एण्ड आर्कियोलॉजी, काशी हिन्दू विश्वविद्यालय वाराणसी, जिल्द 23, 1996-97, पृ. 12-13, पुष्यमित्र का राजवंश बैम्बिक था शुंग नहीं, पंचाल, जिल्द 12, पृ. 77-80
9. अयं देवस्य सेनापतेः पुष्यमित्रस्य सकाशात्सोत्तरीय प्राभृतको लेखः प्राप्तः। मालविकाग्निमित्र, अंक-5
10. ... द्विरश्वमेधयाजिन सेनापतेः पुष्यमित्रस्य ..., सरकार, डी.सी., वही, पृ. 96
11. .... सेनानीरनार्यो मौर्यं बृहद्रथं पिपेष पुष्यमित्रः स्वामिनम् - हर्षचरित, पृष्ठ उच्छ्वास

12-17. एलन, जे : वही पृ. 150-154

18-24. जर्नल आफ न्यूमिस्मैटिक सोसाइटी आफ इण्डिया, जिल्द 4, पृ. 1-12

25-29. वही, पृ. 133-138

30. राज्ञो गोपाली पुलस बहसतिमित्रस मातुलेन गोपालिया वैहिदरी पुत्रेण आषाढ़सेनेन लेनं कारितं ऊदाकस दसम - संवछरे – अधिछत्राया राज्ञो शोनकायन पुत्रस्य वंगपालस्य पुत्रस्य राज्ञो/तेवणी पुत्रस्य भागवतस्य पुत्रेण वैहिदरी पुत्रेण अषाढ़सेनेन कारितं। – सरकार, डी.सी. वही, पृ. 97-98

31-34. जे.एन.एस.आई., जिल्द 2, पृ. 95-108

35. इण्डियन न्यूमिमैटिक क्रोनिकल, जिल्द 3, पृ. 16
36. जे.एन.एस.आई., जिल्द 4, पृ. 10

37-38. वही, जिल्द 8, पृ. 8; वही, पृ. 9

39. वही, जिल्द 4, पृ. 11
40. शास्त्री, अजयमित्र : कौशाम्बी होर्ड आफ मघ क्वायन्स, 1979, पृ. 69

41-42. त्रिपाठी, आर.आर. : मास्टर पीसेज इन द इलाहाबाद म्यूजियम, 1984, पृ. 46; वही, पृष्ठ 45

43. रेयर क्वायन आफ महाराज विजय आफ मघ डाइनेस्टी, लेखक का शोधपत्र जे.एन.एस.आई. में प्रकाशनार्थ स्वीकृत।
44. त्रिपाठी, आर.आर. : वही, पृ. 47
45. थपल्याल, के.के. : स्टडीज इन एशिएण्ट इण्डियन सील्स, पृ. 26-27
46. श्रीवास्तव, ओमप्रकाशलाल : आर्कियोलॉजी आफ एरच डिस्कवरी आफ न्यू डाइनेस्टीज, पृ. 4
47. सरकार, डी.सी., वही, पृ. 254-260
48. फ्लीट, जे.एफ. : भारतीय अभिलेख संग्रह (हिन्दी) राजस्थान हिन्दी ग्रंथ अकादमी, जयपुर, 1974, पृ. 46-49
49. वही, पृ. 50-53
50. थपल्याल के.के., वही, पृ. 209
51. ... शौर्य सत्यव्रत धरो यः प्रयागगतो धने। अम्भसीव करीषाग्नौ मग्नः स पुष्पपूजितः। – फ्लीट, जे.एफ. : वही, पृ. 250
52. लेखक का अध्ययन जारी है।
53. इण्डियन एण्टिक्वेरी, जिल्द 16, पृ. 173-175

इलाहाबाद के सूफी दायरे

• डॉ. अनंतराम मिश्र • उपासना शर्मा

अन्य परम्पराओं की तरह इस्लाम में भी मनुष्य को मूलतः इन्द्रिय (नफ़्स) और आत्मा (रूह) की संयुक्त इकाई माना गया है जो प्रकृति में ईश्वर की सर्वश्रेष्ठ रचना (अशरफुल मख़लूक) है। इन्द्रियां तीन प्रकार की होती हैं। पहली—नफ़्से अम्मारा जो मनुष्य को बुराई की ओर उत्तेजित करती हैं, दूसरी—नफ़्से लउआमा जो विचारों की स्रोत हैं जिसके प्रभाव में मानव अनापेक्षित कार्यों की ओर उत्प्रेरित होता है। तीसरी प्रकार की नफ़्स को नफ़्से-मुतमईना की संज्ञा दी गयी है। यह मनुष्य को सत्य की ओर प्रेरित कर आत्मज्ञान का मार्ग प्रशस्त करती है। यह संसार जो क्षणिक व मनमोहक है, इसमें उलझना अभीष्ट ध्येय से विचलित होना है। एक हदीस में यह निम्न शब्दों में उल्लिखित है :

अद दुनिया सिजनुल मोमनीन व जन्नतुल काफ़िर

(दुनिया मोमिनों के लिए कैदखाना है व काफिरों के लिए जन्नत)

मनुष्य का कर्तव्य है कि वह अपनी उन जड़ों को खोजकर प्राप्त करे जिससे उसका उद्भव हुआ है। यह क्षमता ईश्वर द्वारा केवल मानव को प्रदत्त है। सूफीवाद इसी दर्शन से प्रभावित होकर वैराग्यवाद की ओर अग्रसर हुआ और यही वैराग्यवाद इस्लाम में तसव्वुफ अथवा मॉरिफत के नाम से जाना जाता है। इस दर्शन की गतिशीलता ने इसे दुनिया में विभिन्न स्थानों पर संस्थागत रूप प्रदान किया। भारतीय मानस, जिस पर बौद्ध दर्शन व उपनिषदों का व्यापक प्रभाव था, ने इसे सरलता से ग्रहण किया और लोकप्रियता की ओर अभिमुख किया। इस दर्शन की उत्पत्ति सम्बन्धी विवेचनाओं व विश्लेषण इसके दर्शन के श्रोतों को अलग-अलग स्थापित करने का प्रयत्न करते हैं परन्तु वह इल्म अथवा ज्ञान है जिसे कुरान में 'इल्म मख़लूक' से अलग कर 'इल्म अल्लाहताला' शब्द से संबोधित किया गया है। इसी ज्ञान को प्राप्त करके मनुष्य जिस ऊँचाई पर अवरोहित होता है उसका बयान अल्लामा इकबाल ने निम्न शब्दों में किया है :

हजारों चश्में तेरी संगे राह से फूटें
खुदी में डूब कर जर्वे-कलीम पैदा कर।

सूफीवाद पर उपलब्ध पहली प्रामाणिक पुस्तक 'कश्फुल महजूब' में इसकी उत्पत्ति का आधार स्वयं इस्लाम के पैगम्बर हजरत मुहम्मद व उनके खलीफाओं को माना है[1] जो वैराग्यपूर्ण व एकांतिक जीवन व्यतीत करते हुए सत्य के साक्षात्कार हेतु सदैव तत्पर रहते थे। इस्लाम के चौथे और अन्तिम खलीफा हजरत अली को सूफियों ने अपना शेख माना क्योंकि वे जीवन में सभी प्रकार के त्याग की प्रतिमूर्ति थे[2] और आध्यात्मिक ज्ञान-भण्डार के द्वार माने जाते हैं। यदि समाजशास्त्रीय दृष्टिकोण से इस्लाम धर्म के विकास का अवलोकन किया जाए तो यह स्पष्ट है कि सूफीवाद की जड़ें उस विद्रोह से भी निर्मित हैं जो

इस्लाम द्वारा प्रतिपादित जीवन-शैली का प्रतिषेध कर एक भिन्न जीवन-शैली को बढ़ावा दे रहा था। इसे राज्य सत्ता और उलेमा द्वारा व्याख्यायित धर्म का भी आलम्बन प्राप्त था। उलेमा कुरान की व्याख्या तर्कणा शक्ति से सम्राट के सामाजिक एवं आर्थिक प्रभुत्व को बढ़ाने की दिशा में करते थे और तत्व-मीमांसीय संवादों को इस्लाम के विरुद्ध मानते थे।

दरमांदा-ए-सलाहो-फ़सादेम अलहज़्र

ज़ी रस्हमा कि मरदुमे-आकिल निहादा अल्द

(सदाचार से रहित, भय से भ्रष्ट यही वह स्थिति है जहाँ अक्ल वालों ने हमें ला छोड़ा है।)

इस सामाजिक दर्शन ने सूफीवाद को उलेमा से अलग किया और सांसारिक सत्ता से भी। हजरत हातिमल असम फरमाते हैं, "जब से मुझे चार बातों का इल्म हासिल हुआ तबसे मैं आलिम के तमाम उलूम से बेपरवाह हो गया।" ये बातें इस प्रकार हैं :

"1. मैंने जान लिया है कि मेरा रिज्क मुकद्दर हो चुका है जिसमें न कमी हो सकती है न ज्यादती लिहाजा ज्यादा की ख्वाहिश से बेनियाज हूँ।

2. मैंने जान लिया है कि खुदा का मुझ पर हक है जिसे मेरे सिवा दूसरा अदा नहीं कर सकता लिहाजा मैं उसकी अदायगी में मशगुल हूँ।

3. मेयेरा कोई तालिब है यानि मौन। यह मेरा खास्तगार है जिससे मैं राहें फिरार अख्तियार नहीं कर सकता। लिहाजा मैंने उसको पहचान लिया है।

4. मैंने जान लिया है कि मेरा कोई मालिक है जो हर वक्त मुझे देख रहा है मैं उससे शर्म करता हूँ और नाफरमानियों से बाज रहता हूँ। बंदा जब उससे ब़ाखबर हो जाता है कि अल्लाहताला उसे देख रहा है तो वह कोई ऐसा काम नहीं करता जिसकी वजह से कयामत के दिन उसे शर्मसार होना पड़े।"[3]

सूफियों का उद्देश्य परम सत्ता में विलीन होना था जो इस संसार व स्वयं से 'फना' होकर ही संभव था। 'फना' वह आध्यात्मिक गन्तव्य है जिसमें सूफी ईश्वर के साथ एकत्व स्थापित करता है। हजरत हल्लाज मंसूर की निम्न पंक्तियां उस आध्यात्मिक चरमोत्कर्ष की अभिव्यक्ति है जिसमें वे 'फना' होकर ईश्वर से निम्न संवाद कर रहे हैं–

"लबबैंक लबबैंक या सैय्यदी व मौलाई,
लबबैंक लबबैंक या मक़सदी व मानावी,
या ऐन ऐन वजूदी या मुन्तही हमीमी,
या मुन्तकी व इशाराती व ईमामी,
या कुल्कुल्ली व या शमी व या बशीरी,
व या जुमलती व तबा अज व अज़्जाई"[4]

दातागंज बक्श के अनुसार सूफीवाद अरब में जन्मा एवं विकसित हुआ। धीरे-धीरे उनके संदेशों के प्रसार व जीवन-शैली ने अन्य को भी अपनी ओर आकर्षित किया। विभिन्न सूफियों के नाम से कई झरने फूटे जिससे दस समूह बने।[5] यद्यपि इनके परमार्थ एक ही हैं।

भारत की ओर

भारत में सूफीवाद का आगमन सम्भवतः 8वीं शताब्दी में ही हो गया था क्योंकि वर्ष 638 ईसवी में यूरोप में पराजय के बाद विजय की निरन्तरता एवं विस्तार के लिए उत्तर का ही भौगोलिक क्षेत्र शेष रह गया था। मुहम्मद बिन कासिम का आक्रमण 712 ईसवी में हुआ और उसके लगभग तीन सौ वर्ष बाद महमूद गजनवी का। इस प्रकार इस्लाम भारतीय धरती पर आठवीं सदी में स्थापित हो गया था।[6] दसवीं सदी में इस्लाम के धार्मिक-ग्रंथ कुरान का कई लोक-भाषाओं में अनुवाद हो चुका था जिससे भारतीय जनमानस के बीच इस्लाम सम्बन्धित ज्ञान प्रसारित एवं प्रचलित हो गया था। शेख सैफुद्दीन वजनी भारत में बसने वाले पहले सूफी थे, परन्तु सूफीवाद को स्थापित करने में अलहुजवरी प्रमुख थे, जिन्होंने मुल्तान क्षेत्र में रहकर अपने कई अनुयायी बनाये और इस्लाम धर्म को लोकप्रिय भी बनाया। ख्वाज़ा मुईनुद्दीन चिश्ती ने अपने एक वर्ष का समय आप ही के मजार पर साधनागत अभ्यासों में व्यतीत किया। भारत में सूफीवादी सिलसिला स्थापित करने वाले ख्वाज़ा चिश्ती पहले मुसलमान संत थे और उन्हीं से सूफीवाद के संस्थागत रूप की परम्परा भी आरम्भ हुई। पृथ्वीराज चौहान की हार के बाद भारत में इस्लाम की तीन संस्थाएं स्थापित हुयीं। राजतन्त्र, इस्लामी शरियत एवं रहस्यवाद।

इस्लाम धर्म के सभी तत्व अब भारतीय भूमि पर प्रस्फुटित हो चुके थे। रोचक तथ्य यह है कि इस्लामी रहस्यवाद उस पृथ्वी पर आया जहाँ सभ्यता के प्रारंभिक चरण में ही यह पूर्ण पल्लवित हो चुका था जैसा कि उपनिषदों में विदित है। हजरत मंसूर का अनलहक उपनिषद् के अहम् ब्रह्मास्मि अथवा तत् त्वम असि में पूर्ण प्रतिबिम्बित है। अब भारतीय भूमि इस्लाम के तत्व-मीमांसीय चिन्तन के पल्लवन एवं अभिव्यंजना का प्रमुख केन्द्र बना, चूँकि इलाहाबाद की धार्मिक महत्ता प्राचीनकाल से ही सर्वविदित थी, अतः यह भूमि इस्लामी रहस्यवादों के लिए भी एक अनुकूल वातावरण प्रदान करती थी। स्वयं दाराशिकोह ने अपना समय बनारस एवं इलाहाबाद में रहकर उपनिषदों के अनूदन में व्यतीत किया। यहीं पर इब्न अरबी के पक्ष में व अन्य विषयों पर हजरत मुहीबुल्लाह ने कई पुस्तकों की रचना की जिसमें इबादुतल-ख्वास, मकातिब, शारी-फुसुस प्रमुख हैं। दाराशिकोह ने इलाहाबाद में एक मस्जिद का निर्माण करवाया।

सूफियों की आध्यात्मिक क्रियाओं के लिए कुछ विशेष भौगोलिक क्षेत्रों को चिह्नित कर दिया गया। इसलिए अब यह खानकाह न रह कर दायरों के नाम से जाने जाने लगे। अब खानकाह उस दायरे के भीतर का एक स्थान था। खानकाह की भौगोलिक सीमा राज्य द्वारा निर्धारित नहीं की जाती थी लेकिन दायरे राज्य द्वारा सीमांकित स्थान थे। दायरों के सूफी अपने समय के ख्याति प्राप्त विद्वान, दार्शनिक एवं कवि थे। शाह मुहीबुल्ला ने इब्न अरबी के दर्शन को उलेमा के उस प्रहार से बचाया जो उसको नकार रहा था। शेख मुहीबुल्ला शेख निजामुद्दीन औलिया की परम्परा के थे जिन्होंने इस्लाम के कट्टर-पंथियों की केवल दार्शनिक आलोचना ही नहीं की बल्कि आत्म-निरीक्षण का परामर्श भी दिया। दायरे से सम्बन्धित उपलब्ध सीमित साहित्य के अध्ययन से ज्ञात होता है कि इलाहाबाद के सूफी दायरों में धार्मिक शिक्षा एवं आत्मज्ञान सम्बन्धी उपदेश देने के साथ-साथ कविता एवं सूफी साहित्य के सृजन का सरस वातावरण बना रहता था। अधिकांश दायरों के सूफी अपने समय के विख्यात कवि साहित्यकार व दार्शनिक हुए हैं। यद्यपि इनका साहित्य सृजन सुचारू रूप से नहीं हो सका है।

इलाहाबाद के सूफी दायरों की संख्या के सम्बन्ध में मतभेद है। कुछ लेखकों के अनुसार इनकी संख्या 12 है परन्तु सर्वेक्षण से ऐसा प्रतीत होता है कि इस संख्या में सिर्फ शहरी क्षेत्र में मौजूद दायरों का ही उल्लेख है। उदाहरण के लिए, झूँसी में स्थित शेख तकी

के दायरे का उल्लेख इन विद्वानों ने नहीं किया है। परन्तु कबीर के 'बीजक' से यह स्पष्ट है कि इस नाम के सूफी संत इलाहाबाद से लगे हुए झूँसी क्षेत्र में निवास करते थे और उनकी मजार आज भी मौजूद है जहाँ पर वर्ष में दो बार उर्स का आयोजन होता है।

इलाहाबाद के प्रमुख दायरे निम्न हैं जिनमें से कुछ अपनी भव्य इमारतों के माध्यम से अपनी स्थापना का संदेश देते हैं। परन्तु कुछ ऐसे दायरे भी हैं जो इतिहास के प्रवाह में अपनी अस्मिता ही नहीं खो चुके हैं, बल्कि भव्यता भी विसर्जित कर चुके हैं।

दायरा शाह अजमल

दायरा शाह अजमल का इलाहाबाद के दायरों में विशेष महत्व है। यह दायरा इलाहाबाद को प्रसिद्ध ग्राण्ड ट्रंक रोड से जोड़ने वाली सड़क पर स्थित है और इस मुहल्ले का नाम भी इसी दायरे के नाम से जाना जाता है।

दायरा शाह अजमल की स्थापना सन् 1669 में शेख मुहम्मद अफजल इलाहाबादी ने की थी यही कारण है कि प्रारम्भ में इस दायरे को दायरा शाह अफजल के नाम से पुकारा गया। किन्तु 1831 से यह दायरा इसके चौथे सज्जादानशीं शाह मुहम्मद अजमल के नाम से प्रसिद्ध हुआ।

शेख मुहम्मद अजमल की मृत्यु 1713 में हो गई। शेख अफजल ने इस दायरे में एक मस्जिद खानकाह व मदरसे की स्थापना की जहाँ पर अध्ययन और अध्यापन का कार्य होता था। इस संस्था में लोग दूर-दूर से आकर आध्यात्मिक एवं सांसारिक ज्ञान प्राप्त करते थे।

शाह अजमल ने कसीदा, गजल, कतात, रुबाई, मसनवी, लुगत, हम्द इत्यादि की रचनायें कीं। आपकी गजलों में सूफी सिद्धान्तों की स्पष्ट झलक दिखाई देती है। इलाहाबाद के सम्बन्ध में उनके द्वारा रचित एक कविता की कुछ पंक्तियाँ निम्न हैं :

महतेदर शहर हाए जुमला जहाँ चुखुशाबाहवा इलाहाबाद दर
तमामे फैजाए हिन्दोस्तां-मसकने औलिया इलाहाबाद मरकदे
शाह अफजल अस्त आंजां ऐ खुशाए खुशा इलाहाबाद बा
हुसूले मुरादा हा अजमल व नूमायद खुदा इलाहाबाद।

अर्थात, "इलाहाबाद संसार के बड़े-बड़े नगरों में से एक है। जिसकी जलवायु बहुत अच्छी है। भारतवर्ष के अन्य स्थानों में से इलाहाबाद ही बड़े-बड़े औलिया और सूफी संतों का निवास स्थान है, यहाँ पर शाह अफजल की कब्र है। यह इलाहाबाद के लोगों के लिए बड़े गर्व की बात है।"

यह दायरा शाह अजमल के जीवनकाल में अत्यधिक प्रसिद्ध हुआ। विभिन्न सूबों के यात्री दायरे में आकर रहते थे। शाह अजमल के पूर्वजों को माफी की जो जमीनें आलमगीर और फर्रूखासियर से प्राप्त हुई थीं शाह अजमल के समय उनमें वृद्धि हुई। मुगल सम्राट को शाह अजमल में बड़ी श्रद्धा थी। उसने इनके जीवन-यापन व दायरे के खर्च के लिए माफी की जमीन में वृद्धि की।

शाह अजमल का समय मुगलों के पतन का समय था। अंग्रेजों का प्रभाव भारत में शनै-शनै बढ़ता जा रहा था। नवाब आसिफुद्दौला की शाह अजमल में विशेष आस्था व श्रद्धा थी। जब वह इलाहाबाद आते तो शाह अजमल के दर्शन के लिए दायरे में अवश्य उपस्थित होते। नवाब आसिफुद्दौला ने दायरा शाह अजमल की खानकाह का निर्माण करवाया था। इस दायरे के प्रवेश द्वार के सामने शाह अजमल की खानकाह है। इसके दायीं ओर शेख मुहम्मद अफ़जल द्वारा निर्मित मस्जिद है जिसकी निर्माण शैली औरंगजेब के समय की स्थापत्य-कला की याद दिलाती है। मस्जिद के निकट लगा हुआ शेख अफ़जल और मुहम्मद अजमल का रौजा

है इसके अतिरिक्त अन्य संतों और पीरों के भी रौजे हैं।

इस समय दायरा शाह अजमल दो सज्जादानशीनों के मध्य विभाजित है। दोनों पक्ष की ओर से न्यायालय में मुकदमा चल रहा है तथा आपस में अत्यधिक वैमनस्य है। वर्तमान में सैय्यद नासिर फाखिरी इस दायरे के सज्जादानशीन हैं। आधुनिक समय में इस दायरे की स्थिति अच्छी है और यह दायरा इलाहाबाद के सक्रिय दायरे के रूप में अपनी पहचान बनाए हुए है। दायरा शाह अजमल में बिना संगीत के कव्वाली का प्रचलन है। कव्वाली की परम्परा सूफियों के 'शमां' पर आधारित है।

दायरा शाह रफीउज्जमां

इलाहाबाद के विभिन्न दायरों में मुहल्ला याहियापुर स्थित कादरिया सिलसिला का दायरा शाह रफीउज्जमां विशेष उल्लेखनीय है जिसकी स्थापना प्रसिद्ध सूफी बुजुर्ग शाह अब्दुल लतीफ ने की थी। कालान्तर में यह दायरा अब्दुल लतीफ के नवासे शाह मुहम्मद रफीउज्जमां के नाम से जाना जाने लगा। इस दायरे का इतिहास अत्यन्त रोचक है। इस दायरे के सूफी संतों ने मानव-जीवन में ज्ञान की नवीन ज्योति जलाई।

दायरा शाह रफीउज्जमां का प्रारम्भिक इतिहास शाह अब्दुल लतीफ के इलाहाबाद आगमन से प्रारम्भ होता है। शाह अब्दुल लतीफ सम्राट जलालुद्दीन मुहम्मद अकबर के शासन काल (1556-1605) में बंगाल, बिहार और उड़ीसा के तरफदार एवं बादशाह अकबर के एक विश्वासपात्र अधिकारी थे। किन्तु कुछ दिनों बाद उन्होंने प्रसिद्ध सूफी राजू मुहम्मद जौनपुरी के प्रभाव में आकर अकबरी दरबार के प्रतिष्ठित पद का परित्याग कर दिया और अपना सम्पूर्ण समय ईश्वर की आराधना एवं ध्यान में व्यतीत करने लगे। अकबर और जहांगीर शाह अब्दुल लतीफ के महान भक्त थे। यही कारण था कि जब शाह अब्दुल लतीफ राजू मुहम्मद जौनपुरी की आज्ञा से राजकीय पद त्याग कर अचानक इलाहाबाद चले आये तो अकबर को इस समाचार से अत्यधिक दुख हुआ।

सम्राट अकबर की ओर से प्रायः शाह के परिवार एवं शाह की खानकाह के लिए कुछ मौजों की माफी का फरमान जारी किया गया किन्तु शाह ने इसे स्वीकार करने से इनकार कर दिया। बाद में यह उनके सगे सम्बन्धियों के नाम स्थानान्तरित हो गया। विशेषकर अकबर ने शाह अब्दुल लतीफ के बहनोई मौलवी हिदायतुल्ला कादरी और बहन खैरुनिन्सा के नाम माफियों के फरमान जारी किये। शाह अब्दुल लतीफ का स्वर्गवास 1629 में हो गया और उन्हें उनके पैतृक कब्रिस्तान में दफन किया गया। शाह लतीफ के पुत्र सैय्यद के कोई सन्तान न होने के कारण उनके नवासे शाह मुहम्मद रफीउज्जमां जो इनके खलीफा भी थे, इनके बाद सज्जादानशीं हुए। इनका जन्म 1758 में हुआ। शाह रफीउज्जमां कादिरिया सिलसिले के प्रमुख व्यक्ति थे। इनकी मृत्यु 1865 में हुयी और पारिवारिक कब्रिस्तान में दफन किये गये।

आधुनिक समय में यह दायरा जीर्णावस्था में है। आज इस दायरे के भग्नावशेष खंडहर के रूप में हैं। किसी समय दायरे में मस्जिद एवं मजार भी थी। अब इस स्थान पर केवल दो तीन चबूतरे के चिह्न मात्र दिखाई देते हैं। वास्तविक स्थान वहाँ के स्थानीय लोगों द्वारा हड़प लिया गया है। अब दायरे में नवनिर्मित मस्जिद ही शेष रह गयी है जिसकी देख-रेख इसी परिवार के सैय्यद असद हामिद कर रहे हैं। वर्तमान में इस दायरे का कोई सज्जादानशीन नहीं है। अन्तिम सज्जादानशीन हकीम शाह सैय्यद अहमन साहब की कब्र पास के ही कब्रिस्तान में है। हकीम साहब के नाम से अब इस मुहल्ले को हकीम बादशाह मुहल्ला भी कहते हैं।

दायरा शाह-मुहीबुल्लाह

दायरे के संस्थापक शेख मुहीबुल्लाह इलाहाबाद के मूर्धन्य दार्शनिक व सूफी थे। चिश्ती सिलसिले के महान सूफी शेख मुहीबुल्लाह इलाहाबाद के विद्वानों में विशेष उल्लेखनीय रहे। यह दायरा बहादुरगंज मुहल्ले में स्थित है।

शेख मुहीबुल्लाह का जन्म इलाहाबाद के निकट सदरपुर स्थान पर सन् 1587 में हुआ। प्रारंभिक धार्मिक शिक्षा प्राप्त करने के बाद तत्व-मीमांसीय ज्ञान की उद्दीप्त अभिलाषा से ओत-प्रोत कई समकालीन सूफियों से मुलाकात की। दिल्ली में शेख अबू सैद के खानकाह में सूफीवाद का प्रारंभिक ज्ञान प्राप्त किया और साधना भी सीखी। फिर वे रूदौली गये जहाँ पर उनकी मित्रता वहाँ के प्रसिद्ध सूफी अब्दुर्रहमान चिश्ती से हो गयी। दाराशिकोह शेख के प्रशंसकों में से थे लेकिन वहदतुल वजूद के दर्शन के अनुयायी होने के कारण उन्हें उलेमा तथा विशेषकर जौनपुर के मुल्ला मुहम्मद जौनपुरी जैसे विद्वानों का विरोध सहना पड़ा और अन्ततः उनको यह कहना पड़ा कि ईश्वरीय ज्ञान उलेमा के तर्क के परे है। यह एक ऐसा कथन है जो हसरत हाफ़िज शीराजी व मौलाना रूम व जामी की याद दिलाता है। अक्ल की सीमा पर मौलाना रूम लिखते हैं –

बिशोये-अक्ल दस्ते-खेश अज़मन

के दर मजनू पैबस्तम मन इमरोज

(ऐ अक्ल, मुझे रोकने वाले अपने हाथ खींच ले क्योंकि मैं आज मजनूं में लीन हूँ)

मुहीबुल्लाह के मुरीदों की संख्या इतनी बढ़ गयी कि शेख के एक मुरीद ने बहादुरगंज स्थित एक मकान जहाँ आधुनिक दायरा स्थित है, शेख को दे दिया। दायरे में कोई मस्जिद न होने के कारण आधुनिक पक्की मस्जिद के स्थान पर कच्ची मस्जिद बनाई गई लेकिन बाद में शाहजहाँ की आज्ञा से वर्तमान पक्की मस्जिद बनवाने का कार्य प्रारम्भ कराया गया। किन्तु इसी बीच 1648 में शेख मुहीबुल्लाह का देहान्त हो गया। शेख मुहीबुल्लाह का मजार किसी भव्य इमारत के रूप में नहीं है। वह एक ऊँचे पक्के चबूतरे पर बना हुआ है। चारों ओर एक बड़ा अहाता है। यह मजार यमुना नदी के किनारे मौजा कुरैशीपुर (कीडगंज) में है। कब्रिस्तान में शेख के मुरीदों एवं परिवार वालों के भी अनेक मजार हैं। वर्तमान में दायरे में खानकाह एवं मस्जिद है।

मस्जिद में बड़े सुन्दर फारसी अक्षरों में मस्जिद की निर्माण तिथि के संबंध में अंकित है जो निम्न है –

"साले तारीख ई खजिस्ता मेकाम

मस्जिदे आरिफे खोदा आमद"

अर्थात्, इस पवित्र स्थान की स्थिति का अर्थ इस प्रकार निकलता है "खुदा को पहचानने वाले बुजुर्ग की यह मस्जिद है।"

आधुनिक समय में खानकाह की स्थिति अत्यन्त जीर्ण अवस्था में है। खुली जगह पर स्थानीय लोगों ने दुकानों का निर्माण कर लिया है किन्तु इसके बाद भी एक बड़ा भू-भाग प्रांगण के रूप में है। मुगल स्थापत्य-कला की यहाँ की शाही मस्जिद अत्यन्त सुन्दर बनी हुई है। मस्जिद का निर्माण काफी ऊँचाई पर किया गया है। मस्जिद के ऊपर एक अत्यन्त सुन्दर बड़ा गुम्बद है जिसके उत्तर और दक्षिण में एक-एक छोटे गुम्बद हैं।

शेख मुहीबुल्लाह के उर्स का आयोजन इस्लामी पंचांग के अनुसार आठ और नौ रज़ब को होता है। आठ रज़ब को सूर्यास्त के समय कीडगंज मजार पर फातिहा पढ़ा जाता है तथा नौ रज़ब को सुबह की नमाज के बाद कुरानखानी (कुरान का पाठ) तथा जुहर की नमाज (मध्याह्न) के बाद फातिहा बहादुरगंज स्थित शेख मुहीबुल्लाह के दायरे में होता है। इन अवसरों पर भारी संख्या में लोग भाग लेते हैं।

वर्तमान समय में इस दायरे के सज्जादानशीन शाह मुहम्मद सैफुमला हैं।

दायरा शाह अब्दुल जलील

यह दायरा मुहल्ला चक में स्थित है। अब्दुल जलील अपने समय के महान सूफी सन्त थे। शाह अब्दुल जलील का जन्म अगस्त 1584 रमजान महीने में इलाहाबाद के उत्तर ग्राम मेनडारह (सोरांव तहसील इलाहाबाद) में हुआ था। शाह अब्दुल जलील महान विद्वान और अध्यात्म-ज्ञान में दक्ष थे। पिता का नाम काजी सदरुद्दीन था। कहा जाता है कि शाह अब्दुल जलील के जन्म से पहले ही एक सूफी ने इनके वली (सूफी) होने के सम्बन्ध में भविष्यवाणी की थी। इनके खलीफा शेख मुहम्मद अब्दुस्सादिक गंगोही अपने समय के महान विद्वान थे जिन्होंने शाह अब्दुल जलील को धार्मिक शिक्षा दी। इसके अतिरिक्त इन्होंने दिल्ली में शेख अब्दुल देहलवी से हदीस का अध्ययन किया तथा अनेक ग्रन्थों के तत्वज्ञाता बने।

कहा जाता है कि हजरत मुहम्मद साहब ने शाह अब्दुल जलील को स्वप्न में आदेश दिया कि गंगोह जाओ और शेख मुहम्मद सादिक के मुरीद बनो। अब्दुल जलील इस आदेश का पालन करते हुए तुरन्त दिल्ली से गंगोह आये तथा वहाँ पहुँचकर शेख मुहम्मद सादिक के मुरीद हुए। उन्होंने 32 वर्षों तक ज्ञान प्राप्त किया और शेख द्वारा संचालित लोक कल्याण के कार्यों में हाथ बटाते रहे। समय आने पर शेख मुहम्मद सादिक ने इन्हें खिलाफत देकर इलाहाबाद जाने की आज्ञा दी। शेख अब्दुल जलील इलाहाबाद आये और निवास करने लगे। लोग इनकी विद्वता एवं चमत्कारिक शक्ति की ओर अत्यन्त आकृष्ट हुए और फलतः एक विशाल जनसमूह शाह का मुरीद हो गया।

शाह अब्दुल जलील का 1702 में स्वर्गवास हो गया। इलाहाबाद स्थित मुहल्ला चक में दफन किया गया। शाह का मजार भव्य है। यहाँ जनमानस का आना-जाना लगा रहता है।

शाह का रौजा अपना विशिष्ट स्थान रखता है। गुम्बद के मध्य में अब्दुल जलील की कब्र है। पश्चिम की ओर उनकी बीबी की एवं पूर्व की ओर उनके खलीफा मुहम्मद इसहाक की कब्र है। इसके अतिरिक्त दायरे में शाह के परिवार के लोग भी दफन हैं। अब्दुल जलील का यह रौजा लाल पत्थरों से निर्मित भारतवर्ष में अपने प्रकार का इकलौता है। चौबीस कलात्मक खम्बों पर टिके इस मकबरे में चौबीस कोष्ट भी हैं जो भारतीय स्थापत्य-कला का अति उत्तम उदाहरण है। अत्यधिक गहराई लिए गुम्बद और अन्दर बनाई फूल-पत्तियाँ आज भी कला का उत्कृष्टतम उदाहरण हैं। परन्तु इस ऐतिहासिक मकबरे की स्थिति दिन प्रतिदिन जीर्ण होती जा रही है। इसमें लगे लाल पत्थरों की सुन्दरता छिप गयी है। रौजे के समीप ही शाहजादा दाराशिकोह की बनवाई मस्जिद भी स्थित है।

इलाहाबाद के इस चक मुहल्ले का वास्तविक नाम चक अब्दुल जलील था। मुगल शासकों की ओर से अनेक ग्राम शाह को भेंट स्वरूप दिये गये। वह मकान जिसमें आधुनिक सज्जादानशीं सैय्यद मुहम्मद सईद अख्तर उर्फ नैय्यर मियाँ रहते हैं शाह अब्दुल जलील

का अपना मकान था।

शाह अब्दुल जलील का उर्स प्रत्येक वर्ष सात शाबान को आयोजित होता है जिसमें शाह के मुरीद बड़ी संख्या में अपने श्रद्धा-सुमन अर्पित करते हैं।

दायरा शाह मुहम्मद अलीम

दायरा शाह मुहम्मद अलीम दायरा शाह अजमल से कुछ ही दूरी पर मुहल्ला दोंदीपुर में स्थित है। दायरे के मुख्य द्वार पर इसकी स्थापना तिथि 1218 हिजरी मुताबिक 1803 का उल्लेख है। मुख्य दरवाजे के भीतर एक बड़ा प्रांगण है जिसकी पश्चिम दिशा में एक सुन्दर मस्जिद है। मस्जिद के आंगन में उत्तर दिशा की ओर अनेक पक्के मजार स्थित हैं। इन्हीं मजारों में एक मजार शाह मुहम्मद अलीम का है। मस्जिद के दायीं ओर दायरे की खानकाह है। इस दायरे का नाम उसके संस्थापक शाह मुहम्मद अलीम के नाम पर है। यह दायरा दोनों सुहरावर्दिया और कादरिया सिलसिले का है।

अधिकांश लोग इस दायरे को दायरा शाह अजमल की एक शाखा समझते हैं किन्तु यह एक भिन्न दायरा है क्योंकि दायरे के इतिहास से यह ज्ञात होता है कि इस दायरे के संस्थापक शाह मुहम्मद अलीम के पिता शाह फैजुल्लाह व दायरा शाह अजमल के द्वितीय सज्जादानशीं शाह मुहम्मद याहिया उर्फ शाह खूबुल्लाह के भाई थे।

शाह मुहम्मद अलीम ने अपनी प्रारम्भिक शिक्षा शाह मुहम्मद नासिर अफजली से प्राप्त की और थोड़े समय में अरबी और फारसी भाषा में दक्षता प्राप्त कर ली। नासिर अफजली ने अपनी पुत्री हदिया बीबी का विवाह शाह आलम से कर दिया। इस प्रकार शाह अजमल और शाह अलीम के बीच पारिवारिक सम्बन्ध स्थापित हो गये। यही कारण है कि अधिकांश लोग इस दायरे को दायरा शाह अजमल की ही शाखा समझते हैं। दायरा शाह अजमल के अन्य विद्वानों के समान ही शाह मुहम्मद अलीम ने भी विद्या और साहित्य में विशेष रुचि ली और वह अपने समय के महान कवियों में से एक थे।

आज भी शाह अलीम का दायरा अपना विशेष महत्व रखता है। इलाहाबाद की जनता आप के इस दायरे को बड़ी श्रद्धा की दृष्टि से देखती है। दायरा शाह अलीम में संगीत अथवा कव्वाली का न तो प्रारम्भ में ही प्रचलन था और न ही आज है।

दायरा शाह मुनव्वर अली

दायरा शाह मुनव्वर अली हिम्मतगंज में ग्राण्ड ट्रंक रोड के किनारे स्थित है। दायरे के संस्थापक सैय्यद शाह मुनव्वर अली थे जिनका जन्म सन् 1086 में बगदाद में हुआ था। यह पीर दस्तगीर हजरत अब्दुल कादिर जीलानी के भान्जे एवं शिष्य थे। मुनव्वर अली शाह अपने पीर कबीरुद्दीन शाह दूल्हा की आज्ञा के अनुसार बगदाद से इलाहाबाद आये थे। यह कादरिया सिलसिले के एक प्रमुख सूफी संत थे। इलाहाबाद आकर शाह मुनव्वर अली अपना समय लोगों को अलौकिक ज्ञान एवं शिक्षा देने में व्यतीत करने लगे। यहाँ पर शाह अब्दुल करीम उर्फ मुल्ला फकीर अकबर विलायती मुस्तफावादी शाह मुनव्वर अली के प्रमुख खलीफा थे। सन् 1911 में शाह का स्वर्गवास हो गया।

मुनव्वर अली शाह ने खानकाह और उसकी चहारदीवारी अपने जीवनकाल में ही बनवा दी थी, जो इलाहाबाद के सूफी दायरों की परम्परा थी। इस दायरे में एक मस्जिद है जिसके दक्षिण की ओर मुनव्वर अली शाह का हुजरा था। शाह का मजार भव्य एवं सुन्दर गुम्बद के नीचे स्थित है। दूसरा मजार मुल्ला शाह बाबा का है। खानकाह का क्षेत्र काफी विस्तृत है। दायरे के अन्दर मुनव्वर अली शाह के समय का ही एक कुँआ है, जिसकी चौड़ाई छः फुट और गहराई 75 फुट है।

चन्द्रमा पंचांग के अनुसार प्रत्येक वर्ष चार रबी उस्मानी को शाह मुनव्वर अली का उर्स होता है। सुबह के समय कुरानखानी और रात साढ़े नौ बजे तक में फातिहा होता है। उर्स के मौके पर समां (कव्वाली) का आयोजन नहीं किया जाता। वर्तमान में इस दायरे का सज्जादानशीं कोई नहीं है बल्कि मुहम्मद मुख्तार खाँ इस दायरे की देख-रेख में लगे हुए हैं।

दायरा शाह गुलाम अली अथवा दायरा मुल्ला मुहम्मदी शाह

यह दायरा इलाहाबाद के मुहल्ला रानी मण्डी में स्थित है। इस दायरे के संस्थापक शाह मुहिबुल्ला कादिरी थे जो ग्राम औसरनिया जिला फतेहपुर के रहने वाले थे। सन् 1679 में इनका इलाहाबाद आगमन हुआ। सर्वप्रथम यमुना नदी के किनारे कंकटघाट में रुके। फिर उस स्थान पर आकर बस गये जहाँ वर्तमान में दायरा स्थित है। शाह मुहिबुल्ला कादिरी सिलसिले से सम्बन्धित थे। मृत्यु के बाद उनके चचेरे भाई शाह गुलाम अली जो अपने समय के प्रसिद्ध सूफी विद्वान थे, को सम्राट औरंगजेब के समय में बहुत अधिक कृषि योग्य भूमि एवं अन्य सम्पत्ति परगना चायल में प्राप्त हुई। औरंगजेब के शासन काल में ही इनकी मृत्यु हो गयी। शाह गुलाम अली की बहन के पुत्र शाह गुलाम रसूल सज्जादानशीं हुए। इनके बाद मकसूद अली और तदोपरान्त अमीर अली इस दायरे के सज्जादानशीं हुए।

जहाँ तक मुल्ला मुहम्मदी शाह का प्रश्न है मुल्ला मुहम्मदी शाह खुरासान के रहने वाले थे। यह बदखशा के एक प्रतिष्ठित एवं सम्मानित परिवार से सम्बन्धित थे जो सादाते हुसैनी के नाम से जाना जाता था। 1844 ईसवी में यह इलाहाबाद आये। यहाँ के लोग इनके आध्यात्मिक ज्ञान से प्रभावित होकर उनकी ओर आकर्षित होने लगे। उन्होंने इलाहाबाद के लोगों से इच्छा प्रकट की वह ऐसा निवास स्थान चाहते हैं जहाँ पास में मस्जिद हो। लोगों ने इनकी इच्छा को ध्यान में रखकर नक्शबन्दी खानकाह दायरा शाह गुलाम अली का चयन किया जिसमें शाह गुलाम की रौजाशाही मस्जिद एवं पक्का दलान एवं एक बड़ा आंगन था बाकी भाग में जंगली पेड़ थे। मुल्ला मुहम्मदी शाह के ज्ञान, ध्यान एवं इबादत का समाचार सुनकर लोग दूर-दूर से इनकी सेवा में आने लगे। मुल्ला शाह 50 वर्ष तक सज्जादानशीं रहे। 1894 में मुहम्मदी शाह का स्वर्गवास हो गया और इसके बाद इस दायरे को दायरा मुहम्मदी शाह के नाम से जाना गया।

दायरे का प्रवेश द्वारा रानी मण्डी की सड़क के किनारे सात सीढ़ियों की ऊँचाई पर निर्मित है। भव्य द्वार के अन्दर बड़ा मैदान और दायरे से सम्बन्धित लोगों के लिए आवासीय स्थल है। फाटक के पश्चिम की ओर पुनः एक प्रवेश द्वार है जिसमें प्रवेश करने पर एक बड़े प्रांगण में मस्जिद है। दाहिनी ओर मुल्ला मुहम्मदी शाह का सुन्दर रौजा है जिसके एक बड़े कमरे में मुल्ला मुहम्मदी शाह की मजार है तथा उनके खलीफा मौलवी अब्दुल शकूर एवं शाह अब्दुर्ररऊफ की कब्र है। दूसरी ओर शाह गुलाम अली शाह की है। इसके दायीं ओर गुलाम रसूल शाह की मजार और बायीं ओर गुलाम अजम शाह की मजार है।

यह दायरा कादरिया और चिश्तियाँ मत का है। वर्तमान में इस दायरे के सज्जादानशीन शाह सैय्यद मकसूद अहमद हैं, जो एक विद्वान एवं सूफीवाद के ज्ञाता हैं।

दायरा शाह मुल्ला मुहम्मदी में प्रत्येक बृहस्पतिवार को महफिले समां (कव्वाली) का आयोजन किया जाता है जिसमें दायरे के सज्जादानशीन स्वयं उपस्थित होकर कव्वाली सुनते हैं। इस दायरे में कव्वाली गायन के साथ वाद्य यंत्रों का भी प्रचलन है। बड़ी संख्या में भक्तगण उपस्थित होकर सज्जादानशीन को भेंट प्रदान करते हैं।

दायरा सिकन्दर अली

यह दायरा मुहल्ला दोन्दीपुर एवं मुहल्ला बरन्तला के बीच स्थित है जो अब एक रौजे के रूप में है। दायरा शाह सिकन्दर अली के संस्थापक सैय्यद शाह सिकन्दर अली थे, जो अपने समय के प्रसिद्ध सूफी सन्त थे। इनके पीर का नाम मियाँ शाह फतल अली रहमानी था। शाह ने इन्हीं से शिक्षा एवं सूफी सिद्धान्तों का ज्ञान प्राप्त किया।

शाह सिकन्दर अली ने रहमानिया सिलसिले का प्रचार किया। गाजीपुर, हैदराबाद, जबलपुर, इलाहाबाद एवं अन्य नगरों में इनके मुरीदों की संख्या बहुत अधिक थी। शाह सिकन्दर अली की मृत्यु 1 अक्टूबर 1909 जुमे के दिन हुई। शाह सिकन्दर अली के बाद उनके पुत्र मुशर्रफ हुसैन ने अपने परिवार का नाम उज्ज्वल किया तथा शाह मुशर्रफ हुसैन ने अपने पुत्र सैय्यद शाह अन्सार हुसैन को वैयत कर खिलाफत की पदवी प्रदान की और अपना उत्तराधिकारी बना दिया।

भारत के बँटवारे के बाद सैय्यद अन्सार साहब और उनका सम्पूर्ण परिवार पाकिस्तान चला गया इसलिए दरगाह की देख-रेख सिकन्दर अली के नवासे अब्दुल समद करते रहे थे। मृत्यु के उपरान्त समद के पुत्र अब्दुल वाहिद दायरे की सेवा करते रहे। फिर 1978 में उनके पुत्र मुहम्म्द फजल दायरा सिकन्दर अली के सज्जादानशीं हुए। आधुनिक समय में कोई भी सज्जादानशीं नहीं है परन्तु सैय्यद मुहम्मद फजल स्वयं को इस दायरे का सज्जादानशीं बताते हैं जो इसी परिवार से सम्बन्धित हैं।

इस दायरे में एक प्रांगण है जिसमें सिर्फ एक रौजा है और दो मजारें हैं। एक मजार सैय्यद सिकन्दर अली की है और दूसरी मजार छोटे हजरत की बतायी जाती है। यह दायरा अति जीर्ण हो चुका है और रख-रखाव की अनुपस्थिति में इसका भौतिक अस्तित्व अन्धकारमय है।

दायरा शाह ज़ैनुद्दीन अथवा ज़ैनुल आ़ब्दीन

दायरा शाह ज़ैनुद्दीन मुहल्ला शहरारा बाग में स्थित है। इस दायरे का निर्माण 1713-19 में इस्लाम कुली ने कराया था। इस्लाम कुली ने शाह ज़ैनुद्दीन के परिवार के लोगों को बुलाकर दायरे को आबाद किया। 1859 में ईस्ट इण्डिया रेलवे लाईन निकलने से दायरा गिरा दिया गया। अब दायरे का थोड़ा सा भाग शेष बचा है। दायरे के मुख्य द्वार की कुछ सीढ़ियों के बाद दायरे का मैदान है। मैदान के पश्चिम की ओर मस्जिद है। मैदान के पूर्व में नीम के वृक्ष से मिले हुये एक चबूतरे पर शाह ज़ैनुद्दीन की मजार है। चारों ओर चहार-दीवारी बनी है। दायरे में स्थित एक मस्जिद अपनी प्राचीन वैभवपूर्ण स्थापत्य कला पर प्रकाश डालती है। मस्जिद में तीन गुम्बद हैं जिन पर अत्यन्त सुन्दर नक्काशी की गयी है। मस्जिद को कब और किसने बनाया इसका कोई इतिहास उपलब्ध नहीं है। इस दायरे में एक मस्जिद एवं बाग शाह ज़ैनुल आ़ब्दीन के यहाँ आने से पहले थी। दायरे से सम्बन्धित अनेक मजारें एवं कब्र हैं जहाँ पर लोगों ने अपने मकान बना रखे हैं। इस दायरे में एक विशेष बात यह भी है कि इसमें एक इमामबाड़ा है जिसमें 9 मोहर्रम को हजरत इमाम हुसैन की याद में ताजिया रखा जाता है। 10 मोहर्रम को ताजिया दफन कर दिया जाता है। वर्तमान में दायराशाह ज़ैनुद्दीन की देख-रेख करने वाले नसर हशमत हैं, जो इसी परिवार से संबंधित हैं। वह स्वयं को यहाँ का सज्जादानशीं बताते हैं।

25 रजब को शाह के उर्स का आयोजन होता है जिसमें मुख्य आकर्षण कव्वाली होती है। सबसे पहले सुबह कुरानखाली (कुरान पाठ) तथा इशा (संध्या) की नमाज के बाद चादर चढ़ाने एवं फातिहे का आयोजन होता है, कव्वाली का आयोजन रात में होता है। उर्स के अवसर पर हिन्दू एवं मुसलमानों दोनों की अपार भीड़ एकत्र होती है। इस दायरे के सज्जादानशीं के अनुसार इस दायरे की देख-रेख एवं मरम्मत मस्जिद के नीचे की 24 दुकानों से आये हुए किराये से की जाती है।

शाह ज़ैनुद्दीन के समय में यह मुहल्ला शहरारा बाग कहलाता था और नीचे की गली को पत्थरचट्टी गली के नाम से पुकारते थे। आज भी यह इसी नाम से प्रसिद्ध है परन्तु अब इस मुहल्ले को मुहत्सिमगंज कहते हैं।

दायरा सैय्यद शाहजहाँ अथवा दायरा शाह मुस्तफा

मीरापुर में स्थित यह दायरा सैय्यद जहाँ के नाम से प्रसिद्ध है। यह दायरा चिश्ती सम्प्रदाय का है। इस दायरे में अब केवल एक मस्जिद है और मस्जिद के पीछे एक मजार है। यह मजार सैय्यद शाहजहाँ की है और पूर्व की ओर इनके पुत्र शाह मुस्तफा हुसैन की मजार है। उत्तर-पश्चिम की ओर चहार-दीवारी के बाहर पुराना पक्का कुआँ है। इसमें एक बड़ा कब्रिस्तान है। इस दायरे की गणना इलाहाबाद के प्राचीनतम दायरों में होती है।

दायरों में 17 रजब को समां (कव्वाली) का आयोजन संगीत के साथ होता है। उर्स के आयोजन में हिन्दू लोग भी बड़ी संख्या में चादर और फूल चढ़ाते हैं तथा इस दायरे की देखरेख एकत्रित आर्थिक सहायता से होती है। उर्स के दिन सुबह कुरान का पाठ पढ़ा जाता है उसके बाद मजार का स्नान कराया जाता है। रात में नमाज के बाद चादर उढ़ाई जाती है जो मुहल्ला दरियाबाद के चौराहे से उठकर सम्पूर्ण मीरापुर घुमाते हुए मजार पर आती है और रात में कव्वाली होती है। नगरमहापालिका में यह दायरा सैय्यद शाहजहाँ तथा शाह मुस्तफा दो नामों से दर्ज है। वर्तमान में इस दायरे का सज्जादानशीं कोई नहीं है तथा यह दायरा अपना अस्तित्व खोता जा रहा है।

दायरा शाह मुहम्मद शफी

यह दायरा अहमदगंज से मिला हुआ मुहल्ला शफी में स्थित है। मुहल्ले का नाम इसी दायरे के नाम से जाना जाता है। परन्तु अब केवल नाम मात्र को ही इस दायरे के अवशेष बाकी हैं। इस दायरे में अब टूटी हुई एक खानकाह, टूटा फाटक, एक कुआँ और मस्जिद अपने प्राचीन भव्य स्वरूप के स्मृति चिह्न हैं। अब कुछ लोग इस दायरे को फूटा दायरा के नाम से भी पुकारते हैं। इस दायरे के इतिहास के सम्बन्ध में कोई विशेष जानकारी प्राप्त नहीं है। मुहल्ले में रहने वालों के अनुसार शाह साहब अपने जीवनकाल में ही इस दायरे से चले गये थे। इसी कारण से यहाँ उनका मजार नहीं है।

वर्तमान में शाह मुहम्मद शफी के परिवार का कोई व्यक्ति दायरे में नहीं है। इस दायरे की जमीन पर लोग अनधिकृत रूप से कब्जा कर भवन का निर्माण कर रहे हैं। आगामी वर्षों में इसके अवशेष भी लुप्त होने की आशंका है।

दायरा शाह जान मुहम्मद

इस दायरे के सम्बन्ध में केवल इतनी जानकारी है कि यह दायरा मुहल्ला बदीहाबाद में था किन्तु अब न तो इस दायरे से सम्बन्धित किसी व्यक्ति का पता है और न ही अब इस मुहल्ले का ही कहीं उल्लेख मिलता है।

दायरा शाह तैमूर

शाह तैमूर द्वारा स्थापित दायरा शाह तैमूर की स्थिति अतरसुइया मुहल्ले में थाने से मिली हुई बतायी जाती है परन्तु अब इस दायरे के कोई अवशेष नहीं हैं। उस मुहल्ले के स्थायी निवासियों के अनुसार पहले एक इमली के वृक्ष के नीचे अनेक मजारें थीं जो सरकार द्वारा सड़क बनवाने के बाद समाप्त हो गयीं। सड़क के पश्चिम की ओर एक मस्जिद है जो बन्द रहती है।

दायरा शाह बदीर

दायरा शाह बदीर इलाहाबाद में ग्राण्ड ट्रंक रोड पर दायरा शाह मुनव्वर अली शाह से थोड़ी दूर पर मुहल्ला हिम्मतगंज में है। इस दायरे के प्रमुख व्यक्तियों में मौलाना हुसैन तथा उनके खलीफा मौलाना हकीम हाजी फखरुद्दीन जाफरी का नाम विशेष रूप से लिया जाता है। सड़क के किनारे नवीन भवन के अहाते में पूर्व की ओर शाह बदीर का मकबरा है। मकबरे के अन्दर चबूतरे पर दो पक्की मजार हैं एक तो शाह बदीर की है तथा दूसरी उनकी पत्नी की बतायी जाती है। इसी दायरे में फखरुद्दीन जाफरी की मजार भी है। इनको फखर साहब के नाम से भी जाना जाता है। यह सूफी सन्त थे। इस दायरे को कुछ लोग दायरा शाह फखर के नाम से पुकारते हैं। अहाते के पश्चिम की ओर एक प्राचीन मस्जिद भी है। प्राचीन समय से ही यह दायरा विद्वानों एवं सूफियों का केन्द्र रहा है। इस दायरे की देख-रेख अब्दुल हुई साहब कर रहे हैं जो अपने को उसी परिवार से सम्बन्धित बताते हैं।

दायरा दीवान सैय्यद शाह मुहम्मद अहसन

यह दायरा कोतवाली के निकट मुहल्ला सेवई मण्डी में पश्चिम की ओर एक चहारदीवारी से घिरा हुआ है। दायरा दीवान सैय्यद शाह मुहम्मद अहसन के सम्बन्ध में विशेष ऐतिहासिक तथ्य उपलब्ध नहीं हैं। दायरे के मुरीदों से इतनी जानकारी प्राप्त हुई है कि शाह मुहम्मद असहन ने 1706 ईसवी में हज किया तथा मुहम्मद साहब के रौजे के एक खादिम अशरफ अली से वैयत प्राप्त की। शाह की मृत्यु 1710 में हुई।

इस दायरे के भीतर एक मस्जिद है और इसी से लगा हुआ दक्षिण की ओर कमरे में मुहम्मद साहब की दाढ़ी का बाल रखा हुआ है। इस कमरे के सामने एक चबूतरा है। इसी चबूतरे के नीचे दीवान सैय्यद शाह मुहम्मद अहसन की मजार है जो चारों ओर से हरे रंग के कपड़े से घिरी हुयी है। सभी श्रद्धालु लोग मजार के दर्शन चबूतरे पर खड़े होकर करते हैं। शाह की मजार के नीचे कई अन्य मजारें हैं जो कि उनकी मजार की तरह ही चारों ओर से बन्द हैं। ये मजारें उनके उत्तराधिकारियों की हैं। मस्जिद के सामने पक्की मजारें हैं जो कि उनके परिवार के लोगों की ही बतायी जाती हैं।

वर्तमान समय में इस दायरे की आर्थिक स्थित सुदृढ़ है और वर्तमान में इसके सज्जादानशीं सैय्यद शाह माहे आलम हैं।

दायरा शाह वहाजुद्दीन

यह दायरा मुहल्ला शाहगंज में स्थित है। यह दायरा चिश्ती सिलसिले के दायरे में अपनी कुछ प्रमुख विशेषताओं के कारण उल्लेखनीय है। यह दायरा मौलवी अहमद एवं दायरा शाह मुल्ला मुहम्मद बरकत एवं शाह फरहद आदि नामों से प्रसिद्ध है जिसका कारण यह है कि समय-समय पर यह दायरा अपने परिवार के किसी प्रमुख व्यक्ति अथवा दायरे के किसी सूफी बुजुर्ग के नाम से